Über den Autor

Geboren in Deutschland, studierte Edgar Rothermich Musik an der Universität der Künste in Berlin und graduierte 1989 mit einem Master-Abschluss am Klavier und als Tonmeister. Er arbeitete als Komponist und Musikproduzent in Berlin und zog 1991 nach Los Angeles, wo er seine Arbeit an zahlreichen Projekten in der Musik- und Filmindustrie fortsetzte ("The Celestine Prophecy", "Outer Limits", "Babylon 5", "What the Bleep do we know", "Fuel", "Big Money Rustlas").

In den letzten 20 Jahren hatte Edgar eine erfolgreiche musikalische Partnerschaft mit Christopher Franke, einem Pionier im Gebiet der elektronischen Musik und Gründungsmitglied der Gruppe Tangerine Dream. Über diese Zusammenarbeit hinaus arbeitete Edgar mit anderen Künstlern zusammen, jedoch auch an eigenen Projekten.

In 2010 begann er seine Solo-Aufnahmen der "Why Not ..."-Serie mit verschiedenen Stilen und Genres zu veröffentlichen. Die aktuellen Releases sind "Why Not Electronica", "Why Not Electronica Again", "Why Not Solo Piano" und "Why Not 90s Electronica". Dieses bisher unveröffentlichte Album wurde in 1991/1992 von Christopher Franke produziert. Alle Alben gibt es bei Amazon und iTunes wie auch das neueste Release in 2012, das Re-Recording des Blade Runner Soundtracks.

Neben dem Komponieren von Musik schreibt Edgar Rothermich technische Anleitungen in einem besonderen Stil. Er legt den Fokus auf umfangreiche Grafiken und Diagramme, um komplexe Zusammenhänge und Funktionsweisen von Software-Programmen in seiner bekannten GEM-Serie (Graphically Enhanced Manuals) zu erklären. Seine Bestseller sind bei Amazon, in Apple' iBookstore und als PDF-Download erhältlich.

www.DingDingMusic.com   GEM@DingDingMusic.com

Über GEM (Graphically Enhanced Manuals)

VERSTEHEN, nicht nur LERNEN

Was sind **G**rafisch **E**rweiterte **M**anuale? Sie sind eine neue Art von Anleitung mit visueller Unterstützung, die dabei helfen, ein Programm zu VERSTEHEN und es nicht nur zu LERNEN. Sie brauchen sich nicht durch 500 Seiten trockener Erklärungen zu kämpfen. Umfangreiche Grafiken und Diagramme helfen Ihnen dabei, den „AHA"-Effekt zu erlangen und erleichtern es, selbst schwierige Zusammenhänge zu begreifen. Mit den Grafisch Erweiterten Manuals können Sie eine Software schneller und mit einem viel tieferen Verständnis des Konzepts, der Funktionen und Arbeitsweisen auf eine leicht verständliche und sehr intuitive Art und Weise verstehen.

Über die Formatierung

Grün gefärbter Text gibt Tastaturbefehle an. Ich verwende die folgenden Abkürzungen: **sh** (Umschalt-Taste), **ctr** (Control-Taste), **alt** (Wahl-Taste), **cmd** (Befehl-Taste). Ein Plus zwischen den Tasten gibt an, dass all diese Tasten zur gleichen Zeit gedrückt werden müssen: **sh+alt+K** bedeutet, dass Shift-, Alt- und K-Taste zur selben Zeit gedrückt werden müssen.

Braun gefärbter Text zeigt Menü-Befehle an, mit einem größer-als-Zeichen (>) weist er auf Untermenüs hin. *Bearbeiten > Ursprungsdatei > Alles* bedeutet: "Geh zum Bearbeiten-Menü, scroll runter bis Ursprungsdatei und wähle das Untermenü Alles.

Blaue Pfeile deuten auf ein Menü hin, das geöffnet werden kann

Übersetzung

Gabriele Weßling - www.finalcutprox-berlin.de

Diese Anleitung basiert auf Motion 5.0.5
ISBN-13: 978-1478237068
ISBN-10: 1478237066

Inhalt

Die Methode

Die Schwierigkeit beim Schreiben eines Manuals liegt in der Erklärung des Konzepts eines Programms. Das setzt die Benutzung vorhandener und neuer Fachbegriffe plus anderer neuer Konzepte, die eine Erklärung benötigen, voraus. Hier stellt sich die „Huhn und Ei"-Frage, was als erstes kommt.

Ich persönlich finde, dass viele Manuals den einfachen Fehler machen, die Themen in der falschen Reihenfolge zu erklären. Sie beginnen am Anfang und zeigen, wo man klicken muss, um schnelle Ergebnisse zu erzielen, ohne dass Sie ein Verständnis dafür haben, warum gerade hier an erster Stelle geklickt werden muss. Es führt zu der Vorstellung einer schnellen Belohnung, eines „in Minuten fertig seins" und der Vorstellung, wie ein Profi mit geringem Wissen arbeiten zu können.

Viele Programme, die Inhalte erstellen, reichen sehr „tief" und können nicht in Minuten gelernt, geschweige denn gemeistert, werden. Häufig setzen sie ein Verstehen des speziellen Bereiches (Grafik, Video, Audio, Design etc.) voraus. Um den Kampf mit einem Programm, der mit Frustation enden könnte (dabei stirbt jede Kreativität), zu vermeiden, zeige ich einen dreistufigen Lernprozess auf, eine Pyramide:

☑ **Grundlagen**
Auf dieser Stufe baut alles auf. Sie müssen die Grundlagen des speziellen Bereiches und deren Zusammenspiel mit der Software lernen und verstehen. Das beinhaltet die Benutzeroberfläche mit seinen Werkzeugen und Befehlen.

☑ **Inhalt**
Viele Programme beinhalten Unmengen von zusätzlichem Inhalt. Diese Inhalte in Form von Effekten, speziellen Objekten usw. setzen zusätzliche Zeit voraus, den Umgang mit ihnen zu erlernen und mit ihnen vertraut zu werden.

☑ **Praxis**
Der letzte Schritt ist dann die Praxis und Erfahrung, die Anwendung des Wissens und Verstehens. Durch das Lernen von Tricks und Workflows wird man zum wahren Meister.

In meinen Graphically Enhanced Manuals konzentriere ich mich auf die erste Stufe und versuche, eine solide Grundlage zu schaffen, von der alles Weitere abhängt. Das setzt ein tiefes Verständnis der Software voraus, also wie sie funktioniert und wie man sie nutzt. Der ganze zusätzliche Inhalt kann dann leicht aus dem offiziellen Handbuch gelernt werden. Im Anschluss können Sie nach Anwendungen, Tipps und Tricks suchen, die weit verbreitet sind. Der Austausch von Workflows und das Teilen von Erfahrungen in Foren und anderen Formen führt zum letzten Schritt des lebenslangen Lernprozesses.

Zurück zum Hauptproblem. Besonders in Motion ist es schwierig, den Inhalt in einer linearen Form zu lehren, Funktionen einmal zu erklären und das Verstehen dieses Programms auf diese Art aufzubauen. Das könnte zu Verwirrung führen, da das Erläutern eines neuen Themas schwierig ist, wenn es das Verstehen eines dazugehörigen Themas, das noch nicht erklärt wurde oder nicht vertraut ist, voraussetzt.

Deswegen versuche ich es mit einer anderen Methode. Häufig werde ich grundlegende Konzepte und die damit zusammenhängenden Mechanismen in Motion einführen, ohne die entsprechenden Elemente der Benutzeroberfläche und der speziellen Werkzeuge zu zeigen. Auf diese Art kann ich die Terminologie und das Konzept erklären und dabei die notwendige Aufmerksamkeit darauf lenken, was eine Animationssoftware wie Motion überhaupt ist. Wenn ich anschließend die Einzelheiten in Motion (Benutzeroberfläche, Werkzeuge und Elemente) erläutere, werden wir nicht nur lernen „was" Motion macht, sondern „wie" und sogar „warum" es das macht. Die Erklärungen in jedem Teil dieses Manuals werden dann auf dem entwickelten Verständnis des grundlegenden Konzeptes einer Animationssoftware basieren. Legen wir los.

Was ist Motion?

- Die allererste Frage ist: Was ist Motion? -
  - Die Antwort ist: Motion ist eine Compositing- und Animationssoftware (Motion-Graphics)

- Die zweite Frage ist: Was ist eine Compositing- und Animationssoftware?
  - Die Antwort ist: Es ist eine Grafiksoftware mit einem hinzugefügten *Zeit*-Element.

- Die dritte Frage ist: Was bedeutet das?
  - Lesen Sie weiter...

Hier ist ein einfaches Diagramm, das eine Grafiksoftware mit einer Animationssoftware vergleicht.

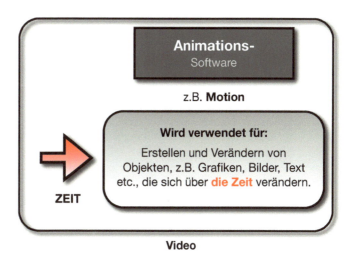

Wenn Sie Photoshop Beispiel für ein Grafikprogramm nehmen und es mit Motion als Beispiel für ein Compositing-Programm vergleichen, dann können Sie erkennen, dass beide Programme praktisch das Gleiche tun. Sie können hier Grafiken erstellen, was bedeutet, individuelle Objekte (die Bausteine) zu benutzen und sie in jeder Form zu verändern, um letztendlich das Projekt zu gestalten.

Das Compositing-Programm richtet sich jedoch nicht nur auf die Veränderung des einzelnen Objektes aus, sondern tut dies auch über die Zeitachse. Hier kommt der „Animations"-Teil dazu. Während Sie in Photoshop versuchen, die beste Grafik zu erstellen (z.B. für Printmedien), kreieren Sie in Motion die beste *bewegte* Grafik, ein Video.

Praktische Anwendung

Sie können Photoshop und andere Grafikprogramme für eine Vielfalt von Aufgaben verwenden. Zum Beispiel können Sie ein Foto für minimale Bearbeitung bis hin zur extremen Veränderung importieren. Sie können aber auch grafische Elemente aus dem Nichts erstellen, wie z.B. Text oder Formen. Oder Sie können beide Elemente, Photos und neue Grafik, kombinieren.

Das Gleiche trifft für Motion zu. Es ist nicht nur eine Aufgabe, die Sie mit Motion erledigen können. Der Bereich der bewegten Grafiken deckt ein weites Feld ab, was aber alle gemeinsam haben ist, dass sich das Material bewegt:

 Textbasierende Titelsequenzen

 Visuelle Effekte

 Animation

 Dies alles in 2D oder 3D erstellen

Apples offizielle Dokumentation für Motion hat über 1.400 Seiten, was darauf hinweist, wie tief dieses Programm reicht. Aber unabhängig davon, wofür Sie Motion einsetzen wollen, sind Workflow und Werkzeuge immer die gleichen. Wenn Sie einmal die grundlegenden Konzepte verstanden haben und mit den einfachen Werkzeugen vertraut sind, dann ist der Rest nur Praxis und Erfahrung. Das Limit wird nur Ihre eigene Vorstellungskraft sein.

Wofür ist Motion?

Dies ist die nächste fundamentale Frage nachdem Sie wissen, was Motion ist und was es machen kann:
Wofür ist Motion, was ist sein Zweck?

Hier gibt es zwei Hauptziele:

- Erstellen einer eigenständigen Videodatei, die auf Animationseffekten basiert:

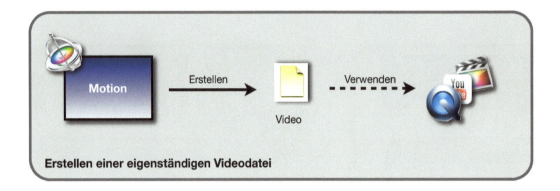

Sie können ein eigenständiges Video erstellen, welches auf Animation basiert, anstatt normales Videomaterial zu verwenden. Das Endresultat, die fertige Videodatei, kann als eigenständiger Film in Quicktime abgespielt, auf YouTube oder Vimeo hochgeladen oder als Videoclip als Segment einer größeren Videoproduktion in Final Cut Pro X verwendet werden.

- Erstellen einer Vorlage für Final Cut Pro X (FCPx), die Animationseffekte verwendet:

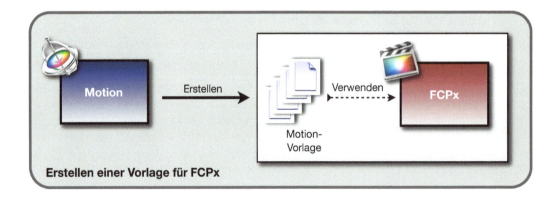

Dies ist der zweite Zweck von Motion. Motion funktioniert wie ein Zulieferer für praktisch alle Grafikeffekte, die in FCPx verwendet werden (Effekte, Überblendungen, Titel, Generatoren). All diese Effekte, die im Medienbrowser von FCPx verfügbar sind, wurden in Motion erstellt und als Motion-Vorlagen abgespeichert. Sie können diese Effekte in Motion bearbeiten oder eigene Motion-Vorlagen, die Sie später in FCPx-Projekten verwenden können, erstellen. Viele Drittanbieter verkaufen diese Motion-Vorlagen für FCPx an Endverbraucher, damit diese ihre Effekt-Mediathek in FCPx erweitern können.

Mit welchem Material arbeitet Motion?

Wenn Sie soweit sind, Ihr eigenes Motion-Projekt zu beginnen, könnten Sie sich fragen:"Mit welchen Elementen kann ich diese Animationen erstellen?"

Hier sehen Sie ein sehr einfaches Diagramm mit den zwei Hauptelementen **Objekte** und **Werkzeuge**:

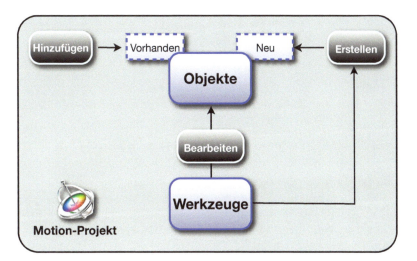

💡 **Objekte**

Eigentlich ist alles in Ihrem Projekt ein Objekt, ein Element, das Sie bearbeiten.

💡 **Werkzeuge**

Die Werkzeuge sind die Elemente, mit denen Sie arbeiten. Mit ihnen können Sie neue Objekte erstellen oder vorhandene verändern.

Herkunft von Objekten

Die Objekte in Ihrem Projekt stammen aus drei unterschiedlichen Quellen.

💡 **Aus dem Finder - *Importieren***
Dies sind hauptsächlich Mediendateien, die Sie von Ihrer Festplatte in Ihr Projekt importieren (Video, Bilder, Audio)

💡 **Aus Motion - *Anwenden***
Motion wird mit einer Vielzahl von einsatzbereiten Objekten ausgeliefert. Alles, angefangen von Mediendateien und computergenerierten Dateien, bis hin zu einer breiten Auswahl von Effekt-Objekten ist vorhanden. Obwohl diese irgendwo auf Ihrer Festplatte existieren, können Sie nur aus Motion heraus auf sie zugreifen, um sie in Ihrem Projekt zu verwenden.

💡 **Aus dem Nichts - *Erstellen***
Dies sind neue Objekte, die Sie in ihrem aktuellen Projekt mit den Werkzeugen, die Motion dafür bereithält, aus dem Nichts erstellen. Diese Objekte beinhalten eine Vielzahl von Formen und Text.

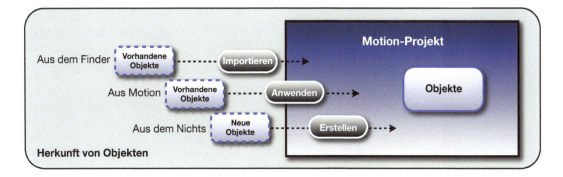

Terminologie

Wie in jedem anderen Programm gibt es auch hier eine spezielle Fachsprache, also die Benutzung einer bestimmen Terminologie, um Werkzeuge und Vorgänge zu beschreiben. Manche Fachbegriffe sind programmspezifisch, aber viele Begriffe sind im Bereich, den das Programm abdeckt, üblich. Beispiele für solche Programme sind ProTools (Soundrecording), Logic (Musik-Komposition), Photoshop (Bildbearbeitung), FCPx (Videoschnitt). Das Erlernen dieser Programme setzt ein elementares Verständnis dieses Themas (und der dazugehörigen Fachbegriffe) voraus, bevor das Programm überhaupt verwendet werden kann.

Das bedeutet, dass wir auf zwei Arten von Fachbegriffen stoßen werden.

☑ **Fachbegriffe für Animation**

> Diese technischen Begriffe können dem Leser bekannt vorkommen oder nicht, abhängig vom vorhandenen Wissen.

☑ **Fachbegriffe für Motion**

> Diese programmspezifischen Begriffe werden nicht das Problem sein, denn dafür ist dieses Manual.

Ein potentieller Motion-Anwender (und Leser dieses Manuals) kann jemand sein, der mit vorangegangenen Versionen gearbeitet oder Erfahrungen mit anderen Animationsprogrammen hat. Dieser Anwender kennt wahrscheinlich die Grundbegriffe „Alphakanal", „Bezierkurven" oder „Keyframes" sehr gut und möchte lernen, wie in Motion mit diesen Möglichkeiten umgegangen wird oder welche neuen Werkzeuge und Techniken Motion nutzt.

Am anderen Ende des Anwender-Spektrums könnte dort ein Anfänger sein, der nur wenig Hintergrundwissen über Animationen hat und das Programm nutzen möchte, um in diesem Bereich anzufangen. Dieser Anwender könnte eine Menge anderer Fragen haben, wie z.B. „Was ist ein Alphakanal?" oder „Was sind Bezierkurven oder Keyframes?".

Normalerweise hat ein Manual am Ende ein Glossar, in dem kurze Beschreibungen der wichtigsten Fachbegriffe mit einer kurzen Beschreibung aufgeführt sind. Ich will einen anderen Weg gehen. In diesem Kapitel liste ich zuerst die wichtigsten Fachbegriffe mit einer kurzen Erklärung auf. Auf diese Weise kann ich auf Bereich hinweisen, die für ein grundlegendes Verstehen des Programms notwendig sind. (Ein zusätzliche Nachlesen in Google oder Wikipedia ist empfehlenswert, wenn das Thema ganz neu für Sie ist.)

Wie ich schon zuvor erwähnt habe, ist es schwierig, ein solch „tiefes" Programm wie Motion in einer linearen Art und Weise zu lehren. Bei der Einführung der Schlüsselelemente kann ich diese Fachbegriffe, wenn nötig, im Zusammenhang mit einem anderen Thema verwenden, auch wenn ich den Begriff und seine Funktion in seinem eigenen Bereich später im Buch genauer beschreibe.

Fachbegriffe für Animation

💡 Komposition - Compositing

Komposition ist einfach nur ein anderes Wort für das Projekt, an dem Sie gerade arbeiten. Das Wort bedeutet „Dinge zusammenpacken". In diesem Zusammenhang packen Sie Ihre Elemente (die Bausteine Ihres Projektes) zusammen, arrangieren sie, passen sie an und verändern sie, um Animationen zu erstellen, so wie Sie sie sich vorstellen.

Compositing ist der Vorgang des Zusammenfügens von zwei (bzw. mehreren) Bildern. Der Focus liegt auf „Wie interagieren sie?". Es kann ein einfache Platzieren von zwei Bildern nebeneinander sein. Wenn sie übereinander gelegt werden (z.B. Text auf Bild), müssen Sie entscheiden, ob sie sich gegenseitig überdecken oder ob dort transparente Bereiche sein sollen. Komplexere Compositings verschmelzen Schauspieler live mit animierten Bildern, Hintergrundbilder mit Greenscreen-Aufnahmen oder mehrere Ebenen in Animationssequenzen.

In Motion bauen Sie eine Komposition in Ihrem Motion-Projekt. Obwohl es in Motion einen kleinen Unterschied zwischen Projekt und Komposition gibt, verwende ich beide Begriffe im gleichen Kontext, nämlich für Ihre „Motion-Kreation".

💡 Deckkraft - Transparenz - Füllmethoden

Jedes physikalische Objekt hat bestimmte Eigenschaften, die entscheiden, was geschieht, wenn Licht hindurchleuchtet. Es wird geblockt (opak), lässt etwas Licht durchscheinen (durchscheinend) oder lässt das gesamte Licht hindurch (transparent). Das gleiche Prinzip wird angewendet, wenn Bild A über Bild B gelegt wird. Bild B repräsentiert das Licht und Bild A ist das betroffene Objekt. Blockt es Bild B (100% Deckkraft) oder lässt es Bild B durchscheinen (100% Transparenz). Normalerweise hat ein Programm einen Schieberegler für Deckkraft oder Transparenz, da sie den umgekehrten Wert ausdrücken (100% Transparenz sind 0% Deckkraft und umgekehrt).

Wenn Sie zwei Bilder mit einer bestimmten Transparenz legen, „blenden" Sie diese ineinander. Die meisten Grafikprogramme haben verschiedene „Füllmethoden", die spezielle Regeln für die Transparenz haben. Diese Füllmethoden kombiniert mit dem Wert der Transparenz eröffnen ein weites Feld der Bildmanipulation.

💡 Alphakanal - Masken

"Erstelle einen Alphakanal" oder *"Ein Bild hat einen Alphakanal"* bedeutet, dass eine bestimmte Farbe oder bestimmte Pixel des Bildes als vollständig transparent markiert sind. Ein Bild A mit Alphakanal auf Bild B zu legen führt dazu, dass Bild B an den Stellen, die als Alphakanal markiert sind, durchscheint. Die anderen Bereiche sind nicht transparent. Als Resultat schweben die nichtmarkierten Bereiche von Bild A auf Bild B.

Eine Maske wird ähnlich benutzt. Diesmal erstellen Sie jedoch eine Form (Kreis, Rechteck, freie Form oder Text). Das wird Ihr Bild A sein, das auf dem Bild liegt, bei dem die Maske angewendet werden soll (Bild B). Das Ergebnis ist, dass alles innerhalb der Form transparent ist und alles außerhalb der Maske geblockt. Eine „Umkehren"-Taste kann dieses Verhalten tauschen.

💡 Bitmap-Grafiken - Vektorbasierende Grafiken - Rastern

Eine typische Bilddatei (jpeg, tiff) ist eine Bitmap-Grafik, z.B. ein Bild von einem Kreis. Wie in einer altenmodischen Zeitung können Sie, wenn Sie stark genug vergrößern, erkennen, dass dieses Bild aus tausenden kleinen farbigen Punkten besteht. Es sieht aus wie ein Raster. Die Anzahl der verfügbaren Bits (Pixel) repräsentiert die Auflösung des Bildes. Jeder Veränderung des Bildes in einem Grafikprogramm ist begrenzt auf die Manipulation der Bits, aus denen das Bild besteht. Sie können z.B. die Farben (Filter) oder die Anordnung (Transformieren, Verzerren) verändern.

Eine vektorbasierende Grafik andererseits ist eine Sammlung von mathematischen Anweisungen, die dem Computer sagen, was zu „zeichnen" ist. Deswegen werden sie auch computer(generierte) Grafiken genannt. Der große Vorteil liegt darin, dass Sie, wenn Sie solch eine Grafik verändern, nicht die Bits manipulieren. Hier verändern Sie die Anweisungen, aus denen das Bild entsteht. Bei unserem Beispiel mit einem Kreis können Sie mit ihm machen, was immer Sie wollen. Die Begrenzung liegt nur im Programm, mit dem Sie die Veränderung vornehmen. Das ist wichtig, wenn Sie Veränderungen über die Zeitachse vornehmen.

Rastern ist der Prozess des „Renderns" einer vektorbasierenden Grafik zu einer Bitmap-Grafik. Das geschieht häufig während eines Exports einer Grafikdatei, damit sie in anderen Grafikprogrammen angeschaut werden kann. In Motion ist dieser Schritt an manchen Punkten notwendig, wenn mit 3D gearbeitet wird.

💡 Formen - Bezier - B-Spline

Formen werden durch Kontrollpunkte (x,y-Koordinaten) und Linien, die diese verbinden, definiert. Die Verbindungslinien können, basierend auf mathematischen Funktionen (z. B. Bezierkurven, B-Spline), gerade oder gewölbt sein. Die Verbindung zwischen zwei Punkten mit einer geraden Linie erstellt eine einzelne Linie, drei Punkte erstellen ein Dreieck usw.. Sie können Formen mit vielen Punkten erstellen und die Linien beliebig verbinden. Die Form kann offen oder geschlossen sein, was abhängig davon ist, ob Sie den letzten Punkt mit dem ersten verbunden haben oder nicht.

Wenn Sie Formen erstellen oder verändern, bedenken Sie, dass das Endresultat (das der Form auch den Namen gibt) von den ausgewählten Parametern abhängt. Technisch gesehen sind sie alle gleich, basieren aber auf unterschiedlichen mathematischen Modellen. Zum Beispiel hat eine runde Form vier Kontrollpunkte, die mit vier gebogenen Linien (Bezierkurven) verbunden sind. Das Verändern der Kurven zu Linien endet in einer Raute mit den gleichen Kontrollpunkten.

💡 2D - 3D

In Grafikprogrammen ist natürlich alles zweidimensional. Jeder Punkt ist definiert durch seine Breite (x) und seine Höhe (y) auf einem Monitor. 3D-Grafiken zu erstellen bedeutet, dass Sie Zeichentechniken benutzen, die eine Illusion von Tiefe (z) vermitteln. In Animationen ist es effektiver, bei einem bewegten Objekt die Illusion eines 3D-Raumes auf einem 2D-Monitor zu erstellen.

Motion beinhaltet einige großartige Werkzeuge, um 3D-Animationen zu erstellen. Der 3D-Raum hat gegenüber dem 2D-Raum ein paar eigenen Regeln.

💡 Filter

Ein Filter ist eine Sammlung von Anweisungen, die einem Objekt hinzugefügt werden, um dessen Aussehen zu verändern. Diese Änderungen sind meist Farbveränderungen, können aber auch eine breite Vielfalt von anderen visuellen Effekten enthalten.

💡 Keyframe (Schlüsselbild)

Keyframe ist ein Fachbegriff aus der Videoanimation. Technisch sind das bestimmte x/y-Koordinaten in einer mathematischen Funktion, wobei der x-Wert einen bestimmten Zeitwert in Ihrem Film (repräsentiert durch einen bestimmten Frame) und der y-Wert den Wert für einen bestimmten Parameter zu diesem Zeitpunkt (und einen anderen Wert zu einem anderen Zeitpunkt). Diese „Key"-Werte repräsentieren „Koordinaten" oder „Nodes", z. B. den Anfangs- und Endwert einer linearen Bewegung in einer Animation oder ein simples Einblenden. Der wichtige Teil ist, dass Sie nur ein paar Keyframes brauchen, da die Werte dazwischen vom Computer automatisch errechnet (interpoliert) werden. Je komplexer die Bewegungen (Änderungen eines Parameters) wird, desto mehr Keyframes werden benötigt. In meinem Manual „Final Cut Pro X - Die Details" gehe ich sehr genau auf das Thema Keyframes ein.

Begriffe in Motion

Hier sind ein paar programmspezifische Fachbegriffe, die in Motion genutzt werden. Dies ist nur eine kurze Beschreibung, um eine Vorstellung davon zu bekommen, was sie bedeuten. Manche beziehen sich auf fortgeschrittene Techniken, die ich in diesem Manual später behandeln werde. Jedoch benutze ich sie schon vorher in manchen Kapiteln im Zusammenhang mit dem Thema. So haben sie schon eine Vorstellung davon, wofür sie gedacht sind.

 Projekt

Ein Projekt ist das, an dem Sie in Motion arbeiten, also Ihre Komposition. Es enthält das gesamte Material für diese Komposition, die Objekte (Bausteine) und Anweisungen, was mit ihnen zu tun ist.

 Objekt

Eigentlich ist alles in Ihrem Projekt ein Objekt, hauptsächlich sind es aber die Bausteine Ihrer Komposition.

 Generator

Ein Generator ist ein Bildobjekt, welches eine computerbasierte Grafik ist. Motion wird mit einer Vielzahl von Generatoren (basierend auf Formen) und Textgeneratoren (basierend auf Text), die Sie sofort in Ihrem Projekt verwenden können, ausgeliefert. Manche sind sogar Bestandteil von OSX.

 Verhalten

Verhalten sind wie Module, die einem Objekt wie ein Effekt-Plugin zugewiesen werden können. Diese Verhalten verändern das Objekt über zeitbasierende physikalische Simulationen, um dadurch Animationen zu erzeugen, die zu komplex wären, um sie mit normalen Keyframe-Animationen zu erstellen.

 Replikator

Dies ist ein einfach zu benutzendes Werkzeug, das kaleidoskopische Muster aus jedem Grafikobjekt erstellen kann.

 Partikelemitter

Dieses Werkzeug erstellt dynamische Elemente, die sich über die Zeit verändern. Diese Elemente basieren, ähnlich wie beim Replikator, auf vorhandenen Bildern, die Sie dem Partikelemitter zuweisen.

 Kamera - Licht

Das Kamera-Objekt und das Licht-Objekt werden für 3D-Räume benutzt. Beide basieren auf dem Konzept, dass das Aussehen von jedem Objekt in einem 3D-Raum durch die Position des Betrachters (Kamera) und zusätzlichen Lichtquellen in Zusammenhang mit jedem einzelnen Objekt in Ihrem Projekt entsteht.

 Rig

Ein Rig ist ein Objekt, das wie eine Steuerung funktioniert. Sie können eigene Steuerungen in Ihrem Projekt bauen, die sogenannten Widgets (Schieberegler, Checkboxen, Menüs), die bestimmte Parameter oder Gruppen von Parametern enthalten. Dadurch können Sie eine komplexe Sammlung von Parametern mit einer einzigen Steuerung, die wie ein Makro-Controller funktioniert, steuern.

Objekte

Nahezu jedes Element in Ihrem Projekt ist ein Objekt. Es gibt verschiedene Namen für diese Objekte und sogar unterschiedliche Namen für das gleiche Objekt (zudem werden sie Elemente, Dinge oder Gegenstände genannt). Auch gibt es Unterschiede in der Betrachtung ihrer Funktion und Interaktion untereinander. Dinge können sehr schnell komplex werden, wenn die Anzahl der Objekte in Ihrem Projekt steigt. Deswegen ist es ein guter Gedanke, sich zu merken, zu welcher Kategorie jedes Objekt gehört und deren individuellen Verhaltensweisen zu kennen. Hier sind die unterschiedlichen Kategorien von Objekten, gruppiert nach deren Funktion.

Image-Objekt (unabhängig)

Dies sind Objekte, die in Ihrem Projekt sichtbar sind und eigenständig vorliegen. Dazu gehören jede Art von Images (Bilder, Grafiken) , Videoclips, Formen, Text etc..

Video Bild Generator Text Form Form (Linie) Drop Zone

Image-Objekt (abhängig)

Diese Objekte sind ebenfalls in Ihrem Projekt sichtbar, können aber nicht eigenständig existieren. Sie müssen eine Verbindung zu einem Image Objekt haben, um sichtbar zu werden. Hierzu gehören die verschiedenen Masken, der Replikator und der Partikelemitter.

Maske Bildmaske Emitter Replikator

Effekt-Objekt

Das sind Objekte (Filter und Verhalten), die wie Module oder Plugins auftreten und zu fast jedem Objekt in einem Projekt hinzugefügt werden können. Sie verändern oder manipulieren das Objekt, dem sie zugewiesen sind.

Filter Verhalten

Kontrollobjekt

Solche Objekte funktionieren wie Werkzeuge, um andere Objekte zu steuern, also deren Parameter oder komplette Sammlungen von Verhalten und Parametern zu verändern. Rigs sind allgemeine Steuerungen, Kamera und Licht sind spezielle 3D-Steuerungen.

Rig Kamera Licht

Andere Objekte

Das Projekt-Objekt repräsentiert das aktuelle Projekt.

Gruppierte Objekte (2D) und gruppierte Objekte (3D) verhalten sich wie Container für andere Objekte. Deren Funktion ist vergleichbar mit einem Ordner im Finder.

Ein Audio-Objekt ist in Ihrer Komposition nicht sichtbar, aber es ist, wenn Sie Sound hinzufügen möchten, ein Teil Ihres Projektes,.

Ein weiterer wichtiger Aspekt von Objekten ist die Frage, wer oder was das jeweilige Objekt manipuliert.

Intern versus Extern

💡 Interne Steuerung

Sie können ein einfaches Animationsprojekt mit nur einem Objekt erstellen. Zum Beispiel hat ein Formobjekt in der Form eines Kreises jede Menge Parameter, die über die Zeit mit Keyframes verändert werden können, so dass Sie die Animation eines hüpfenden Balles erstellen können. Sie können die Bewegung und ebenso die Deformation der Rundung, wenn er auf den Boden aufschlägt, animieren oder die Farbe ändern, während er fliegt. All diese Effekte können „**intern**" innerhalb des Objekts mit dessen eigenen Parametern gesteuert werden.

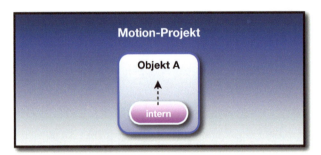

💡 Externe Steuerung

Das Aussehen eines Objektes kann ebenso extern durch die Aktion eines anderen Objektes „kontrolliert" werden. Die endgültige Komposition wird das Resultat der Interaktion der beiden Objekte sein. Im Beispiel unten ❶ ist es sogar so, dass, wenn Sie nichts an Objekt A ändern, es extern durch Objekt B sein Erscheinungsbild ändern wird. Platzieren Sie Objekt B an die Spitze Hierarchie beider Objekte und bewegen es über Objekt A, wird dieses seine Sichtbarkeit verändern. Wenn Objekt B eine Maske in der Form eines Fernglases ist und Objekt A ein Bild, dann wird ein simpler „Späher-Effekt" erstellt, ohne dass Objekt A verändert wurde.

Natürlich werden diese externen Veränderungen noch interessanter, wenn diese externen Parameter die Parameter eines anderen Objektes steuern ❷, also eine Art „Fernbedienung" sind.

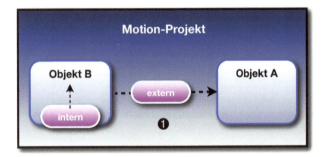 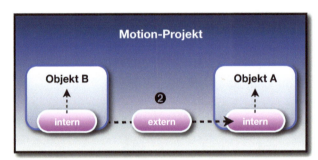

Das waren einfache Beispiele, die nur zwei Objekte enthielten. Vervielfältigen Sie das auf so viele Objekte, wie Sie in Ihrem Projekt haben könnten (mit all ihren verschiedenen internen und externen Steuerungsmöglichkeiten) und Sie haben eine Vorstellung davon, warum es wichtig ist, den Überblick darüber zu behalten, was mit jedem Objekt, das Sie Ihrem Projekt hinzufügen, geschieht.

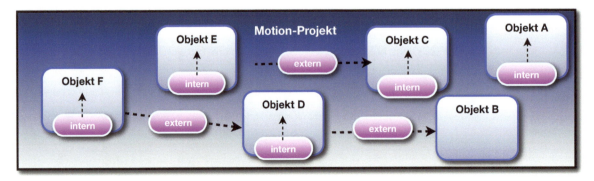

Bevor wir lernen "**WIE**" in Motion gearbeitet wird, müssen wir verstehen "**WORAN**" wir arbeiten.

Datenmanagement

Meistens wird das Thema Sichern und Export der Mediendatei eher am Ende eines Manuals behandelt. Ich möchte es aber schon vorher einführen. Die Details des Datenmanagements werden oft gänzlich ignoriert. Im Grunde genommen ist es nur die *Neu-Sichern-Öffnen-Routine* eines typischen Programms mit ein paar Variationen. Ich habe viel Zeit in meinen FCPx-Manuals darauf verwendet, die grundlegenden Datenmechanismen des Programms zu erklären, da es eine Menge Verwirrung gab, da man eine falsche Vorstellung davon hatte, WORAUF das Programm basiert. Im Fall von FCPx handelt es sich um eine Datenbank, ein nicht-dokumentbasierendes Programm.

Im Gegensatz dazu ist Motion dokumentbasierend. Ich denke, dass es die Zeit wert ist, eine Wiederholung von Grundlagen zu machen, um in Folge ein gutes Verständnis von dokumentbasierenden Programmen zu haben. Wir können das dann auf Motion übertragen, um zu sehen, wo es auf Motion zutrifft oder sich von der üblichen Vorgehensweise unterscheidet.

Wie auch andere dokumentbasierende Programme (z. B. Word, Logic, ProTools) folgt Motion dem Basiskonzept mit zwei Hauptelementen:

- **Das Programm**
  Das Programm ist nur die „Hülle", die Umgebung, die die Bedienungsoberfläche und die Werkzeuge zum Erstellen und Bearbeiten Ihrer Projekte stellt. Diese Programme werden als „Content Creating Applications" bezeichnet, die Ihnen ermöglichen, etwas zu kreieren.
- **Das Dokument**
  Das ist das „Etwas", das Sie in dem Programm erstellen, das Dokument. Zum Beispiel ist das ein Buch in Word, ein Musikmix in ProTools, ein Song in Logic oder eine Grafik in Photoshop.

Hier sehen Sie ein Diagramm mit den Hauptelementen eines dokumentbasierenden Programms wie Motion.

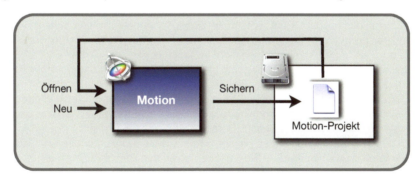

- **"Dokument"-Name**
  Manche Programme haben einen bestimmte Namen für das Dokument, um besser zu beschreiben, was es ist, woran Sie arbeiten. In Word wird es einfach „Word-Dokument", in Compressor „Stapel" und in Logic „Projekt" genannt. In Motion arbeiten Sie ebenfalls an einem „Projekt", einem „Motion-Projekt".
- **Neu - Sichern - Öffnen**
  Der erste Schritt, nachdem Sie das Programm gestartet haben, ist das Erstellen eines neuen Dokuments, das Sie auf der Festplatte sichern und später erneut öffnen können, um die Arbeit daran fortzusetzen. Die Beschränkung, dass nur ein Projekt geöffnet sein kann und ein bereits geöffnetes erst geschlossen werden muss, damit Sie ein anderes Projekt öffnen können, wurde in Version 5.0.5 entfernt. Sie können jetzt mehrere Projekte gleichzeitig geöffnet haben.
- **Dateinamen-Erweiterung**
  Jedes Programm hat seine eigene Dateinamen-Erweiterung für das gesicherte Dokument. Manche Programme haben mehr als eine, wenn unterschiedliche Dateiformate unterstützt werden (z.B. hat Word *.doc und *.xdoc-Dokumente). Motion hat vier verschiedene Erweiterungen. Darauf müssen Sie auf jeden Fall achten. Wir kommen gleich darauf zurück.
- **Speicherort der Daten**
  Manche Programme bevorzugen bestimmte Speicherorte für ihre Dokumente, aber normalerweise können Sie Ihre eigenen Ordner auswählen. In Motion können Sie ebenfalls eigene Speicherorte festlegen, aber nicht für Alles! Lesen Sie weiter.

Hier sind ein paar zusätzliche Funktionen von dateibasierenden Programmen, die ebenfalls in Motion verwendet werden:

🔘 Vorlage (Template)

Dieser Begriff wird verwendet, um ein Dokument (Projekt) zu beschreiben, das einen bestimmten Zweck hat. Normalerweise arbeiten Sie an einem Projekt, bis Sie das endgültige Ergebnis erreicht haben. Aber manchmal möchten Sie Projekte erstellen, die Sie als Startpunkt benutzen wollen. Ein Beispiel: In jedem Brief, den Sie in Word schreiben, müssen Sie das Format festlegen, Ihren Namen und Ihre Adresse schreiben, das Firmenlogo einfügen usw.. Ab einem bestimmten Punkt könnte es eine gute Idee sein, ein Dokument zu erstellen, das alle redundanten Arbeitsschritte enthält und es als Vorlage abzuspeichern. Wenn Sie nun einen Brief schreiben wollen, müssen Sie nicht ganz am Anfang beginnen, sondern Sie können eine Kopie der Vorlage verwenden, die die Vorarbeit schon enthält. Ein anderer Begriff dafür ist „Templates".

Motion verwendet auch das Konzept der Vorlagen, verwendet es aber für den bestimmten Zweck, Animationseffekte in FCPx nutzbar zu machen. Sie können zum Beispiel einen komplexen Überblendungseffekt in Motion erstellen, der aus mehreren Effekten besteht oder eine ausgeklügelte Titelsequenz mit 3D-Effekten. Anstatt das als Beginn einer bestimmten Aufgabe zu nehmen, um ein Video für einen Kunden oder ein spezielles Produkt zu erstellen, können Sie das Projekt als Final Cut-Vorlage sichern. Auf diese Vorlagen kann aus FCPx direkt zugegriffen werden und sie können dort direkt benutzt werden.

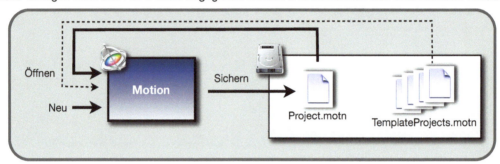

🔘 Exportieren

Dies ist ein anderes wichtiges Element bei Content-Creation-Applikationen. Normalerweise wird die Datei von einem Programm erstellt, die nur von dem Programm selber gelesen werden kann. Das Dokument hat ein proprietäres Datenformat mit dem Zweck, das Produkt (Brief, Soundmix, Song, Tabelle etc.) zu bearbeiten. Das Datenformat muss häufig jedoch in ein anderes Format gewandelt werden, wenn das Projekt fertig ist. Ein ProTools-Projekt, in dem ein Musik-Mix erstellt wird oder ein Logic-Projekt können nicht in iTunes abgespielt werden. Ein FCP7-Projekt kann auch nicht in Quicktime angeschaut werden. Diese Dokumente müssen müssen in ein Datenformat exportiert werden, das das Wiedergabe-Programm lesen kann.

Dieser Vorgang wird „Export" genannt, da Sie die Datei aus dem Bereich des Programms, in dem sie erstellt worden ist, heraus bewegen. Die exportierte Datei ist „zusammengepackt", was bedeutet, dass Sie die einzelnen Elemente darin nicht mehr ändern können. Apple benutzt den Begriff „Bereitstellen", den Sie im Hauptmenü aller Content-Creating-Programme finden können. In diesem Menü finden Sie alle Befehle, um ein Dokument in eine Vielzahl von Ausgabeformaten exportieren zu können. Andere Programme nutzen den Befehl „Sichern als...", unter dem Sie die unterschiedlichen Formate während des Sicherns auswählen können.

Motion hat ebenfalls ein „Bereitstellen"-Menü, das Ihnen erlaubt, ein Motion-Projekt in einem Format zu sichern, das von anderen Programmen, z.B. Quicktime, YouTube, Videoschnitt-Software etc., abgespielt werden kann.

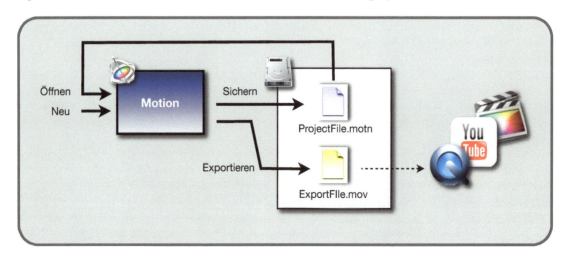

Veröffentlichen

Dieser Begriff, der aus dem Druckbereich stammt, besagt, dass Sie etwas für ein breites Publikum verfügbar machen, anstatt es für sich selber zu behalten.

Im Fall von Motion ist das Sichern eines Dokuments (eines Projektes) nur für die Bearbeitung in Motion selber. Kein anderes Programm ist in der Lage, es zu lesen und zu benutzen, bis Sie es exportiert haben. Wie ich jedoch schon zuvor erwähnt habe, nutzt FCPx Motion-Projekte für seine Videoeffekte, Überblendungen, Titel und Generatoren. Damit FCPx diese Motion-Projekte verwenden kann, ist es notwendig, dass sie an einem bestimmten Ort liegen, den FCPx „sehen" kann.
Und das macht ein bestimmter Bereitstellen-Befehl in Motion. Es ist ein besonderer Sichern-Befehl, der ein Motion-Projekt (eine Motion-Vorlage, um genau zu sein) in einem bestimmten Ordner, "*Benutzername/Movies/Motion Templates/*" speichert.

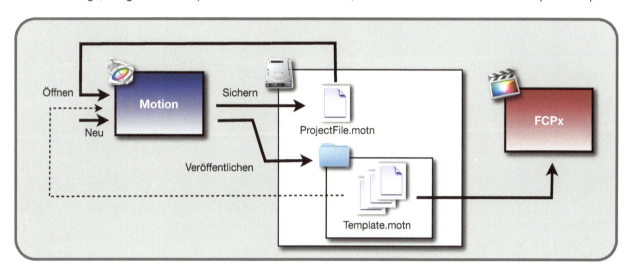

Jetzt haben wir uns die wichtigsten Elemente eines dokumentbasierenden Programms in Bezug auf das Datenmanagement angeschaut. Lassen Sie uns diese Informationen im Zusammenhang mit Motion betrachten und sehen, wie es dort funktioniert.

Verwendung der Dateien

Wie ich schon im vorherigen Kapitel erwähnt habe, kann ein Motion-Projekt zwei Zwecke erfüllen.

- Ein eigenständiges Video, basierend auf Animationseffekten erstellen.
- Eine Vorlage für FCPx, die Animationseffekte verwendet, erstellen.

Erstellen einer eigenständigen Video-Datei

In diesem Fall nutzen Sie Motion, um ein fertiges Video zu erstellen. Anstatt FCPx mit Videomaterial und Effekten zu verwenden, können Sie das gesamte Video in Motion gestalten, wenn es hauptsächlich aus Animationen anstatt auf normalen Videoclips basiert. Natürlich kann das fertige Video, das Sie in Motion erstellt haben und als Video exportiert haben, später wiederum als normaler Videoclip als Teil eines größeren FCPx-Projekts importiert werden (wie z.B. Titelsequenz, Animationssequenz, Effektsequenz etc.).

Unter diesen Umständen verhält sich Motion wie ein normales "Dokument-basierendes" Programm (Photoshop, Word):

- ☑ Sie erstellen ein Motion-Projekt oder öffnen ein vorhandenes Projekt (ProjektName.motn).
- ☑ Sie arbeiten an Ihrem Projekt.
- ☑ Sie sichern es als Motion-Projekt (ProjektName.motn), das alle Elemente enthält.
- ☑ Wenn das Projekt fertig ist, exportieren Sie es als fertiges Produkt, z.B. als Quicktime-Film.

Erstellen einer Vorlage für FCPx

Das ist der andere Zweck von Motion-Projekten. Anstatt an einem Motion-Projekt zu arbeiten, um damit ein Animationsvideo für eine bestimmte Aufgabe zu erstellen (z.B. eine Titelsequenz für einen Film, eine 3D-Animation für eine Werbung etc.), können Sie auch Animationsvorlagen für die Verwendung in FCPx erstellen. Natürlich können Sie diese Vorlagen auch benutzen, um ein neues Projekt zu beginnen.

FCPx enthält ebenso eine Vielzahl von animierten Elementen. Sie finden Sie im Medienbrowser in Form von vier spezialisierten Arten von Clips.

FCPx-Medienbrowser

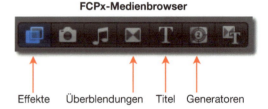

Effekte Überblendungen Titel Generatoren

- Effekte
- Übergänge
- Titel
- Generatoren

Diese Clips sind nicht anderes als Vorlagen, die auf Motion-Projekten basieren.

Wenn Sie eine der vier Tasten im FCPx-Medienbrowser auswählen, zeigt ein Fenster alle verfügbaren Motion-Vorlagen dieser Art an. Es werden integrierte und selbsterstellte Vorlagen aufgelistet.

💡 Selbsterstellte Vorlagen

Alle Vorlagen, die am Ort "*Benutzername/Movies/Motion Templates/*" gespeichert sind, werden im FCPx-Medienbrowser aufgeführt. Das sind die selbsterstellten Projekte, die Sie in Motion veröffentlicht haben, oder Motion-Effekte von Drittanbietern, die Sie auf Ihrem Rechner installiert haben. Wenn Sie mit **ctr+Klick** auf irgendeine Vorlage in FCPx klicken, erscheint ein Kontextmenü "**In Motion öffnen**", womit Sie Motion starten und die Vorlage dort bearbeiten können. Sie müssen den Effekt dann in FCPx erneut zuweisen, wenn Sie die Vorlage bearbeitet und in Motion gespeichert haben.

> In „Motion" öffnen

💡 Integrierte Vorlagen

Die vorinstallierten Motion-Vorlagen, die mit FCPx mitgeliefert werden, haben ihren eigenen Speicherort innerhalb des FCPx-Programms: "*/Applications/Final Cut Pro/Contents/PlugIns/MediaProviders/MotionEffect.fxp/Contents/Resources/Templates/*". Diese Vorlagen können nicht direkt verändert werden. Wenn Sie jedoch mit **ctr+Klick** auf einen dieser Effekte klicken, erscheint "**Kopie im Motion öffnen**". Das Bedeutet, dass FCPx die Vorlage erst in den Ordner für die selbsterstellten Vorlagen kopiert und dann diese Kopie in Motion öffnet. Die Kopie wird direkt im FCPx-Medienbrowser angezeigt, da sie in dem Ordner liegt, den FCPx immer im Auge behält.

> Kopie öffnen in „Motion"

FCPx - Effektbrowser

Vier Arten von Motion-Projekten

Es gibt einen weiteren Punkt bei Motion-Dateien, den wir beachten müssen, bevor wir ein neues Projekt beginnen.

Wie wir schon gesehen haben, kann ein dokumentbasierendes Programm seine eigenen Dokumente sichern und erneut öffnen. Diese Dateien haben normalerweise eine einheitliche Dateiendung und ein Icon, das sie symbolisiert. Die meisten der Content-Creation-Applikationen (ProTools, Logic, Photoshop, Word, Pages etc.) haben nur eine Dateiart. Motion hat jedoch vier Arten von Projektdateien mit vier unterschiedlichen Endungen und vier verschiedenen Symbolen.

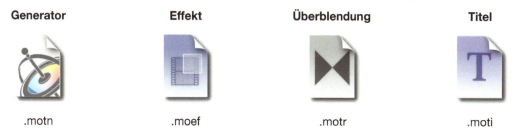

Generator	Effekt	Überblendung	Titel
.motn	.moef	.motr	.moti

Es ist sehr wichtig, deren Zweck zu verstehen, bevor man mit Motion beginnt. Hier gibt es ein paar kleine Unterschiede und sich überschneidende Funktionen, die zu Verwirrungen führen könnten, wenn Sie mit Motion arbeiten.

Wenn sie eine Content-Creation-Applikation öffnen, können Sie normalerweise zwischen zwei Dingen wählen:

- Mit einem neuen Dokument beginnen (Projekt)

  Das wird meist der Standardbefehl **Datei > Neu** oder der Tastaturbefehl **cmd+N** sein.
- Ein vorhandenes Dokument (Projekt) öffnen, um daran zu arbeiten

  Das wird meist der Standardbefehl **Datei > Öffnen** oder der Tastaturbefehl **cmd+O** sein.

Neben diesen zwei Befehlen könnte das Programm zusätzliche Befehle beinhalten. Bedenken Sie aber, dass Sie ein Dokument immer neu erstellen oder an einem vorhandenen Dokument weiterarbeiten. Sogar das Öffnen einer Vorlage ist nichts anderes als ein vorhandenes Dokument zu öffnen.

Hier ist die Auswahl im Datei-Menü von Motion:

Die Befehle zum Öffnen für vorhandene Projekte entsprechen dem Standard:

- **Neu**: Erstelle ein neues Projekt. Dieser Befehl hängt mit einer Einstellung in den **Voreinstellungen > Projekt** zusammen.
  - *Projektübersicht einblenden:* Das öffnet die Projektübersicht mit einer Anzahl von Einstellungen.
  - *Projekt verwenden: "xyz":* Hier können Sie ein vorhandenes Projekt festlegen, welches sich immer öffnet, wenn Sie den Befehl *Neu* verwenden.
- **Neu aus Projekt-Browser...**: Dieser Befehl hat die gleiche Funktion wie die erste Option in den Einstellungen zuvor. Er öffnet die Projektübersicht.
- Der **Öffnen ...**-Befehl mit den Punkten weist darauf hin, dass sich ein Standard-Dateiauswahl-Dialog öffnet, in dem Sie zu der Projektdatei navigieren können, die Sie öffnen wollen.
- Der "**Benutzte Objekte**"-Befehl mit einem Öffnen-Dreieck für ein Untermenü, ebenfalls ein Standard in vielen Programmen, listet die zuletzt geöffneten Projekte auf, damit Sie nicht mit dem Öffnen-Befehl dorthin navigieren müssen.

Was wir hier also haben, sind zwei normale „Neues Projekt"-Befehle und zwei „Projekt öffnen"-Befehle. Die Projektübersicht enthält viele Auswahlmöglichkeiten und Einstellungen wie ein Schweizer Messer zum Öffnen (neuer oder existierender) Projekte.

Neu / Vorlage öffnen

Das Fenster des Projektbrowsers ist in drei Bereiche unterteilt.

- Auf der linken Seite ist eine typische Seitenleiste, in der Sie eine Auswahl treffen können
- Der mittlere Bereich zeigt den Inhalt des in der Seitenleiste ausgewählten Elements. Das sind die Motion-Projekte.
- Die rechte Seite liefert die Details zum im mittleren Bereich ausgewählten Projekt.

Bevor wir uns die Einzelheiten im Projektbrowser ansehen, möchte ich aufzeigen, warum es fünf Motion-Projekte gibt.

Im Moment konzentrieren wir uns nur auf die zwei Bereiche in der Seitenleiste.

❶ Leer: Dies ist der eigentliche „Neu"-Befehl. Wenn Sie „Leer" in der Seitenleiste auswählen, werden fünf Motion-Projekte im mittleren Bereich angezeigt.

❷ Hier könnte eine „Moment mal!"-Frage aufkommen. Ich hatte schon erklärt, das Motion vier verschiedene Arten von Projekten (basierend auf den vier Dateiendungen) erstellt, wir können jetzt aber aus fünf Arten auswählen. Wir sehen die vier Arten „Effekt", „Generator", „Übergang" und „Titel". Ignorieren wir kurz das Fünfte, das „Motion-Projekt". Die zweite Frage ist, warum werden sie „Final Cut-Effekt" und „Final Cut-Übergang" genannt und nicht „Motion-Effekt" und „Motion-Übergang"? Es sieht aus, als würden Sie ein neues „Final Cut-Effekt"-Projekt mit einem Klick auf dieses Symbol öffnen, nicht aber ein Motion-Projekt.

Ich hoffe, dass es inzwischen klar ist, warum diese Projekte mit „Final Cut ..." benannt sind. Erinnern Sie sich an die zweite Aufgabe von Motion, Vorlagen für FCPx zu erstellen? Jede der vier Effekt-Arten in FCPx (Effekt, Übergang, Generator, Titel) basiert auf seiner eigenen Art von Motion-Projekt, erkennbar an der Dateiendung und am Icon.

Wenn Sie eine neue Motion-Vorlage für FCPx erstellen wollen, beginnen Sie hier mit der Auswahl der Art der Vorlage, die Sie haben wollen. Projekte, die auf einer dieser Vorlagen basieren, werden später eine wichtige Einschränkung haben. Sie können nur an den Ort *"Benutzername/Filme/Motion Templates/"* auf Ihrer Festplatte innerhalb eines Unterordners (jede Art hat einen eigenen) gespeichert werden ❸. Jetzt verstehen wir, warum. Dies ist der Ort, wo FCPx diese Dateien erwartet, um sie im FCPx-Medienbrowser bereitzustellen. ❹

❺ Die vier Elemente in der Seitenleiste repräsentieren die vier Unterordner unter *"Benutzername/Filme/Motion Templates/"*. Wenn Sie ein Element davon auswählen, werden die Vorlagen in diesem Ordner im mittleren Bereich des Projektbrowsers angezeigt. Es entspricht einem „vorhandene Vorlage öffnen"-Befehl.

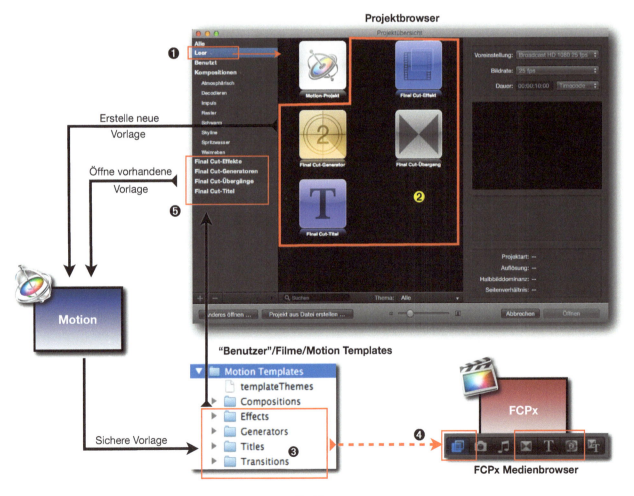

Vorlage sichern

Wenn Sie eine leere Vorlage geöffnet haben, erstellt Motion ein neues Motion-Projekt mit dessen Standard-Benutzeroberfläche (siehe nächstes Kapitel). Es gibt zwei Besonderheiten bei Vorlagen-Projekten:

- Eine Vorlage könnte ein paar Elemente/Konfigurationen haben, die Sie nicht löschen können. Dadurch wird garantiert, dass Sie die Vorlage nur bis zu dem Grad verändern können, der in Zusammenhang mit der ausgewählten Vorlagen-Art Sinn macht. Ansonsten ist die Motion-Benutzeroberfläche die gleiche, unabhängig von der Vorlage, an der Sie gerade arbeiten.

- Der *Sichern* und *Sichern unter*...-Befehl funktioniert so, wie es in der Dateiverwaltung üblich ist. Es öffnet sich jedoch kein üblicher Dateiauswahl-Dialog, in dem Sie zu einem Ordner navigieren können. Stattdessen erscheint ein Fenster mit den folgenden Optionen:

  - ☑ *Einleitender Text*: Er enthält die Information, mit welcher Art von Vorlage Sie gerade arbeiten. Die Benutzeroberfläche gibt Ihnen keine Hinweis auf die Vorlagen-Art, mit der Sie das Projekt begonnen haben. Nur, wenn Sie eine vorhandene Vorlage öffnen, wird die Dateiendung in der Kopfzeile Ihnen sagen, welche Projekt-Art momentan geöffnet ist.

  - ☑ *Name der Vorlage*: Geben Sie einen Namen für Ihre Vorlage ein.

  - ☑ *Kategorie*: Sie müssen jeder Vorlage eine Kategorie zuweisen. Das Einblendmenü enthält anfangs nur den Punkt „neue Kategorie". Hier können Sie neue Kategorien erstellen, die anschließend im Einblendmenü aufgeführt werden. Eine Kategorie ist nichts anderes als ein Unterordner innerhalb des Vorlagen-Ordners. Hierdurch wird eine strikte Ordnerstruktur erzwungen.

  - ☑ *Thema*: Sie können optional ein neues Thema für die Vorlage festlegen. Dieses kann dann im Projektbrowser verwendet werden, um die Suche nach Vorlagen, die zu einem bestimmten Thema gehören, einzuschränken.

  - ☑ *Nicht benutzte Medien einschließen*: Wenn das nicht angehakt ist, werden nur die Mediendateien (Video, Audio, Grafiken), die in der Vorlage verwendet werden, gespeichert.

  - ☑ *Vorschau des Films sichern*: Hier wird ein kleiner Vorschaufilm erstellt, der anzeigt, wie das Projekt aussehen wird. Sie können sich diesen im Projektbrowser anzeigen lassen, wenn Sie nach Vorlagen suchen.

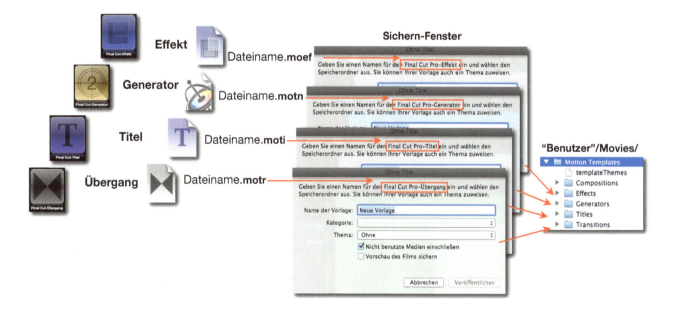

Beachten Sie bitte zwei Dinge:

- Das Fenster hat keine „Sichern"-Taste. Es ist eine „Veröffentlichen"-Taste. Dies ist der richtige Begriff. Es ist nur inkonsequent, da auch das Dateimenü „Veröffentlichen" und „Veröffentlichen als..." enthalten sollte. Das ist es, was dieser Befehl macht: „Vorlagen veröffentlichen".

- Die „Veröffentlichen"-Taste ist inaktiv bis Sie eine Kategorie für die Vorlage festlegen. Das garantiert, dass Sie die Vorlagen nicht auf der obersten Ebene des Template-Ordners sichern können.

Verwalten von Vorlagen (Templates)

Werfen wir einen Blick darauf, wie der Templates-Ordner von Motion strukturiert ist.

💡 **Ordner für die Projektart**

> Das sind die vier Hauptordner, die die vier Final Cut-Vorlagen repräsentieren (Finder-Screenshot: Rot): Effects (Effekte), Generators (Generatoren), Transitions (Überblendungen) und Titles (Titel). Den Ordner „Compositions" erkläre ich im nächsten Abschnitt.

💡 **Ordner für die Kategorie**

> Im Screenshot des Projektbrowsers unten können Sie zwei Kategorien sehen, die ich im „Final Cut Effects"-Ordner selbst erstellt habe: „GEM-Test Categorie" und „GEM-Test2 Categorie". Sie können Kategorien mit der + und - Taste an der unteren Kante der Seitenleiste hinzufügen oder löschen ❶. Diese Kategorien können Sie als Category-Ordner mit dem gleichen Namen im Finder-Screenshot sehen (orange).

💡 **Ordner für Vorlagen**

> Innerhalb des Category-Ordners liegen die Vorlagen, die durch ihre eigenen Ordner (grün) repräsentiert sind. Sie enthalten alle Elemente und die eigentliche Projektdatei (grau).

💡 **Ordner für Themen**

> Wenn Sie einer Vorlage ein Thema zugewiesen haben, wird ein Ordner mit dem Namen des Themas (gelb) innerhalb des Category-Ordners erstellt und der Vorlagen-Ordner wird nun hier platziert.

An der unteren Kante des Projektbrowsers ist ein Themen-Einblendmenü, mit dem Sie die angezeigte Auswahl nur auf die Projekte, die ein bestimmtes Thema zugewiesen bekommen haben, einschränken können ❷. Auch in diesem Einblendmenü gibt es die Option "**Neues Thema...**" und "**Thema entfernen**" (das Thema, das gerade ausgewählt ist)).

Diese Themen werden in einer XML-Datei mit dem Namen "templateThemes" gespeichert, die ebenfalls im Motion Templates-Ordner abgelegt wird ❸ (nachdem mindestens ein Thema erstellt wurde).

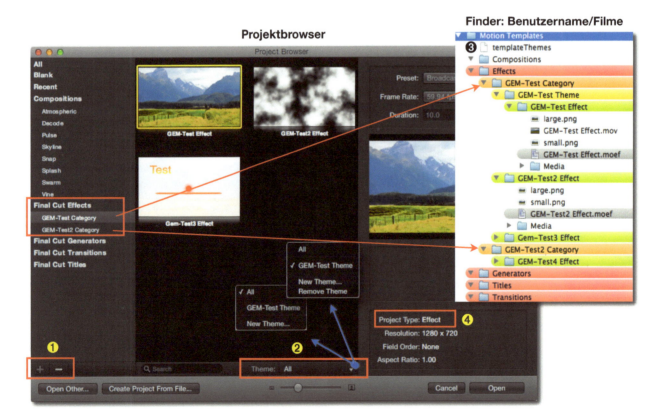

Das Fenster rechts im Projektbrowser zeigt einen Vorschaufilm des ausgewählten Projekts (wenn verfügbar) und darunter sehen Sie die Basis-Parameter einschließlich des Projektart ❹.

Integration der Vorlagen in FCPx

Hier ist ein Blick darauf, wie sehr der Motion Templates-Ordner in FCPx integriert ist:

- Der Category-Ordner innerhalb des Motion Template-Ordners wird in FCPx als eine Kategorie in der Seitenleiste für jede Vorlagenart (Effekte, Übergänge, Titel, Generatoren) angezeigt ❶.

- Die Vorlagen der ausgewählten Kategorie werden in die ihnen zugewiesenen Themen gruppiert ❷. Vorlagen ohne zugewiesene Themen werden an den Anfang gestellt.

- Wenn Sie die Themen-Taste ❸ im Medienbrowser auswählen, listet FCPx in dessen Seitenleisten alle Themen (von jeder Projektart), die zu dem jeweiligen Thema gehören, auf ❹.

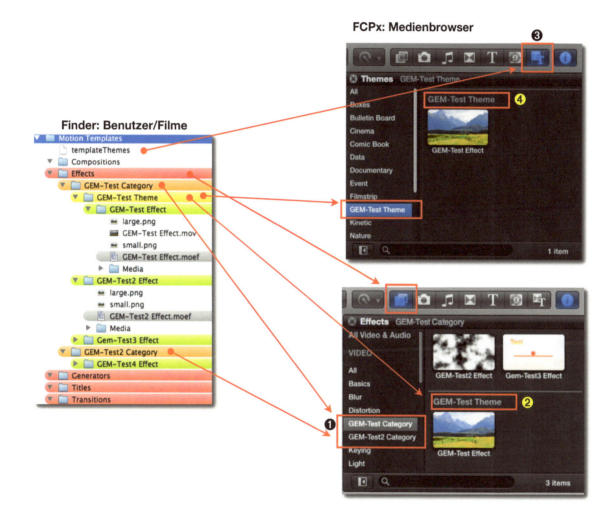

Wie ich schon zuvor erwähnt habe, können alle Final Cut-Vorlagen, die auf Motion basieren (schon vorhandene oder selbst erstellte), direkt aus dem FCPx-Medienbrowser geöffnet werden. (**Rechtsklick** auf die Vorlage). Final Cut-Vorlagen, die Sie in Motion erstellt haben, werden jedoch nicht aktualisiert, wenn Sie einmal in der FCPx-Timeline liegen. Sie müssen manuell durch die neue Vorlage ersetzt werden.

Das fünfte Motion-Projekt

Jetzt habe ich die Dateiverwaltung in Bezug auf die vier Projekt-Vorlagen, die die vier Projektarten, die in FCPX benutzt werden, erklärt. Was ist jedoch mit der fünften Projektart im Projektbrowser, dem „Motion-Projekt"? Bedeutet dies, dass wir fünf Projektarten haben? Die Antwort ist: Ja und nein, wir werden sehen.

Im vorherigen Kapitel, in dem ich die Frage „Wofür ist Motion" gestellt hatte, zeigte ich zwei Verwendungszwecke:

- 💡 Erstellen eines eigenständigen Videos
- 💡 Erstellen einer Vorlage für FCPx

Der zweite Zweck sollte jetzt klar sein. Dafür sind die vier Vorlagen-Arten. Die fünfte Art, „Motion-Projekt", ist für den ersten Zweck, ein eigenständiges Video zu erstellen, aber auch ein wenig für den zweiten Zweck, „Erstelle eine Vorlage". Dadurch, dass wir die Funktionalität von Vorlagen behandelt haben, ist es weniger verwirrend.

Wenn wir einmal ein „Motion-Projekt" aus dem Projektbrowser ausgewählt haben, öffnet Motion ein leeres Projekt, das eigentlich genauso aussieht, als wenn wir eines der anderen vier Projekte geöffnet hätten. Es gibt jedoch eine zusätzliche Option zum Dateimenü, die andere Projekte nicht haben: **Vorlage veröffentlichen ...**

Hier ein Diagramm, das zeigt, was passiert.

❶ Der **Sichern** oder **Sichern unter...**-Befehl erlaubt es nun, dass Sie das Projekt über das normale Dateiauswahl-Fenster an jedem Ort auf Ihrer Festplatte speichern.

❷ Der **Vorlage veröffentlichen...**-Befehl andererseits verhält sich genauso wie der Sichern-Befehl für die vier Vorlagen-Arten. Ein Dialog-Fenster erscheint, das es Ihnen nicht erlaubt, einen Ordner auszuwählen. Der Ort, um diese Vorlage abzuspeichern, ist beschränkt auf den „Compositions"-Ordner neben den vier Template-Ordnern innerhalb des Motion Template-Ordners.

❸ Der Veröffentlichen-Dialog gibt Ihnen die zusätzliche Option, die Vorlage als Final Cut Generator zu speichern.

❹ Und hier das Wichtigste: Alle Optionen, das Projekt als Datei zu sichern (Motion-Projekt, Komposition, Final Cut Generator) erstellen eine Datei mit der gleichen Endung (**.motn**) und dem gleichen Dateisymbol wie Generatoren.

Projektbrowser

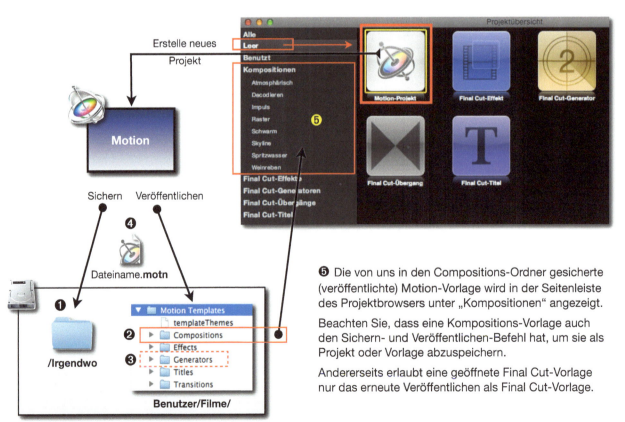

❺ Die von uns in den Compositions-Ordner gesicherte (veröffentlichte) Motion-Vorlage wird in der Seitenleiste des Projektbrowsers unter „Kompositionen" angezeigt.

Beachten Sie, dass eine Kompositions-Vorlage auch den Sichern- und Veröffentlichen-Befehl hat, um sie als Projekt oder Vorlage abzuspeichern.

Andererseits erlaubt eine geöffnete Final Cut-Vorlage nur das erneute Veröffentlichen als Final Cut-Vorlage.

Hier sehen Sie die beiden Screenshots des Dialogfensters, das sich öffnet, wenn Sie den „Sichern"- oder den „Veröffentlichen"-Befehl anwenden:

💡 Sichern

Der normale Dateiauswahl-Dialog öffnet sich mit einem zusätzlichen Einblendmenü, falls Sie die Projekt-Medien ebenfalls an dem neuen Ort speichern möchten. Die Checkbox „Einschließlich unbenutzter Medien" ist die Gleiche wie im „Veröffentlichen"-Dialog.

💡 Veröffentlichen

Der Veröffentlichen-Dialog ähnelt dem Sichern von Vorlagen. Der Text zeigt an, welche Art Sie speichern, also eine „Motion-Komposition". Die letzte Checkbox „Veröffentlichen als Final Cut Generator" sichert die Vorlage als Final Cut-Generator in den Generators-Ordner anstatt in den Compositions-Ordner.

Datei > Sichern

Datei > Vorlage veröffentlichen ....

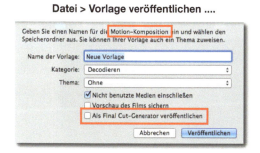

Kompositionen

Als ich den Begriff „Vorlagen" erklärt habe, definierte ich ihn als ein Dokument, das bereits ein paar Basis-Daten enthält. Die vier Final Cut Vorlagen-Arten sind ein wenig speziell, da die Daten in ihnen so vorbereitet sind, dass sie nicht in Motion, sondern in einem anderen Programm, nämlich FCPx, verwendet werden können. Jedoch sind die Vorlagen im Compositions-Ordner eigentlich Vorlagen für Motion, also Motion-Projekte, die als Ausgangspunkt für weitere Motion-Projekte verwendet werden können, um damit eigenständige Motion-Projekte zu erstellen.

Der Projektbrowser zeigt nur Final Cut-Vorlagen, die Sie selbst erstellt haben. Deswegen werden keine gezeigt, wenn Sie diese Art zum ersten Mal in der Seitenleiste aufrufen (außer, Sie haben nach der Installation des Programms den zusätzlichen Motion-Inhalt heruntergeladen). Dann enthält der Kompositionen-Bereich einige Kategorien, die Vorlagen enthalten. Diese Vorlagen finden Sie nicht im Compositions-Ordner. Sie sind in Motion eingebettet und im Finder mit „Zeige Paketinhalt an" durch Rechtsklick auf das Programmsymbol zusehen: */Programme/Motion/Contents/Templates/*

Hier sehen Sie einen Screenshot dieses Ordners. Die Ordnerstruktur ist die Gleiche wie im Motion Templates-Ordner des Benutzers.

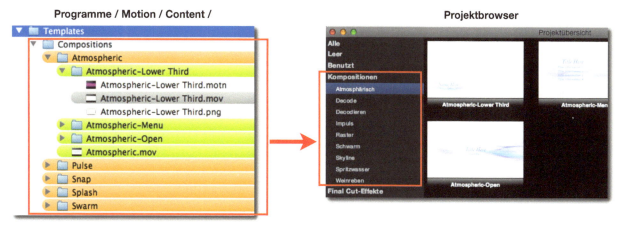

Wenn Sie Final Cut Pro 7 installiert haben, könnten Sie weitere Kategorien und Vorlagen, die auch im Projektbrowser angezeigt werden, an folgendem Speicherort finden*/Library/Application Support/Final Cut Pro/Templates/Compositions/*. Beachten Sie bitte, dass in Motion abgespeicherte Vorlagen nur für den angemeldeten Benutzer des Rechners verfügbar sind. Wenn Sie Vorlagen an diesen Ort in der System Library kopieren, können alle Benutzer darauf zugreifen. (Sehen Sie sich die Applikation *„Motion Template Tool"* unter www.spherico.com/filmtools/ an.)

Projekte - Ein Überblick

Hier ist ein letzter Überblick bezüglich der Frage, was die fünf Motion-Projekte sind und was nicht:

💡 Es gibt fünf Arten von Projekten

> Der Projektbrowser zeigt die Projektart in der rechten unteren Ecke für ausgewählte Projekte oder Projektvorlagen an.

💡 Es gibt vier Arten von Projektdateien

> Motion verwendet vier spezifische Dateiendungen und Dateisymbole. Beachten Sie, dass ein Motion-Projekt, eine Kompositionsvorlage und ein Final Cut-Generator die gleiche Dateiendung und das gleiche Symbol verwenden.

 Erstelle ein **Motion-Projekt** Dateiname.**motn** 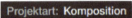 Projektart: **Komposition**

Erstelle eine **Kompositionsvorlage** Dateiname.**motn** Projektart: **Komposition**

 Erstelle eine Final Cut-**Generator-Vorlage** Dateiname.**motn** Projektart: **Generator**

 Erstelle eine Final Cut-**Effekt-Vorlage** Dateiname.**moef** Projektart: **Effekt**

 Erstelle eine Final Cut-**Titel-Vorlage**  Dateiname.**moti** Projektart: **Titel**

 Erstelle eine Final Cut-**Übergang-Vorlage**  Dateiname.**motr** Projektart: **Übergang**

Anders als in FCPx können Motion-Dateien im Finder verschoben werden (z.B. zum Austauschen unter Benutzern). Wenn eine Motion-Datei außerhalb des Motion Template-Ordners liegt, kann anhand der Dateiendung herausgefunden werden, um welche Art es sich handelt. Ausnahme ist die .motn-Datei, da es hier drei Möglichkeiten gibt. Wenn sie im Generators-Ordner liegt, öffnet sie sich als Final Cut-Generatorvorlage, wenn sie im Composions-Ordner liegt, dann als Kompositionsvorlage. Wenn sie aber irgendwo anders liegt, öffnet sie sich als Motion-Projekt.

Weitere Projekteinstellungen

🔦 Projektbrowser

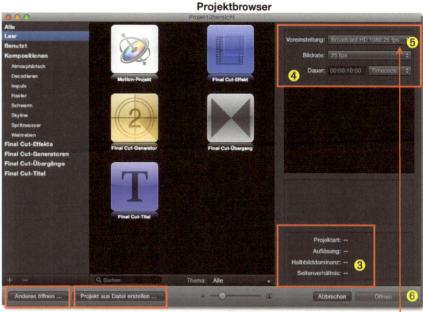

Projektbrowser

❶ Die "*Anderes öffnen...*"-Taste funktioniert genauso wie der „Öffnen"-Befehl im Dateimenü.

❷ Die "*Projekt aus Datei erstellen ...*"-Taste funktioniert wie der „Als Projekt importieren ..."-Befehl aus dem Datei-menü. Es wird ein neues Projekt mit den aktuell ausgewählten Medien erstellt.

❸ Die Informationstafel in der unteren rechten Ecke listet die Parameter des Projekts (und die Projektart) auf.

❹ Die Einstellungen in der oberen rechten Ecke ist nur bei neuen leeren Projekten aktiv. Sie setzen die Parameter für das neue Projekt. Diese Einstellungen können später mit Ausnahme der Framerate geändert werden.

❺ Das Voreinstellungen-Einblendmenü kann unter **Einstellungen > Voreinstellungen** geändert werden. Hier können Sie auch eigene Voreinstellungen festlegen und eine Standard-Voreinstellung festlegen.

❻ Beachten Sie, dass sich die "*Öffnen*"-Taste zu "*Eine Kopie öffnen*" ändert, wenn Sie eine integrierte Vorlage aus dem Kompositionen-Bereich verwenden, da diese nicht direkt verändert werden können.

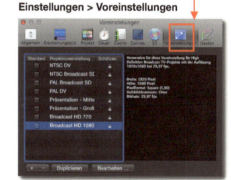

Einstellungen > Voreinstellungen

🔦 Zu Beginn

Das „Allgemein"-Tab in den Einstellungen enthält ein Einblendmenü, welches das Verhalten von Motion während des Startens festlegt.

🔦 *Letztes Projekt öffnen*: Öffnet das zuletzt bearbeitete Projekt

🔦 *Neues Projekt erstellen*: Dieser Punkt hängt mit einer anderen Einstellung zusammen: **Einstellungen > Projekt > "Neue Dokumente"**

- *Projektübersicht einblenden*: Das öffnet den Projektbrowser.

- *Projekt verwenden ...*: Mit der Auswählen ...-Taste können Sie eine Vorlage festlegen. Diese öffnet sich, wenn Motion das nächste Mal gestartet wird.

Einstellungen > Allgemein

Einstellungen > Projekt

🔦 Automatisch sichern

Das Cache-Tab im Einstellungen-Fenster unterstützt detaillierte Vorgaben für das automatische Sichern.

Das Dateimenü enthält den Befehl "**Projekt wiederherstellen ...**", mit dem Sie Zugriff auf die automatisch gesicherten Versionen haben.

Beachten Sie, dass Motion "Versionierung" unter OSX 10.7 (Lion) nicht unterstützt. Versionierung ist das neue Konzept zum Sichern von Dateien, das in vielen Programmen von Apple verwendet wird. Das Dokument wird automatisch gesichert, so dass manuelles Sichern nicht mehr notwendig ist. Es findet automatisch im Hintergrund auf der Systemebene statt.

Einstellungen > Cache

Konzept

Hier ist ein einfaches Diagramm mit sieben Elementen, die das Basiskonzept von Motion beschreiben:

Die ersten beiden Elemente sind die wichtigsten:

❶ Projekt

Dies ist die Umgebung, in der Sie Ihre eigentliche Arbeit, das Projekt bzw. Ihre Komposition erstellen. Sie wird durch die Benutzeroberfläche dargestellt, die alle notwendigen Elemente (Fenster, Werkzeuge, Menüs etc.) beinhaltet. Die zwei Hauptparameter des Projektes sind dessen Länge (Dauer) und Framegröße (Breite x Höhe). Es sind die gleichen Parameter wie bei einer Videodatei, da es das ist, was Sie erstellen und am Ende exportieren - eine Videodatei (außer, wenn Sie Vorlagen erstellen).

❷ Objekt

Das andere wichtige Element ist ein Objekt. Objekte sind die Bausteine Ihres Projektes (Formen, Text, Bilder, Videos etc.). Sie sind das Material (Designelemente), das Sie in Ihr Projekt legen oder direkt innerhalb des Projektes erstellen.

Die nächsten drei Elemente haben grundsätzlich den gleichen Zweck. Durch sie können Sie die momentan im Projekt befindlichen Objekte ansehen. Es ist nur eine unterschiedliche Darstellung der Objekte (und in diesem Zusammenhang der Bearbeitung).

❸ Objekte in einer Liste (Projektfenster)

Alle verfügbaren Objekte sind in einer Liste angeordnet. Sie ist wie ein Stapel, der die Hierarchie der Objekte von oben nach unten anzeigt. Das obere (grafische) Objekt überdeckt das darunter liegende usw., wenn Sie im selben Bereich liegen.

❹ Objekte in einem Bereich (Canvas)

In diesem Bereich können Sie die gleichen Objekte im Raum (2D oder 3D) sehen und bearbeiten. Der Raum wird durch die Framegröße definiert, in dem Sie die Objekte arrangieren. Die Framegröße ist einer der Hauptparameter des Projekts.

❺ Objekte in der Zeitansicht (Timeline)

In diesem Fensterelement legen Sie die Zeitinformation für jedes Projekt fest. Wann ist das Objekt über die Dauer des Projekts sichtbar und wann nicht. Zusätzlich kann nahezu jeder Parameter eines Objektes durch dessen Steuerungsmöglichkeiten für das Aussehen über die Dauer des Projekts geändert (animiert) werden.

Jedes Objekt in einem Projekt kann durch Bearbeitung der dazugehörigen verfügbaren Parameter verändert werden:

❻ Objekt bearbeiten

Verschiedene Fenster zeigen für die Betrachtung und Bearbeitung die Parameter des ausgewählten Objekts.

Wenn die Bearbeitung abgeschlossen und das Projekt fertig ist, kann es als Video exportiert oder als Vorlage veröffentlicht werden:

❼ Exportieren / Veröffentlichen

Sehen wir nun, wie diese Basiselemente des Motion-Konzepts in der Benutzeroberfläche umgesetzt wurden. Erst ein paar technische Hintergründe dazu:

- Die Oberfläche von Motion besteht aus einem Fenster. Alle Elemente (Fensterbereiche), die angezeigt oder ausgeblendet werden können, sind Teil eines großen Fensters. Obwohl die eigene Anordnung von Fenstern dadurch beschränkt ist, hilft es dabei, sich bei der Arbeit zu konzentrieren, da die Hauptelemente immer an der gleichen Stelle liegen.

- Es gibt nur ein paar kleine Schwebepaletten zusätzlich zum Hauptfenster.

- Die Beschränkung, dass Sie nur ein Projekt geöffnet haben können, wurde in Version 5.0.5 entfernt.

Dies ist der „elegante" Teil der Benutzeroberfläche:

Die drei Bereiche, um Objekte in Ihrem Projekt in einer ansprechenden Anordnung auf der Benutzeroberfläche zu sehen.

- Die „Objekte im Raum"-Ansicht liegt oben rechts und heißt **Canvas.**

- Die "Objekte in einer Liste"-Ansicht liegt links daneben und heißt **Projekt (-Fenster).**

- Die „Objekte in der Zeit"-Ansicht liegt unter den beiden Elementen und heißt **Timeline/Zeitverhalten.**

- Zwischen den drei Fenstern liegt ein Balken mit Werkzeugen, um an diesen Objekten zu arbeiten, die **Werkzeugleiste.**

Und hier ist der weniger „elegante" Teil der Benutzeroberfläche:

Die anderen beiden Elemente „Objekte hinzufügen" und „Objekte bearbeiten" im Motion-Konzept müssen sich den gleichen Bereich der Benutzeroberfläche teilen, was vom logischen Standpunkt aus nicht so elegant erscheint.

- Zum Vergleich hierzu hat das Projektfenster (Objekte in einer Liste) drei Tabs mit verschiedenen Ansichten. Der Name des Fensters (Projekt) macht Sinn, egal welche Ansicht gezeigt wird.

- Das Fenster auf der linken Seite hat ebenfalls drei Tabs. Ein Tab, das *Informationen*-Fenster bezieht sich auf das Element „Objekte bearbeiten" (Objekte, die in Ihrem Projekt vorhanden sind), und die anderen zwei Tabs *Dateiübersicht* und *Bibliothek*, beziehen sich auf das Element „Objekte hinzufügen", ist also für Objekte, die nicht im Projekt sind.

- Das Informationen-Fenster ist einer der wichtigsten Bestandteile der Benutzeroberfläche in jedem Programm, mit dem Inhalte erstellt werden. In nahezu all diesen Programmen gibt es ein eigenständiges Fenster oder eine Schwebepalette für die Informationen.

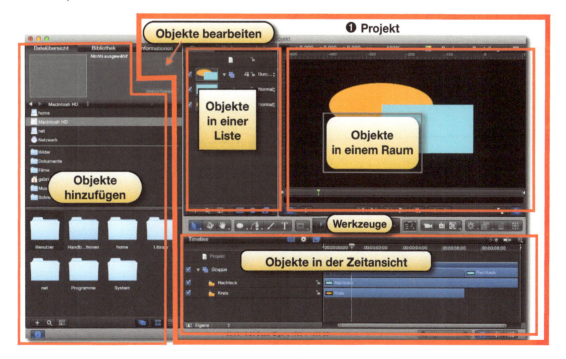

Der dicke rote Rahmen, den ich gezeichnet habe, zeigt, wie ich die Programmoberfläche vom logischen Standpunkt aus betrachten würde: Die Bereiche, die mit Material in Ihrem Projekt, und die Bereiche, die mit Material außerhalb des Projektes zu tun haben, also in das Projekt gebracht werden können. Die kleine Ecke um das Informationen-Fenster zeigen die kleine Unvollkommenheit der Programmoberfläche, da ich das Informationen-Fenster als Bestandteil des Projekts betrachte.

Fensterbereiche

Werfen wir jetzt einen Blick auf die Funktionen der verschiedenen Fensterbereiche.

💡 1 Canvas

Der Canvas ist das immer sichtbare Hauptfenster. Hier können Sie Ihre Komposition so betrachten, wie Sie aussieht, wenn Sie sie am Ende exportieren. Dieses Fenster kann nicht ausgeblendet werden. Im Gegenteil: Mit der Taste für die Vollbild-Darstellung (1a) können Sie alle anderen gerade sichtbaren Fenster verschwinden lassen. Diese Taste schaltet zwischen diesen beiden Ansichten hin und her. Ebenso können Sie den Tastaturbefehl **F8** oder den Befehl **Fenster > Spielermodus** aus dem Hauptmenü verwenden. Es gibt eine kleine Ungereimtheit in der Terminologie. Das Kurzinfo-Fenster zeigt „Bildschirmfüllend" als Funktion für diese Taste an, aber der Menübefehl lautet „Spielermodus". Beachten Sie, dass sich der Begriff „Bildschirmfüllend" auf das ganze Projektfenster, nicht aber auf den ganzen Bildschirm bezieht.

💡 2 Projektfenster

Dieser Fensterbereich liegt in der Mitte der Benutzeroberfläche und teilt sich seinen Bereich mit dem Canvas. Das bedeutet, dass der Canvas seine Größe ändert, wenn dieses Fenster ein- oder ausgeschaltet wird. Die anderen beiden Fensterbereiche sind nicht betroffen. Das Projektfenster kann mit der Taste in der oberen linken Ecke des Canvas , dem Tastaturbefehl **F5** oder dem Menübefehl **Fenster > Bereich „Projekt" ein/ausblenden** ein- bzw. ausgeblendet werden. Jede der drei Ansichten hat auch ihren eigenen Tastaturbefehl (**cmd+4, cmd+5, cmd+6**), um zwischen ihnen zu wechseln. Mit einem Befehl für ein Fenster, das gerade sichtbar ist, wird dieses ausblenden.

💡 3 Zeitverhalten-Bereich

Dieser Fensterbereich unter dem Canvas kann drei unterschiedliche Timelines zeigen. Sie können einzeln mit den drei Tasten in der unteren rechten Ecke (3a) ein- oder ausgeblendet werden und passen sich automatisch der Größe des Fensterbereiches an. Jede der drei Tasten (Ansichten) hat zum dorthin Wechseln ihren eigenen Tastaturbefehl (**cmd+7, cmd+8, cmd+9**). Wenn keine der Timelines gezeigt wird, verschwindet dieser Bereich und der Canvas (und der Projektbereich) übernehmen den Platz. Sie können diesen Bereich mit dem Tastaturbefehl **F6** oder dem Menübefehl **Bereich „Zeitverhalten" ein/ausblenden** umschalten. Die aktuelle Auswahl der Timeline wird beibehalten.

💡 4 Bereich „Dateiübersicht", „Bibliothek", „Informationen"

Dieser Bereich (ohne bestimmten Namen) kann mit der Taste in der oberen linken Ecke (4a) ein- bzw. ausgeblendet werden. Ich habe schon erwähnt, dass dieser Bereich mit seinen drei Ansichten für den Betrachter nicht ganz logisch ist. Auch die i-Taste passt nicht ganz, da sie normalerweise für das Informationen-Fenster verwendet wird. Hier ändert sie das ganze Fenster und nicht nur das Informationen-Fenster. Auch hat dieser Bereich keinen eigenen Tastaturbefehl wie der Projekt- und der Zeitverhalten-Bereich - vielleicht, weil er keinen eigenen Namen hat. Aber jeder Bereich hat seinen eigenen Tastaturbefehl (**cmd+1, cmd+2, cmd+3**). Den Befehl für ein bereits sichtbares Fenster zu benutzen, blendet dieses aus.

Natürlich können die Fensterbereiche (1-4) durch das Verschieben der Trennlinien dazwischen in der Größe verändert werden.

Es gibt zwei weitere Abschnitte im Motion-Fenster, die keine Fensterbereiche sind. Sie spielen eine wichtige Rolle, da sie immer sichtbar sind.

💡 5 Werkzeugleiste

Dieser Streifen liegt unter dem Canvas und hat eine ähnlich Funktion wie die Werkzeugleiste in FCPx. Er enthält die verschiedenen Werkzeuge, die Sie in Motion brauchen. Sie sind in Tastengruppen zusammengefasst und die meisten haben ihre eigenen Einblendmenüs. Die Leiste enthält in der Mitte eine Zeitanzeige.

💡 6 Status-Balken

Dieser Bereich ganz unten gehört zum gesamten Fensterrahmen. Die Mitte zeigt die Eigenschaften Ihres aktuellen Motion-Projekts (Länge, Format, Auflösung und Framerate). Auf der linken Seite ist außerdem eine Taste, um den „Ohne Namen"-Fensterbereich (4a) ein- und auszuschalten und auf der rechten Seite Tasten für die drei Ansichten des Zeitverhalten-Bereichs (und einen Zoom-Regler für die Timeline).

Wenn Sie einen Blick über die vier Tasten werfen, die die Fensterbereiche ein- und ausschalten (1a, 2a, 3a, 4a), können Sie feststellen, dass sie alle auf „immer sichtbaren" Fensterelementen liegen.

Hier sehen Sie das Projektfenster nochmals mit allen Steuerungen und Tastaturbefehlen.

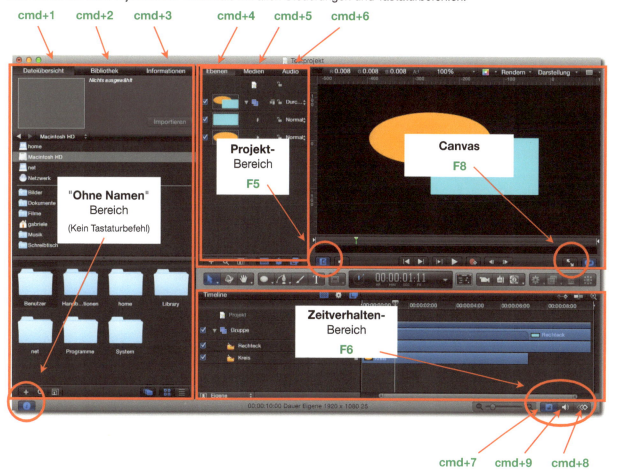

Ein weiteres Beispiel für eine fast perfekte (logische) Benutzeroberfläche: Alle Tabs/Abteilungen der Fensterbereiche haben eine logische Reihenfolge darin, wie ihnen die Tastaturbefehle zugewiesen sind. Befehl-Taste plus Nummer 1 - 9 für die Tabs von links nach rechts. Hoppla, Nummer 8 und 9 sind nicht in der richtigen Reihenfolge (ich sagte „fast perfekt").

Inspektor versus Schwebepalette

Die meisten Programme, mit denen Inhalte produziert werden, nutzen das Konzept des Informationen-Fensters. Dies ist ein bestimmtes Fenster, dessen Inhalt von Objekten, die in einem anderen Fenster ausgewählt werden, abhängig ist. (Einzelheiten dazu finden Sie in meinem Manual „Compressor 4 - So funktioniert´s")

Schauen wir uns den Unterschied zwischen den eigentlichen Daten und den Metadaten (Daten über Daten) eines Objekts an. Hier ein paar Beispiele:

- Wenn Sie den Text in einem Word-Dokument ändern, verändern Sie die eigentlichen Daten. Das Wechseln zu einer anderen Schrift oder anderer Formatierung ändert die Metadaten des Textes.

- Wenn Sie einen Clip in der FCPx-Timeline austauschen, ändern Sie die eigentliche Datei. Einen Effekt oder Notizen zu einem Clip hinzuzufügen kann als Veränderung in dessen Metadaten gesehen werden.

- Wenn Sie Ihrem Motion-Projekt ein Bild hinzufügen, kann das Bild als Datei betrachtet werden. Jede Veränderung an diesem Bild in irgendeiner Form kann als Ändern der Metadaten betrachtet werden.

Alle diese Metadaten werden normalerweise in einem separaten Informationenfenster angezeigt. Die meisten Apple-Programme haben das Informationenfenster als schwebendes Fenster, das immer über allen anderen Fenstern liegt, implementiert (z.B. Pages, Numbers, Keynote etc.). Manchmal können Sie mehrere Informationenfenster geöffnet haben, um auf so viele Parameter wie möglich Zugriff zu haben. In FCPx ist das Informationenfenster ein Bereich der Benutzeroberfläche, das aus einem Fenster besteht. Es kann dort ein- und ausgeblendet werden, aber es liegt nicht als eigenständiges Fenster über anderen Fensterbereichen.

Motion bietet beide Oberflächen-Konzepte an:

- ☑ Informationen-Fenster als integrierter Fensterbereich
- ☑ Informationen-Fenster als freies überlagerndes Fenster - die Schwebepalette

Die Schwebepalette

Zusätzlich zum Informationen-Fenster als fixem Bereich gibt es in Motion die Schwebepalette, die nichts anderes als ein zusätzliches überlagerndes Informationen-Fenster ist. Die Schwebepalette zeigt eine Untergruppe aller Daten, die im Informationen-Fenster aufgeführt werden. Obwohl es eine Ausnahme des Ein-Fenster-Konzeptes der Benutzeroberfläche ist, gibt Ihnen die Schwebepalette die Flexibilität, schnell auf Daten zuzugreifen, die Sie häufig brauchen, ohne zwischen den Fensterbereichen zu wechseln. Das kleine Fenster, welches in seiner Größe nicht verändert werden kann, ist außerdem halbtransparent, damit Sie die darunter liegenden Elemente sehen können, auch wenn Sie durch die Schwebepalette verdeckt sind.

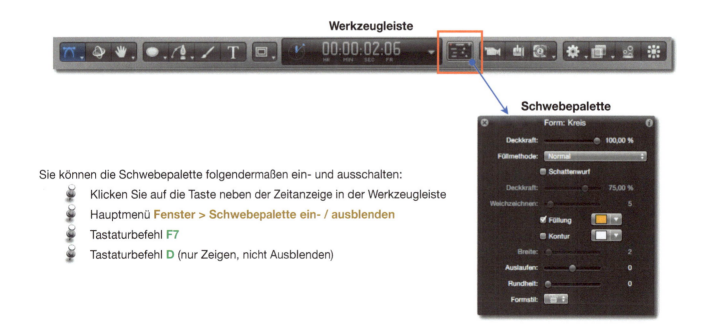

Sie können die Schwebepalette folgendermaßen ein- und ausschalten:

- Klicken Sie auf die Taste neben der Zeitanzeige in der Werkzeugleiste
- Hauptmenü **Fenster > Schwebepalette ein- / ausblenden**
- Tastaturbefehl **F7**
- Tastaturbefehl **D** (nur Zeigen, nicht Ausblenden)

Hier ist das Konzept:

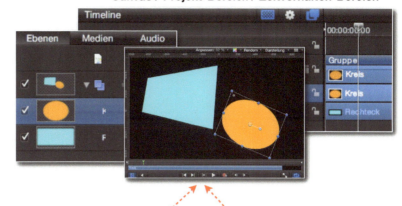

Sie können Objekte in jedem der drei „Objekt betrachten"-Fenster (Canvas, Projekt-Bereich, Zeitverhalten-Bereich) auswählen.

Die Daten (Eigenschaften, Parameter, Attribute) jedes ausgewählten Objektes werden im Informationenbereich und in der Schwebepalette angezeigt. Sie können die Daten in jedem Fenster bearbeiten und Sie werden in den anderen sofort aktualisiert.

Die Schwebepalette hat eine kleine i-Taste in der oberen rechten Ecke, die die gleiche Funktion wie die i-Taste in der unteren linken Ecke des Motion-Fensters hat. Wenn Sie darauf klicken, erscheint der Informationenbereich im linken Fensterbereich von Motion.

Schwebepalette

Informationenfenster

Wenn auf das ausgewählte Objekt Effekte oder Verhalten angewendet wurden, erscheint in der Kopfleiste des Schwebepalette ein Menü, in dem Sie zwischen den Parametern dieses Moduls wechseln können.

Bearbeitungswerkzeuge

Die Schwebepalette hat eine spezielle Funktion, die der Informationen-Bereich nicht hat. Sie kann Werkzeuge bearbeiten. Wenn Sie zum Beispiel das Rechteck-Werkzeug aus der Werkzeugleiste auswählen, um ein Rechteck zu zeichnen (das wird in einem späteren Kapitel behandelt), dann ist die Frage: Welche Standard-Attribute wird das Rechteck haben?

Und genau das können Sie in der Schwebepalette festlegen.

Schwebepalette
Ausgewähltes Werkzeug

Wenn Sie ein Werkzeug auswählen und es ist ein kein Objekt aktiviert (das einen höhere Priorität als ein Werkzeug hat), zeigt die Schwebepalette dessen Standard-Parameter. Nun können Sie diese Parameter festlegen, bevor Sie das eigentliche Objekt erstellen, anstatt erst das Objekt zu erstellen und die Parameter im Nachhinein zu ändern (was Sie natürlich tun können). Die Kopfleiste der Schwebepalette zeigt an, was momentan dargestellt wird, die „Art des Objekts" oder die „Art des Werkzeugs".

Wenn Sie einmal ein Objekt erstellt haben, wechselt die Schwebepalette automatisch von der Werkzeuganzeige zur Objektanzeige, da das Objekt nach dessen Erstellung automatisch ausgewählt ist.

Informationenfenster

Das Informationen-Fenster hat drei Bereiche:

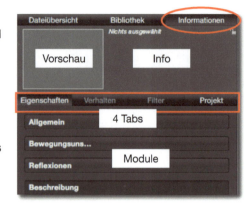

- *Vorschau/Info*: Oben liegt der Vorschau/Info-Bereich, der eine Vorschau und daneben die generellen Informationen über das ausgewählte Objekt (meist Mediendateien) anzeigt. Die kleine Vorschau ist mit dem Playhead verbunden. Wie auch immer das Objekt an der Zeitposition in der Timeline aussieht, so wird es in der kleinen Vorschau angezeigt.

- *Module*: Alle Parameter sind, anstatt sie in einer endlosen Liste aufzuführen, in Modulen gruppiert.

- *Vier Tabs*: Alle diese Module sind wiederum gruppiert und unter diesen Tabs verfügbar:

  - **Eigenschaften**: Dieses Tab enthält grundlegende Parameter, wie sie für die meisten Objekte vorliegen (Transformieren, Füllmethode, Beschneiden, Zeitverhalten etc.)

  - **Verhalten**: Jedes Verhalten-Objekt, das diesem Objekt zugewiesen wurde, wird als ein Modul im Verhalten-Tab angezeigt.

  - **Filter**: Jedes Filter-Objekt, das diesem Objekt zugewiesen wurde, wird als ein Modul im Filter-Tab angezeigt.

  - **"Objekt"**: Dieses sogenannte Objekt-Tab wird auch so bezeichnet, wenn kein Objekt ausgewählt ist. Wenn ein Objekt ausgewählt ist, wird das Tab mit der Art des Objekts beschriftet (Form, Text, Maske etc.). Sogar das eigentliche Projekt ist ein Objekt und zeigt alle Parameter an, wenn es im Projekt-Bereich ausgewählt ist. Das Tab enthält alle Module, die die Standard-Parameter eines Objektes festlegen.

    - **Sub-Tabs**: Vier Arten von Objekten (Projekt, Form, Text, Textgenerator) haben ihre Module in Untergruppen zusammengefasst. Sie werden als zusätzliche Tabs unter den vier Haupttabs aufgeführt.

Objekte mit Sub-Tabs

Viele Element der Benutzeroberfläche im Informationen-Bereich sind ähnlich wie in FCPx. Als FCPx-Anwender fühlen Sie sich gleich zu Hause:

❶ Module können mit dem blauen Anzeigen / Ausblenden-Befehl (beim Überfahren mit der Maus) oder durch einen **Doppelklick** auf den Header aus- und eingeklappt werden.

❷ Die Module enthalten die verschiedenen Steuerungen, Tasten und Menüs zum Modifizieren des Objekts. Manche Parameter haben ihr eigenes Öffnen-Dreieck, um weitere Sub-Parameter aufzudecken.

❸ Die Zurücksetzen-Taste setzt die Parameter des Moduls auf die Ausgangswerte zurück.

❹ Einzelne Parameter zeigen beim Überfahren mit der Maus Keyframe-Tasten.

❺ Rechts liegt das Animationen-Einblendmenü. Es ist für das Modul und für die Parameter verfügbar und hat zwei weitere Menüpunkte „Zu Rig hinzufügen" und „Parameter-Verhalten hinzufügen".

❻ Manche Module können mit der blauen An/Aus-Taste ein- bzw. ausgeschaltet werden.

❼ Die Schloss-Taste in der oberen rechten Ecke setzt das Modul auf seine aktuelle Ansicht fest. Dadurch können Sie zwischen verschiedenen Objekten wechseln, ohne dass der Informationen-Bereich der Auswahl folgt.

Steuerungselemente im Informationen-Bereich

Hier ist ein Überblick über die verschiedenen Steuerungselemente und deren Funktion im Informationen-Bereich. Das Modul muss eingeschaltet sein, um Veränderungen an den enthaltenen Parametern vornehmen zu können.

💡 **Wertefeld:** Das ist ein numerischer Wert, der durch Doppelklick darauf und Eingabe des neuen Wertes oder durch Ziehen des Wertes mit gedrückter Maustaste nach oben oder unten verändert werden kann. Auf die Funktion des Wertereglers wird durch kleine Pfeile über und unter der Zahl hingewiesen.

Passen Sie auf, wenn die Zahl rot ist. Das weist auf die „Initiale Keyframe-Methode" hin, welche ich im Kapitel „Zeitverhalten-Bereich" erläutere.

💡 **Schieberegler**: Sie können den Schieber ziehen oder auf die Linie klicken, um an diesen Wert zu springen. **Alt+Klick** auf die Linie ändert den Wert um plus oder minus Eins.

- Achten Sie darauf, ob der Schieber einen schwarzen Punkt hat. Das bedeutet, dass es eine Schieberegler-Gruppe ist, wo die einzelnen Werte versetzt sind.

- Schieberegler haben einen maximalen Wert (in der Regel 100), auch wenn die Parameter höhere Werte im Wertefeld oder mit den Steuerungen im Canvas bekommen können.

Hier ist ein Beispiel für sogenannte „zusammengesetzte Parameter". Es ist eine Steuerung (Schieber, Knopf, Wert etc.), die mehrere Sub-Parameter zur gleichen Zeit verändert. Auf die Sub-Parameter kann mit dem Öffnen-Dreieck zugegriffen werden, um sie einzeln anzupassen.

💡 **Drehregler**: Ziehen Sie die Maus nach links-rechts oder nach oben-unten über das Rad.

💡 **Checkboxen, Menüs**: Sie verhalten sich wie vorgesehen.

💡 **Textinfo, Texteingabe**: Ein paar Module haben haben nur lesbare Textinformationen (Medienobjekt) oder Texteingabefelder, um Beschreibungen (Projekteigenschaften) einzugeben.

💡 **Feld „Original"**: Auf dieses kleine rechteckige Feld können Sie Objekte ziehen. Das Modul nutzt es als Quellmaterial für verschiedene Prozesse. Ziehen Sie das Element aus dem Feld, um es zu löschen.

💡 **Farbfeld**: Das ist die Steuerung für die Farbauswahl. Es hat drei Elemente:

- Das Farbfeld öffnet das schwebende Fenster „Farben". Dies ist die OSX-Standard-Farbauswahl mit all ihren Funktionen.

- Der Pfeil öffnet die Farbpalette. Dies ist ein schnell zu öffnendes Farbauswahl-Fenster, in dem Sie durch Bewegen der Maus (Form einer Pipette) aus dem verfügbaren Farbspektrum eine Farbe aufnehmen können. Wenn darauf geklickt wird, ist die Farbe gesetzt und das Fenster verschwindet.

- Pipette: Durch Klicken auf dieses Symbol verändert sich der Cursor in eine Pipette, mit der Sie auf einen beliebigen Bereich im Canvas klicken können, um eine Farbe aufzunehmen. Wenn geklickt wurde, wechselt der Cursor zu seinem normalen Zustand zurück.

- Farbschieberegler: Durch Öffnen der Farbparameter mit dem Öffnen-Dreieck erscheinen drei Schieberegler und Wertefelder, in denen die RGB-Werte separat gesetzt werden können.

💡 **Verlaufseditor**: Der Verlaufseditor nutzt die verschiedenen Farbsteuerungen plus ein paar zusätzlichen Parametern, um Farbe, Farbposition, Anzahl der Farben, Deckkraft, Richtung und Interpolation des Verlaufs zu setzen.

💡 **Drag-and-drop Parameter-Werte**: Sie können eine komplette Parameter-Reihe auf einen anderen Parameter ziehen, um die Werte zu kopieren. Sie sehen dann beim Ziehen mit der Maus einen Schatten des Original-Parameter-Bereiches. Das grüne Plus-Zeichen weist auf die Copy-Paste-Aktion hin.

Hinzufügen von Objekten

Jetzt haben wir eine Vorstellung davon, was ein Motion-Projekt ist und was die Basiselemente der Benutzeroberfläche sind. Starten wir mit den Elementen, die gebraucht werden, um ein Projekt zu erstellen, den Bausteinen bzw. *Objekten*.

Objekte hinzufügen

Wenn wir mit einem leeren Projekt (nicht mit einer Vorlage) beginnen, ist dort nichts. Es ist leer. Also wird der erste Schritt sein, Objekte hinzuzufügen, um das Projekt zu bauen. Behalten Sie im Kopf, dass eigentlich jedes „Ding" in Motion Objekt genannt wird. In diesem Zusammenhang sprechen wir jedoch über Objekte, die die Hauptbausteine eines Motion-Projekts sind.

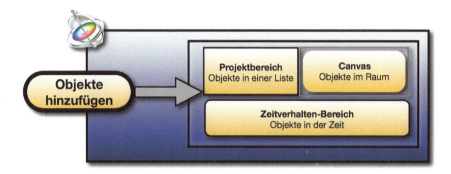

Es gibt zwei Wege, um Ihrem Projekt neue Objekte hinzuzufügen:

💡 **Existierende Objekte hinzufügen**

> Das sind Elemente (Dateien), die bereits außerhalb des aktuellen Projekts vorliegen. Sie können sie in zwei Gruppen unterteilen:
>
> • Mediendateien: Video, Bilder, Audio
>
> • Computergenerierte Grafiken: Jede vektorbasierende Datei, meist aus Motion oder dem OSX-System.

💡 **Neue Objekte erstellen**

> Das sind die Objekte, die Sie direkt in Ihrem Motion-Projekt erstellen.

Objektarten

Ich habe die unterschiedlichen Arten von Objekten im ersten Kapitel schon eingeführt und sie basierend auf ihren einzelnen Funktionen innerhalb eines Motion-Projektes gruppiert. Achten Sie immer darauf, was ein spezifisches Objekt machen kann, oder was Sie damit tun können. Wir werden uns das Schritt für Schritt vornehmen.

Ressourcen

Also gibt es die neu erstellten und die existierenden Objekte. Schauen wir uns als Erstes die existierenden Objekte an und wie wir sie dem Projekt hinzufügen können.

Es gibt drei Quellen, von denen aus wir Objekte hinzufügen können.

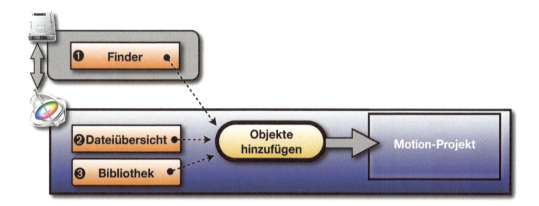

❶ Aus dem Finder

> Dies ist ein einfacher Drag-and-Drop-Vorgang, bei dem Sie eine Datei direkt aus dem Finder-Fenster direkt auf das Motion-Fenster ziehen. Sie können es auf jeden der drei Fensterbereiche, die das Motion-Projekt repräsentieren, ziehen: Canvas, Projekt-Bereich, Zeitverhalten-Bereich.

❷ Aus der Dateiübersicht

> Die Dateiübersicht ist eine der drei Ansichten im linken Fensterbereich in Motion (der Fensterbereich, der keinen Namen hat). Dieses Fenster funktioniert wie ein Mini-Finder, der in Motion eingebaut ist, und wo Sie die Mediendateien, die sich auf Ihren gemounteten Festplatten befinden, direkt durchstöbern und auswählen können.

❸ Aus der Bibliothek

> Die Bibliothek ist die zweite der drei Ansichten in diesem Fensterbereich. Dieses Fenster hat eine Ansicht zum Durchsuchen, Verwalten und Auswählen von Objekten, die mit Motion mitgeliefert wurden und Objekten, die Sie selbst erstellt haben (und ein paar anderer Objektarten, die später erklärt werden).

Schauen wir uns diese zwei Fenster nun genauer an.

Dateiübersicht

Sie können die Dateiübersicht mit den folgenden Befehlen ein- und ausblenden:

 Hauptmenü **Fenster > Dateiübersicht**

 Tastaturbefehl **cmd+1**

 Klicken der "i"-Taste in der unteren linken Ecke, um den linken Fensterbereich ein- und auszublenden

Klicken auf das „Dateiübersicht"-Tab im linken Fensterbereich (wenn sichtbar).

Das Dateiübersicht-Fenster ist in drei Hauptbereiche unterteilt und hat ein paar zusätzlichen Steuerungen:

❶ Der zentrale Bereich, die "**Seitenleiste**", zeigt zwei Bereiche, die durch eine horizontale Trennlinie unterteilt sind, an. Der obere Teil zeigt alle verfügbaren Festplatten und Netzwerkspeicher (die oberste Ebene Ihres Computers) an und der untere Teil zeigt die obere Ebene Ihres Home-Ordners an.

❷ Der untere Bereich, der "**Stapel**", zeigt den Inhalt des Ordners (oder Laufwerks) an, der in der Seitenleiste ausgewählt ist. Hier können Sie eine Datei auswählen oder einen Ordner anklicken, um tiefer in die Dateistruktur zu navigieren.

❸ Der Dateipfad wird im Pfad-Einblendmenü über der Seitenleiste angezeigt. Hier können Sie auch durch die Datenhierarchie gehen, indem Sie eine der Ebenen im Einblendmenü auswählen. Der Linkspfeil und der Rechtspfeil neben dem Einblendmenü sind die „Verlauf vorwärts / zurück"-Tasten. Sie funktionieren genauso wie im Finder (oder im Projektverlauf in FCPx) und führen zum vorher oder danach betrachteten Ordner oder der Datei. Diese Tasten entsprechen dem Drei-Finger-Wischen auf dem Trackpad.

❹ Der obere Bereich in der Dateiübersicht ist die "**Vorschau**", die die im Stapel ausgewählte Datei zeigt bzw. abspielt. In den Voreinstellungen können Sie festlegen, ob die Datei, wenn sie ausgewählt ist, sofort abgespielt wird oder nicht.

❺ Dateien verwalten:
Da die Dateiübersicht eine Alternative zum Finder ist, kann die Verwaltung teilweise direkt hier vorgenommen werden.

- Umbenennen von Dateien durch den entsprechenden Befehl im Kontextmenü oder direkte Eingabe.

- Erstellen neuer Ordner mit der Plus-Taste unten in der Dateiübersicht.

- Löschen einer Datei über das Kontextmenü.

- Sie können sogar eine Datei aus dem Projekt zurück in den Stapel legen. Dadurch wird die Datei auf den Finder kopiert.

- Mit der Lupe nach bestimmten Dateien suchen. Ein Suchfeld wird geöffnet.

❻ Importieren von Dateien:

Sie können ausgewählte Dateien auf zwei Wegen in Ihr Projekt importieren:

- Ziehen Sie sie direkt aus dem Stapel auf einen der drei Bereiche Ihres Projekts (Canvas, Projektbereich, Zeitverhalten-Bereich).

- Klicken Sie die Importieren-Taste in dem Bereich „Vorschau".

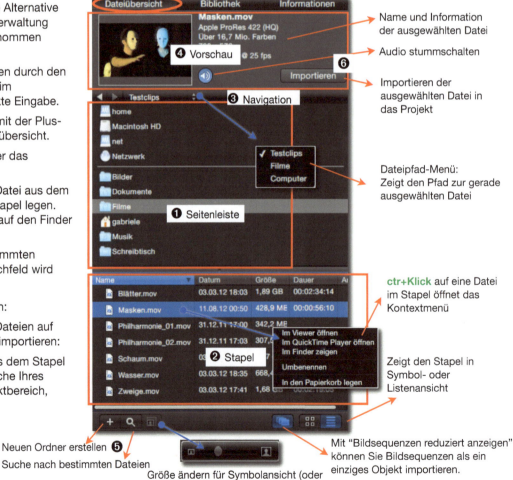

Name und Information der ausgewählten Datei

Audio stummschalten

Importieren der ausgewählten Datei in das Projekt

Dateipfad-Menü: Zeigt den Pfad zur gerade ausgewählten Datei

ctr+Klick auf eine Datei im Stapel öffnet das Kontextmenü

Zeigt den Stapel in Symbol- oder Listenansicht

Neuen Ordner erstellen ❺

Suche nach bestimmten Dateien

Größe ändern für Symbolansicht (oder mit zwei Fingern auf dem Trackpad verkleinern)

Mit "Bildsequenzen reduziert anzeigen" können Sie Bildsequenzen als ein einziges Objekt importieren.

Bibliothek

Sie können die Bibliothek mit den folgenden Befehlen ein- und ausblenden:

 Hauptmenü **Fenster > Bibliothek**

 Tastaturbefehl **cmd+2**

 Klicken der "i"-Taste in der unteren linken Ecke, um den linken Fensterbereich ein- und auszublenden

 Klicken auf das „Bibliothek"-Tab im linken Fensterbereich (wenn sichtbar).

Das Bibliothek-Fenster ähnelt er Dateiübersicht. Schauen wir uns erst die Elemente an, bevor wir in die Einzelheiten gehen.

❶ Der zentrale Bereich, ebenfalls **„Seitenleiste"** genannt, arbeitet ein wenig anders als in der Dateiübersicht. Hier gibt es zwei Spalten. Die linke Spalte führt die Kategorien, nach denen alle verfügbaren Objekte sortiert sind, auf. Durch das Auswählen einer Kategorie werden Ordner mit Subkategorien in der rechten Spalte angezeigt.

❷ Der untere Bereich wird ebenfalls "**Stapel**" genannt und zeigt den Inhalt des oben in der rechten Spalte ausgewählten Subkategorie-Ordners an. Er zeigt Objekte oder weitere Unterordner an.

❸ Der Dateipfad wird im Pfad-Einblendmenü über der Seitenleiste angezeigt. Hier können Sie auch durch die Datenhierarchie gehen. Der Linkspfeil und der Rechtspfeil neben dem Einblendmenü sind die „Verlauf vorwärts / zurück"-Tasten. Diese Tasten entsprechen dem Drei-Finger-Wischen auf dem Trackpad. In diesem Bereich liegt auch ein „Themen"-Einblendmenü, das ich später erklären werde.

❹ Der obere Bereich in der Bibliothek ist die "**Vorschau**", die das im Stapel ausgewählte Objekt zeigt bzw. abspielt. In den Voreinstellungen können Sie festlegen, ob das Objekt, wenn es ausgewählt ist, sofort abgespielt wird oder nicht.

❺ Objekte verwalten:

Hier gibt es ähnliche Befehle, aber die Bibliothek hat hat ein paar weitere Spezifikationen, die ich auf der nächsten Seite beschreibe. Hier ein Überblick:

- Umbenennen von Objekten ist nur möglich bei Objekten, die vom Benutzer hinzugefügt worden sind.

- Erstellen neuer Ordner im ausgewählten Stapel oder der rechten Spalte mit der Plus-Taste unten in der Dateiübersicht.

- Löschen von selbsterstellten Objekten oder Ordner mit dem Hauptmenü-Befehl **Bearbeiten > Löschen.**

- Sie können sogar ein Objekt aus dem Projekt zurück in die Bibliothek legen.

- Mit der Lupe nach bestimmten Dateien suchen. Ein Suchfeld wird geöffnet.

❻ Objekt hinzufügen:

Anstatt eine Datei zu importieren können Sie ein Objekt in Ihrem Projekt anwenden. Dieser Ausdruck macht Sinn, wenn das ausgewählte Objekt andere Objekte verändert (Filter, Effekte, Stil etc.). Wenn es ein Image-Objekt ist (Form, Generator etc.), dann importieren Sie es technisch gesehen. Es gibt zwei Wege:

- Ziehen Sie das Objekt direkt aus dem Stapel auf einen der drei Bereiche Ihres Projekts (Canvas, Projektbereich, Zeitverhalten-Bereich).

- Klicken Sie die Anwenden-Taste in dem Bereich „Vorschau".

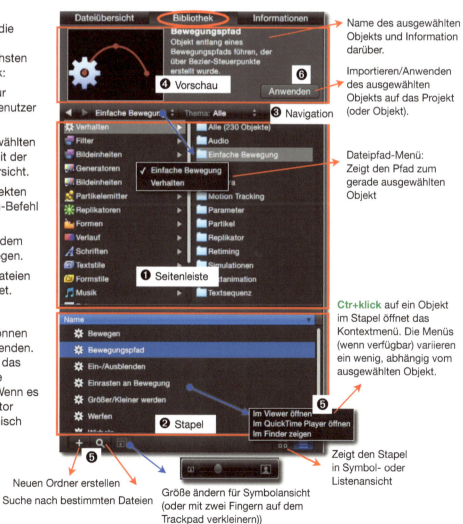

Name des ausgewählten Objekts und Information darüber.

Importieren/Anwenden des ausgewählten Objekts auf das Projekt (oder Objekt).

Dateipfad-Menü: Zeigt den Pfad zum gerade ausgewählten Objekt

Ctr+klick auf ein Objekt im Stapel öffnet das Kontextmenü. Die Menüs (wenn verfügbar) variieren ein wenig, abhängig vom ausgewählten Objekt.

Zeigt den Stapel in Symbol- oder Listenansicht

Neuen Ordner erstellen

Suche nach bestimmten Dateien

Größe ändern für Symbolansicht (oder mit zwei Fingern auf dem Trackpad verkleinern))

Inhalt der Bibliothek

Schauen wir uns die linke Spalte der Seitenleiste genauer an, um zu sehen, welche Objekt-Kategorien zur Verfügung stehen. Ich möchte sie, basierend auf den Arten der Objekte, die ich in der Einleitung eingeführt habe, ein wenig umsortieren

Bibliothek

💡 **Image-Objekte (unabhängig)**

Generatoren sind computergenerierte Grafiken (bewegt oder unbewegt). Bildeinheiten sind zusätzliche Generatoren, die in OSX als Teil der Core Image-Technologie eingebaut sind (seit OSX 10.5).

Formen enthält verschiedene Formen und unbewegte Bilder.

Auf diese Mediendateien kann auch aus der Dateiübersicht zugegriffen werden. Jedoch bietet die Bibliothek eine bessere Oberfläche. Sie listet alle Wiedergabelisten Ihrer iTunes-Library und Albums Ihrer iPhoto-Library auf. (Natürlich haben Musikdateien nichts mit Bilddateien zu tun, aber ich habe sie als Mediendateien zusammengefasst.)

💡 **Image-Objekte (abhängig)**

Dies sind die „sichtbaren" Image-Objekte, die einem anderen Objekt zugewiesen werden müssen. Jedoch haben diese Objekte aus der Bibliothek ein zugewiesenes Bild, also kann es dem Projekt auch als unabhängiges Image-Objekt hinzugefügt werden.

💡 **Effekt-Objekte**

Dies sind all die Effekt-Objekte, die anderen Objekten zugewiesen werden können und wie Effekt-Plugins funktionieren. Bildeinheiten (gleicher Name wie Generator-Bildeinheiten, aber anderes Symbol) sind Filter, die zu OSX als Teil der Core Image-Technologie (seit OSX 10.5) gehören.

Diese vier Kategorien sind eigentlich keine Objekte. Sie funktionieren eher wie Voreinstellungen und verändern die Parameter von Objekten, denen sie zugewiesen wurden, um einen bestimmten Effekt zu erzielen. Deshalb werden sie nicht als eigenständige Objekte in Ihrem Projekt angezeigt.

💡 **Inhalt**

Dieser Ordner ist eine Sammlung von allen Objekten, die in Vorlagen und anderen Voreinstellungen verwendet werden, die mit Motion mitgeliefert werden.

💡 **Andere**

Sie können jedes Objekt in diesem benutzerdefinierten Ordner ablegen, um einen schnellen Zugriff auf Ihre Favoriten und oft genutzten Objekte zu haben. Auf der nächsten Seite finden Sie die Details.

Benutzerdefinierter Inhalt

Der Bibliothek-Bereich funktioniert wie ein Interface des eigentlichen Ortes der Objekte auf Ihrer lokalen Festplatte. Mit Ausnahme von ein paar Mediendateien (Video, Grafik, Audio) sind diese Dateien spezielle Motion-Dateien mit den Endungen **.molo** (Motion Library Object) oder **.mopr** (Motion Preview). Anders als bei Mediendateien, die durch Ziehen aus dem Finder importiert werden können (neben der Nutzung der Dateiübersicht), können diese Dateien nur über das Bibliothek-Fenster in das Projekt importiert werden.

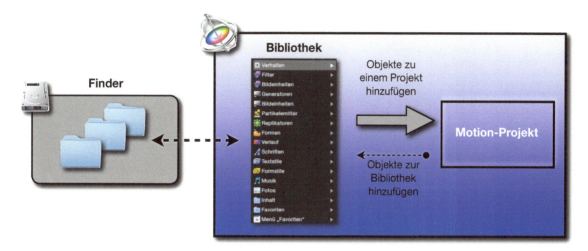

Ich habe im Diagramm Pfeile in beide Richtungen eingefügt. Das bedeutet, dass Sie Objekte zurück in die Bibliothek sichern können, wodurch diese im Finder speichert werden. Sie sind dann in der Bibliothek als benutzerdefinierte Objekte zusammen mit den integrierten Objekten verfügbar.

Denken Sie daran, dass alles, was Sie in der Bibliothek machen, generelles Motion Content Management auf Ihrem lokalen Computer ist und hat keinen Bezug zu Ihrem Projekt hat. Alles, was Sie der Bibliothek hinzufügen, dort löschen oder bearbeiten, ist für jedes zukünftige Projekt auf Ihrem Computer verfügbar. Aber seien Sie vorsichtig, wenn Sie Objekte aus der Bibliothek in einem Projekt nutzen und die Datei das Objekt aus der Bibliothek ändert, könnte es passieren, dass Sie in Projekten, die darauf zurückgreifen, eine fehlende Datei haben und diese erneut verknüpfen müssen.

Ablageort der Dateien

Es gibt zwei Hauptorte auf Ihrer lokalen Festplatte für Objekte in der Bibliothek:

- Vorgegebene Objekte: */Applications/Motion/Content/LibraryContent/*
- Eigene Objekte: *"Benutzername"/Library/Application Support/Motion/Library/*

Jede Kategorie in der Bibliothek wird durch einen Ordner mit dem gleichen Namen an beiden Orten repräsentiert. Eine ausgewählte Kategorie zeigt alle Objekte, die es an beiden Orten finden kann.

Es ist aber nicht jede Kategorie (Ordner) an dem vorgegebenen und benutzerdefinierten Ablageort verfügbar. Ich versuche, das im Diagramm rechts zu demonstrieren. Die linke Kategorie-Liste repräsentiert den verfügbaren Inhalt im Ordner für vorgegebene Objekte (nur lesbar) und die rechte zeigt den Inhalt des Ordners für benutzerdefinierte Objekte (les- und schreibbar). Ich habe die Kategorien geblockt, die nicht als Ordner in den entsprechenden Kategorien verfügbar sind.

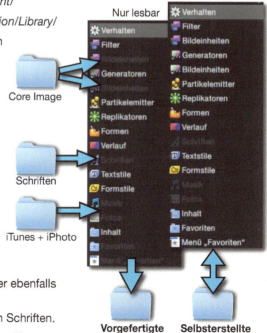

Es gibt fünf Kategorien, die eine Ausnahme bilden:

- **Bildeinheiten**: Diese beiden Ordner (einer für Filter und einer für Generatoren) zeigen die werkseitigen Images aus dem Core Image System. Beachten Sie bitte, dass der Ort für eigene Objekte diese Ordner ebenfalls hat, um Bildeinheiten dort zu speichern.

- **Schriften**: Dieser Ordner beinhaltet alle auf Ihrem Computer verfügbaren Schriften.

- **Musik, Fotos**: Diese beiden Ordner repräsentieren den Inhalt Ihrer lokalen iTunes Library und iPhoto Library.

Objekte in der Bibliothek verwalten

Die Bibliothek unterstützt ein nettes Objektmanagement. Denken Sie in drei Richtungen, damit Sie es besser verstehen:

Objekte aus der Bibliothek in ein Projekt ziehen

Objekte aus der Bibliothek in die Bibliothek ziehen

Objekte aus dem Projekt in die Bibliothek ziehen

Das ist der Standard-Vorgang, wenn Sie in der Bibliothek nach Objekten suchen, die Sie Ihrem Projekt hinzufügen möchten.

- ☑ Wählen Sie Kategorie und Unterkategorie in der Seitenleiste aus.
- ☑ Geben Sie einen Suchbegriff ein (optional).
- ☑ Ziehen Sie das Objekt aus dem Stapel in Ihr Projekt (auf den Projektbereich, den Zeitverhalten-Bereich oder den Canvas oder klicken Sie die „Anwenden"-Taste im Vorschaubereich des Bibliothek-Fensters.

Dies hat nichts mit dem Projekt direkt zu tun. Hier organisieren Sie die Objekte nur in der Bibliothek. Durch das Ziehen eines vorinstallierten Objekts aus dem Stapel direkt zurück in eine Kategorie erstellen Sie ein benutzerdefiniertes Objekt (eine Kopie des Objekts) in dem Benutzerordner der Bibliothek auf Ihrer lokalen Festplatte, der die Bibliothek direkt darstellt.

- ☑ Wählen Sie Kategorie und Unterkategorie in der Seitenleiste aus.
- ☑ Ziehen Sie ein Objekt aus dem Stapel zurück auf die Kategorie in der Seitenleiste.
  - Auf die gleiche Kategorie: Die Bibliothek erlaubt nur, Objekte in Ihre eigene Kategorie zu verschieben. Es können nur ein paar Objektarten in ihre eigene Kategorie kopiert werden (Verhalten, Filter, Filter-Bildeinheiten, Generatoren, Generatoren-Bildeinheiten, Schriften)
  - Zu Favoriten, Menü „Favoriten" oder Inhalt: Auf diese Kategorien können Sie jedes Objekt bewegen. Im Finder erstellt Motion entweder eine Kopie dieses Objekts (Verhalten, Filter, Filter-Bildeinheiten, Generator, Generator-Bildeinheiten, Schrift) oder ein Alias (Partikelemitter, Replikatoren, Formen, Verlauf, Textstile, Formstile).

Diesen Schritt können sie benutzen, wenn Sie ein Objekt in Ihrem aktuellen Projekt haben, welches Sie Ihrer Bibliothek für spätere Verwendungszwecke hinzufügen möchten. Vielleicht ist es ein Objekt, das Sie wirklich mögen, oder ein Standardobjekt, das Sie oft in anderen Projekten benötigen. Die verfügbaren Objekte sind Verhalten, Filter, Generatoren, Partikelemitter, Replikatoren, Formen und Textstile.

- ☑ Ziehen Sie ein Objekt aus Ihrem Projekt (Projektbereich, Zeitverhaltenbereich oder Canvas) zurück in die Bibliothek.
  - In die gleiche Kategorie: Sie können nur Objekte in ihre eigene Kategorie ziehen.
  - Zu Favoriten, Menü „Favoriten" oder Inhalt: Sie können jedes Objekt in diese Kategorien ziehen.

Ordner „Inhalt"

Dieser Ordner hat keine Beschränkung durch Kategorien. Sie können verschiedene Arten von Objekten hier ablegen und sie beliebig durch Erstellen von Unterordnern und Themen (siehe nächste Seite) sortieren.

Ordner „Favoriten"

Dies ist ein anderer Ordner ohne Beschränkungen, um all Ihre favorisierten Objekte zu sortieren.

Menü „Favoriten" (Ordner)

Objekte, die in diesem Ordner abgelegt werden, erscheinen im Hauptmenü unter „Favoriten". Das ist der schnellste Weg, ihrem Projekt ein Objekt hinzuzufügen, ohne die Bibliothek zu öffnen, sondern nur aus dem Hauptmenü auszuwählen.

▶ **Benutzerdefinierte Ordner**

Sie können eigene Ordner auf zwei Ebenen anlegen. Die Screenshots unten zeigen, wie die Bibliothek mit den eigentlichen Dateien im Finder zusammenhängt (*"Benutzername"/Library/Application Support/Motion/*) ❶. Sie zeigen als Beispiel den Ordner „Generatoren" (rot markiert im Finder-Screenshot).

> 💡 **Ordner in einer Unterkategorie-Liste hinzufügen** (orange): Wählen Sie den „Alle"-Ordner in einer Unterkategorie aus und klicken Sie die Plus-Taste in der unteren linken Ecke der Bibliothek.

> 💡 **Ordner im Stapel hinzufügen** (gelb): Der Stapel zeigt immer den Inhalt des ausgewählten Ordners in der Unterkategorie-Liste an. Wählen Sie einen dieser Ordner und klicken Sie die Plus-Taste. Ein neuer Ordner erscheint im Stapel.

Sie können Ordner umbenennen (auswählen, Doppelklick und eintippen) und löschen (auswählen, **Bearbeiten > Löschen**). Im Stapel können Sie sogar Objekte in den Ordner hinein- oder hinausschieben oder in eine Unterkategorie verschieben.

Sie können auch Dateien und Ordner direkt im Finder verwalten, wenn Sie die Beschränkungen der Kategorien berücksichtigen. Die Bibliothek in Motion erkennt das und aktualisiert sich umgehend.

▶ **Menü „Favoriten"**

Die Screenshots zeigen auch die Zuordnung der Objekte in der *Menü „Favoriten"-Kategorie* ❷. All diese Objekte in der Bibliothek ❸ werden im Hauptmenü unter „Favoriten" gezeigt ❹, der eine Repräsentation der aktuellen Dateien in der *Menü „Favoriten"-Kategorie* ❺ innerhalb des Benutzer-Bibliothek-Ordners sind. An diesem Beispiel können Sie sehen, dass manche Objekte als Kopie und manche als Alias (kleines Pfeilsymbol) vorliegen. Natürlich können Sie Unterordner im Stapel anlegen, die dann als Untermenüs im Hauptmenü unter „Favoriten" angezeigt werden.

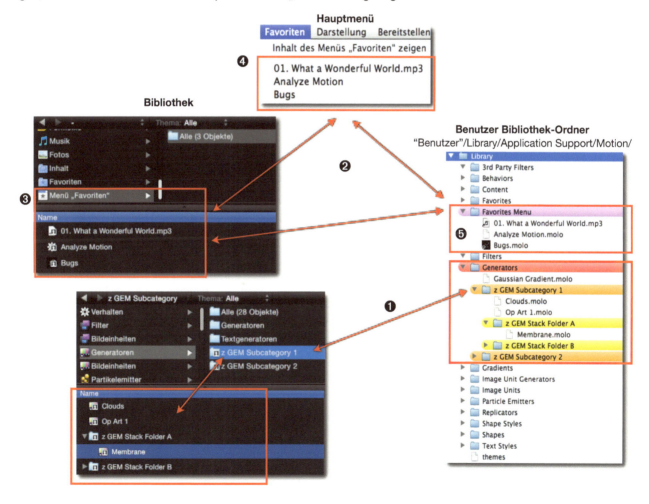

Alle durch den Benutzer erstellten Objekte haben ein kleines „Benutzer"-Symbol am Standard-Symbol.

▶ Kontextmenü

Ctr+Klick (oder rechte Maustaste) auf irgendein Objekt öffnet dessen Kontextmenü. Unten sind Screenshots für verschiedene Objektarten. Sie können sich den Ort im Finder für jedes Objekt anzeigen lassen. Umbenennen und Löschen ist natürlich nur für selbsterstellte Objekte, Kopien oder Aliasse möglich. Ein durch den Benutzer erstelltes Objekt ist eine Kopie (und kein Alias) und hat zwei weitere Menüpunkte

- 💡 **Beschreibung bearbeiten**: Der hier eingegebene Text wird, wenn das Objekt ausgewählt ist, im Vorschaubereich oben in der Bibliothek angezeigt.

- 💡 **Thema**: Hier können Sie dem Objekt ein Thema zuweisen.

▶ Themen

Über der Seitenleiste in der Bibliothek liegt ein kleines Einblendmenü mit dem Namen „Thema". Das Menü enthält bereits neun Themen, aber Sie können Ihre eigenen Themen mit dem *„Neues Thema..."*-Befehl aus dieser Liste hinzufügen.

Wenn Sie mit **ctr+Klick** auf ein selbsterstelltes Objekt in der Bibliothek klicken um an das Kontextmenü zu gelangen und ein Thema auswählen, zeigt ein Untermenü exakt diese Themen an. Sie können eines davon auswählen, um es dem Objekt zuzuweisen. Wenn Sie nun später in der Bibliothek eine bestimmte Kategorie oder Unterkategorie auswählen, werden alle Objekte der Unterkategorien im Stapel darunter angezeigt. Wenn Sie jedoch ein Thema im Einblendmenü oben in der Seitenleiste auswählen, wird die Anzeige der Objekte im Stapel auf die zu diesem Thema gehörigen Objekte beschränkt.

Im Screenshot des Benutzer-Bibliothek-Ordners auf der vorherigen Seite können Sie eine Datei mit dem Namen „Themen" sehen. Dies ist eine XML-Datei, die die Namen Ihrer eigenen Themen enthält.

▶ Zugriff aus der Werkzeugleiste

Die Werkzeugleiste von Motion hat rechts drei Menü-Tasten (Generatoren, Verhalten, Filter), die den gleichen Inhalt dieser Kategorien wie in der Bibliothek zeigen. Sie haben hier einen schnellen Zugriff darauf, ohne die Bibliothek zu öffnen.

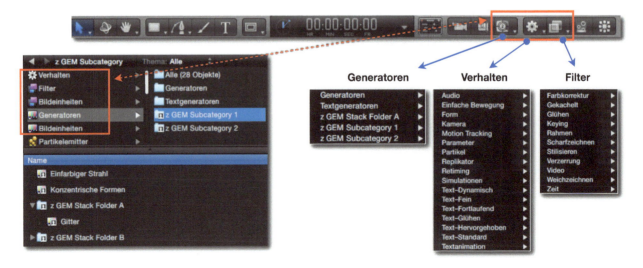

Neue Objekte erstellen

Motion hat nach Funktionalität geordnete Tasten in der Werkzeugleiste, um von Grund auf neue Objekte zu erstellen. Manche Tasten haben ein Einblendmenü für weitere Optionen.

💡 **Objekte zeichnen**

> Diese Werkzeuge ähneln denen in Grafikprogrammen. Hiermit können Sie verschiedene Formen zeichnen (Striche sind technisch gesehen auch Formen), Masken erstellen (eine besondere Art von Formen) und Text eingeben.

💡 **Objekte hinzufügen**

> Diese drei Objekte können Ihrem Projekt nur hinzugefügt werden: Die Kamera und das Lichtobjekt sind Steuerungs-Objekte für den 3D-Raum, wo Generatoren computergenerierten Image-Objekten entsprechen.

💡 **Objekte vorhandenen Objekten zuweisen**

Diese Werkzeuge benötigen ein vorhandenes Objekt im Projekt. Verhalten und Filter werden einem bestehenden Objekt wie ein Plugin hinzugefügt, während Partikelemitter und Replikatoren ein existierendes Objekt als Quelle benötigen.

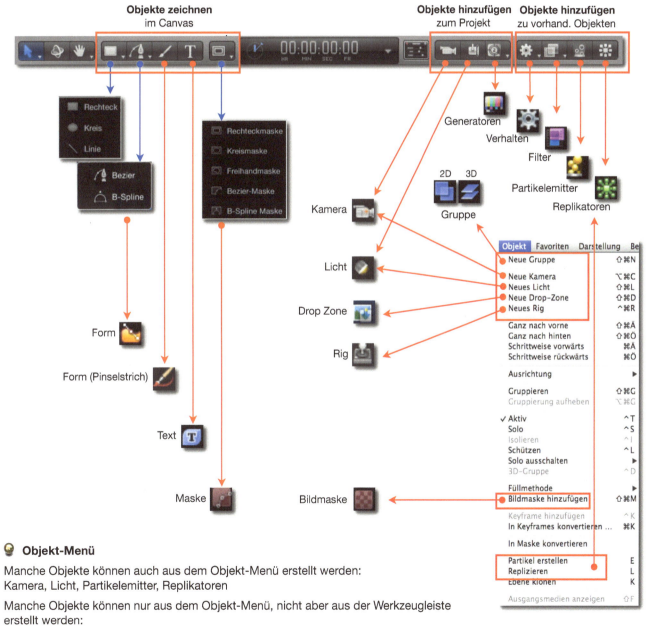

💡 **Objekt-Menü**

Manche Objekte können auch aus dem Objekt-Menü erstellt werden:
Kamera, Licht, Partikelemitter, Replikatoren

Manche Objekte können nur aus dem Objekt-Menü, nicht aber aus der Werkzeugleiste erstellt werden:
Drop-Zone, Rig, Bildmaske und Gruppe (Gruppen können auch im Projektbereich erstellt werden).

Die folgenden Objekte finden Sie in der Werkzeugleiste oder dem Objekt-Menü, da sie Mediendateien sind, die nicht von Grund auf in Motion erstellt werden können. Sie können nur als vorhandene Objekte importiert werden.

Video   Grafik   Audio

Projektbereich

Überblick

Bevor wir auf die drei Fenster im Projektbereich eingehen, müssen wir sicher sein, dass wir die drei Basis-Ebenen von Motion verstehen.

▶ **Komposition**

> Dies ist Ihre eigentliche Kreation, die Sie im Canvas betrachten und am Ende nach der Fertigstellung exportieren können.

▶ **Motion-Projekt**

> Es enthält Ihre Komposition, aber auch Elemente, die Sie in das Projekt geladen haben, aber nicht in Ihrer Komposition verwenden. Das ist es, was Sie als Motion-Projektdatei sichern.

▶ **Motion-Programm**

> Wenn Sie in Motion arbeiten, tun Sie das eigentlich an einem einigen Motion-Projekt. Es gibt jedoch Elemente in der Benutzeroberfläche, die nicht Teil Ihres Projektes sind. Es gibt zum Beispiel Fenster, die immer gleich aussehen, unabhängig vom aktuellen Projekt (z.B. Dateibrowser, Bibliothek, Werkzeugleiste).

Wenn Sie auf den Projektbereich schauen, sehen Sie dort drei Tabs, mit denen Sie zwischen den drei Ansichten zu wechseln können.

Ich denke jedoch, dass die logische Zuordnung der drei Tabs falsch ist, da Ebenen und Audio mit Ihrer Komposition, Medien aber mit Ihrem Projekt zu tun haben.

Projektbereich

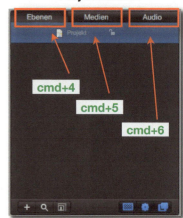

💡 **Ebenen-Liste**

> Enthält alle Nicht-Audio-Objekte Ihrer Komposition

💡 **Audio-Liste**

> Enthält alle reinen Audio-Objekte Ihrer Komposition

💡 **Medien-Liste**

> Enthält alle Mediendateien Ihres Projekts.

Also enthalten die Ebenen-Liste und die Audio-Liste alle Elemente Ihrer Komposition. Das ist es, was in Ihrer Komposition verwendet wird, die visuellen Elemente (Ebenen-Liste) und die Audio-Elemente (Audio-Liste).

Auf der anderen Seite enthält die Medien-Liste alle Mediendateien, die Sie in Ihr aktuelles Projekt geladen haben. Das sind all die Mediendateien, die in Ihrer Komposition verwendet werden plus all die Mediendateien, die nicht verwendet werden, aber Teil des Motion-Projekts sind (falls Sie Ihre Meinung später ändern oder über alternative Elemente verfügen möchten).

> Sie können den gesamten Projektbereich mit der Taste in der unteren linken Ecke des Canvas, dem Menübefehl **Fenster > Bereich „Projekt" einblenden/ausblenden** oder dem Tastaturbefehl **F5** ein- und ausblenden.

Auf der nächsten Seite wird detailliert aufgezeigt, was in welcher Liste landet, wenn Sie Objekte in Ihr Motion-Projekt ziehen oder importieren.

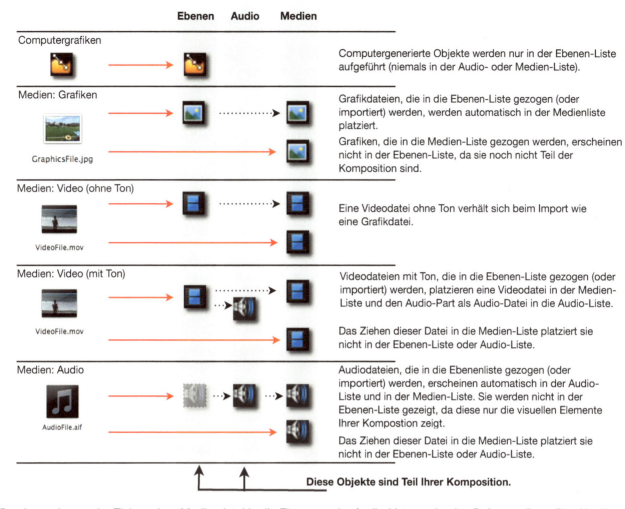

	Ebenen	Audio	Medien

Computergrafiken

Computergenerierte Objekte werden nur in der Ebenen-Liste aufgeführt (niemals in der Audio- oder Medien-Liste).

Medien: Grafiken

GraphicsFile.jpg

Grafikdateien, die in die Ebenen-Liste gezogen (oder importiert) werden, werden automatisch in der Medienliste platziert.

Grafiken, die in die Medien-Liste gezogen werden, erscheinen nicht in der Ebenen-Liste, da sie noch nicht Teil der Komposition sind.

Medien: Video (ohne Ton)

VideoFile.mov

Eine Videodatei ohne Ton verhält sich beim Import wie eine Grafikdatei.

Medien: Video (mit Ton)

VideoFile.mov

Videodateien mit Ton, die in die Ebenen-Liste gezogen (oder importiert) werden, platzieren eine Videodatei in der Medien-Liste und den Audio-Part als Audio-Datei in die Audio-Liste.

Das Ziehen dieser Datei in die Medien-Liste platziert sie nicht in der Ebenen-Liste oder Audio-Liste.

Medien: Audio

AudioFile.aif

Audiodateien, die in die Ebenenliste gezogen (oder importiert) werden, erscheinen automatisch in der Audio-Liste und in der Medien-Liste. Sie werden nicht in der Ebenen-Liste gezeigt, da diese nur die visuellen Elemente Ihrer Kompostion zeigt.

Das Ziehen dieser Datei in die Medien-Liste platziert sie nicht in der Ebenen-Liste oder Audio-Liste.

Diese Objekte sind Teil Ihrer Komposition.

Das Importieren oder Ziehen einer Mediendatei in die Ebenen- oder Audio-Liste packt eine Referenz dieser Datei in die Medien-Liste und erstellt eine Instanz dieser Referenz in der Ebenen-Liste (und/oder Audio-Liste) als Objekt. Sie können eine Mediendatei aus der Medien-Liste auf den Canvas oder den Zeitverhalten-Bereich ziehen, um weitere unabhängige Instanzen der selben Datei zu erstellen.

Mediendatei (Finder) - **Referenz** (Medien-Liste) - **Instanz** (Ebenen-Liste, Audio-Liste)

Löschen von Mediendatei-Objekten

Der Vorgang des Löschens hängt davon ab, wo Sie die Objekte löschen.

Einstellungen > Allgemein

💡 **Löschen aus der Ebenen- oder Audioliste**

Das Verhalten hängt von der Checkbox „Nicht verwendete Medien automatisch verwalten" in den Voreinstellungen ab.

- **Nicht angehakt**: Beim Löschen einer Mediendatei wird das in Bezug stehende Element nicht aus der Medienliste gelöscht.

- **Angehakt**: Das Löschen dieser Mediendatei wird ebenfalls das Element in der Medienliste löschen, wenn es nicht als weitere Instanz in Ihrer Komposition verwendet wird. Motion erkennt, ob eine Videodatei einen verknüpften Audio-Part in der Audioliste hat und zeigt einen Warnhinweis.

Objekte, die keine Mediendateien sind, können jederzeit aus der Ebenenliste gelöscht werden, da sie nicht mit Mediendateien verbunden sind.

💡 **Löschen aus der Medienliste**

Das Löschen von Mediendateien aus der Medienliste entfernt auch alle vorhandenen Instanzen dieser Datei aus der Ebenen- oder Audioliste. Ein Warnhinweis mit einer Liste der darauf bezogenen Objektnamen erscheint.

Ebenenliste

Die Ebenenliste ist die erste Ansichtsoption im Projektbereich. Jeder der folgenden Befehle wechselt zu dieser Ansicht (wenn die Ebenen- oder Audioliste sichtbar ist) oder schaltet den gesamten Projektbereich ein.

 Fenster > Ebenen

 Cmd+4

 Klicken auf das Ebenen-Tab im Projektbereich. Wenn dieser nicht sichtbar ist, klicken Sie die Öffnen-Taste in der linken unteren Ecke des Canvas).

Die Ebenenliste repräsentiert Ihre Komposition.

▶ **Was wird angezeigt?**

Sie zeigt alle Objekte in Ihrer Komposition (außer Audio-Objekte) und deren Beziehung zueinander - oder, um genau zu sein, die Hierarchie oder Stapelreihenfolge dieser Objekte.

▶ **Was wird NICHT angezeigt?**

Sie können keine Informationen über das Zeitverhalten dieser Objekte (WANN sie in der Komposition sichtbar sind), erkennen. Dafür ist der Zeitverhalten-Bereich vorgesehen. Sie können das visuelle Resultat Ihrer Kompostion hier auch nicht betrachten. Dafür ist der Canvas gedacht.

Jedes Element in der Ebenenliste ist ein Objekt, ein Baustein Ihrer Komposition.

An früherer Stelle in diesem Manual habe ich alle verfügbaren Objekte in Motion vorgestellt und nach ihren Funktionen und Eigenschaften gruppiert. In Bezug auf die Ebenenliste werden diese Eigenschaften wichtig, da es Regeln für bestimmte Objekte gibt. Hier sehen Sie nochmals die Objekte.

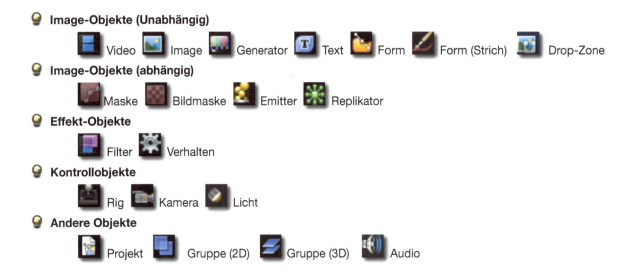

All diese Objekte können in Ihrer Ebenenliste angezeigt werden (natürlich mit Ausnahme der Audioobjekte). Es gibt nun einen Begriff, den ich noch nicht beschrieben habe, die **Ebene**.

(Ebene)

Das Motion-Handbuch beschreibt eine Ebene folgendermaßen: *"Bei einer Ebene handelt es sich um eine spezielle Art von Objekt, nämlich ein bildbasiertes Element, das im Canvas-Bereich zu sehen ist. Dazu zählen Filmclips, Standbilder, Formen, Text, Partikelsysteme, Replikatoren usw."*

Der Begriff „Ebene" ist ziemlich geläufig (er wird auch in Photoshop verwendet), da er das physikalische Modell von Papierblättern oder Fotos verwendet, die in einer bestimmten Art und Weise übereinander gestapelt werden, um eine Bildkomposition zu erstellen. Die Regeln dieses realen Modells werden auch in der Computergrafik verwendet. Wenn Sie zum Beispiel ein Blatt Papier über ein anderes legen, wird das untere abgedeckt, außer, das obere ist transparent.

Motion benutzt die gleiche Terminologie wie die in Computergrafikprogrammen und im echten Leben. Jedoch ist eine Ebene kein anderes Objekt. Eine Ebene ist mehr als eine Bezeichnung für ein Grafikobjekt. Hiermit sind alle Objekte gemeint, die visuelle Objekte wie Videoclips, Bilder, Formen und Text darstellen. Ebenso gehören aber visuelle Objekte dazu, die von anderen Objekten abhängig sind, wie Masken, Emitter und Replikatoren. Effekte und Steuerungselemente repräsentieren kein visuelles Objekt, denn sie verändern diese Objekte und deshalb werden sie nicht als Ebenen betrachtet.

Hier ist ein Screenshot eines einfachen Projekts neben dem Diagramm dieses Projekts und den dazugehörigen Objekten:

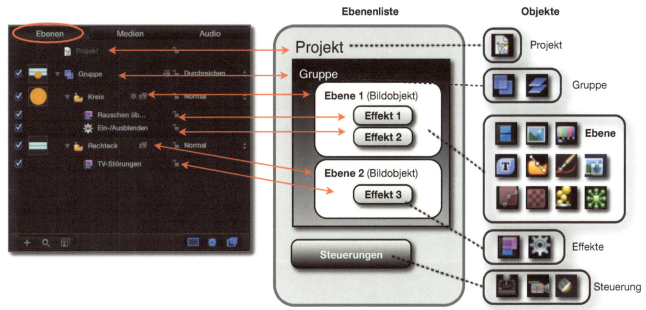

Grundlegende Regeln

- Jedes Objekt in der Liste hat seine eigene Zeile, in der auch Tasten für die Steuerung des Objekts liegen.

- Das erste Objekt an der Spitze der Ebenen ist das Projekt-Objekt, das die Komposition in Ihrem Projekt repräsentiert. Es kann nicht verschoben oder gelöscht werden. Wählen Sie es aus, um es zu betrachten und die Projekteigenschaften zu bearbeiten (**cmd+J**).

- Jedes Image-Objekt, das in Ihr Projekt importiert oder dort erstellt wurde, wird zu einer Ebene. Es gibt keinen visuellen Hinweis in dieser Liste, welche Zeile eine Ebene ist und welche nicht. Es ist nur eine Definition: Jede Zeile mit einem Image-Objekt ist eine Ebene.

- Eine Ebene muss in eine Objekt-Gruppe eingeschlossen sein.

- Ein Effekt-Objekt kann einer Ebene oder einer Gruppe zugewiesen sein und liegt darunter mit einer Markierung.

- Steuerungselemente können beliebig innerhalb oder außerhalb einer Gruppe platziert werden.

Regeln für Gruppen

- Sie können beliebig viele Ebenen in einer Gruppe unterbringen.

- Sie können verschieden Gruppen für unterschiedliche Ebenen erstellen, um diese besser organisieren zu können oder um Effekte auf eine gesamte Gruppe anzuwenden.

- Gruppen können wiederum in Gruppen verschachtelt werden.

- Neue Bildobjekte werden in die erste Gruppe oder in die gerade ausgewählte Gruppe gelegt.

- Beim Platzieren (oder Ziehen) eines Bildobjekts auf das leere Feld im unteren Bereich der Liste wird eine neue Gruppe an der Spitze der Liste erstellt und die Ebene erscheint darin.

- Eine Gruppe kann zwischen einer 2D-Gruppe ⬛ (Standard) und einer 3D-Gruppe ⬙ (indem Sie z.B. auf das kleine Gruppen-Symbol neben dem Schloss klicken) umgeschaltet werden.

Regeln für die Organisation

- Die Liste funktioniert ähnlich wie die Ordner-/Dateistruktur im Finder mit Öffnen-Dreiecken und erweiterten Ansichten.

- Mit den Öffnen-Dreiecken können Sie, um besser mit einer langen Liste arbeiten zu können, die Ansicht einer Zeile, die weitere Zeilen enthält, auf- oder zuklappen.

- Sie können jede Zeile an jeden Ort in der Liste verschieben (Kopieren mit **alt+ziehen**). Hilfslinien und Rahmen zeigen an, wo sie platziert wird, wenn Sie die Maus loslassen.

- Sie können (und sollten) jedes Objekt in einer Zeile benennen, um es besser identifizieren zu können.

- **Ctrl+Klick** auf ein Objekt öffnet das Kontextmenü mit schnellem Zugriff auf verschiedene Befehle.

▶ **Reihenfolge der Ebenen**

Die Liste aller Ebenen von oben nach unten repräsentiert die Stapelreihenfolge dieser Bildobjekte in Ihrer Komposition. Das bedeutet, dass ein oben liegendes Bild das darunter liegende abdeckt, welches wiederum das nächste Image darunter überdeckt und so weiter. Das ist die *Ebenenreihenfolge*. Ausnahmen der Stapelreihenfolge sind:

- ◉ Bilder, die nebeneinander liegen (verschiedene X/Y-Koordinaten)
- ◉ Bilder, die transparent sind oder mit einer bestimmten Füllmethode versehen sind
- ◉ Bilder, die in einem 3D-Raum liegen (sie folgen einer „Tiefen"-Reihenfolge, nicht einer Stapel-Reihenfolge.

Steuerungselemente in der Ebenenliste

Die Zeilen in der Ebenenliste haben verschiedene kleine Symbole, Steuerungselemente und Einblendmenüs. Sie bieten einen schnellen Zugriff zu Befehlen, aber auch ein visuelles Feedback. Es ist eine gute Idee, sich mit den feinen Veränderungen im Erscheinungsbild vertraut zu machen, besonders dann, wenn Ihre Liste länger und komplexer wird.

Die drei Ansichtselemente Vorschau, Deckkraft und Füllmethode können im Hauptmenü unter **Darstellung > Ebenenspalten >** ein- und ausgeschaltet werden.

▶ **Ausgewählt / Isoliert**

Die Ausgewählt / Isoliert-Taste hat eine spezielle Funktion, wenn Sie mit 3D arbeiten und sie ist nur für ausgewählte Ebenen, Gruppen oder Kameras sichtbar, wenn ein Kameraobjekt zur Liste hinzugefügt wurde. Weitere Einzelheiten finden Sie im 3D-Kapitel.

▶ **Vorschau**

Die kleine Vorschau funktioniert wie eine Miniaturansicht, die den Inhalt dieser Ebene anzeigt. Sie können erkennen, wie sich die Stapelreihenfolge der verschiedenen Ebenen auf das gesamte Bild auswirkt.

Beachten Sie, dass sich das, was Sie sehen, auf die aktuelle Position des Playheads bezieht, auch wenn die Liste keine Zeitinformationen anzeigt. Wenn zum Beispiel eine Ebene bei 2 Sekunden beginnt oder sich einblendet, wird die Vorschau leer sein, wenn der Playhead am Anfang bei null Sekunden steht.

Die Vorschau zeigt die Veränderungen nicht in Echtzeit an. Sie wird aktualisiert, wenn der Playhead anhält oder Sie ihn an eine andere Stelle verschieben.

Hier ist ein anderer Screenshot mit weiteren Steuerungselementen:

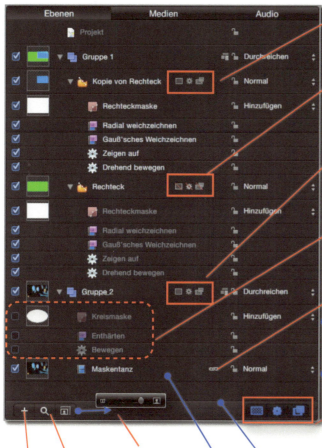

Effekte und Masken
Angewendete Filter, Verhalten und Masken liegen eingerückt unter der Ebene. Die Ebene zeigt das Vorliegen von einem oder mehreren dieser Objekte mit einem kleinen Symbol neben dem Ebenennamen an.

Effekte und Masken – Ausgeschaltet
Durch Klicken auf eines dieser Symbole werden alle angewendeten Objekte dieser Art deaktiviert. Bei deaktiviertem Zustand sind die Namen grau.

Effekte und Masken – Auf eine Gruppe angewendet
Wenn ein Filter, ein Verhalten oder eine Maske direkt auf eine Gruppe angewendet wird, wird das durch die kleinen Symbole in ihrer Zeile angezeigt. Jede Ebene dieser Gruppe liegt unterhalb dieser Objekte.

Effekte und Masken – Deaktiviert
Mit der Checkbox kann jeder Filter, jedes Verhalten und jede Maske einzeln deaktiviert werden. Nun sind deren Namen und Symbole grau.

Verknüpfungssymbol
Ein Verknüpfungssymbol zeigt an, ob ein Objekt Ton enthält. Das Bearbeiten des Video- oder Audioparts betrifft beide Elemente, außer, Sie trennen sie durch einen Klick auf das Symbol.

Füllmethode
Für eine Maskenebene

✓ Hinzufügen
Subtrahieren
Ersetzen
Schnittmenge

Zoom-Schieberegler
Verändert die Höhe einer Zeile

Objekte ausblenden
Mit diesen Tasten kann man alle Masken, Gruppen, Filter und Verhalten in der Liste einzeln ausblenden. Sie sind trotzdem aktiv und die kleinen Symbole neben der Ebene zeigen an, ob sie auf eine Ebene oder Gruppe angewendet werden.

Füllmethode
Für jede Ebene oder Gruppe. (Der „Durchreichen"-Modus ist nur für Gruppen verfügbar.)

Filter
Hiermit können die angezeigten Objekte auf die begrenzt werden, deren Begriff Sie in das Suchfeld eingeben, welches erscheint, wenn Sie auf die Lupe klicken.

Kontextmenü

Ausschneiden ⌘X
Kopieren
Einsetzen
Duplizieren
Löschen

Gruppieren
Gruppierung aufheben

✓ Aktiv ^T
Solo ^S
Isolieren ^I

3D-Gruppe

Füllmethode ▶
Bildmaske hinzufügen ⇧⌘M
Ebene klonen K
Ausgangsmedien anzeigen ⇧F

Kontextmenü

Neue Gruppe ⇧⌘N
Importieren … ⌘I
Einsetzen ⌘V
Projekteinstellungen … ⌘J

Ctr+Klick auf den leeren Bereich am Ende der Liste zeigt ein anderes Kontextmenü als Ctr+Klick auf eine Zeile.

✓ Normal
Subtrahieren
Abdunkeln
Multiplizieren
Farbig nachbelichten
Linear nachbelichten
Hinzufügen
Aufhellen
Überblenden
Farbig abwedeln
Linear abwedeln
Überlagern
Weiches Licht
Hartes Licht
Strahlendes Licht
Lineares Licht
Punktuelles Licht
Harte Mischung
Differenz
Ausschluss
Alpha-Schablone
Luma-Schablone
Alpha-Silhouette
Luma-Silhouette
Hinten
Alpha hinzufügen
Lichtkante

Neue Gruppe
Erstellt eine neue leere Gruppe an der Spitze der Liste oder über der ausgewählten Ebene oder Gruppe. Alternativ können der Tastaturbefehl **sh+cmd+N** oder der Menübefehl **Objekt > Neue Gruppe verwendet** benutzt werden.

Ebenen arrangieren

Das Objektmenü enthält eine große Auswahl von Befehlen, die aus Layout-Programmen bekannt sind. Viele von ihnen sind hilfreicher, wenn Sie im Canvas arbeiten und die Veränderungen direkt sehen können. Es können jedoch einige der Befehle mit ihren Tastaturbefehlen in der Ebenenliste angewendet werden, wo Sie die Auswirkung sofort sehen können.

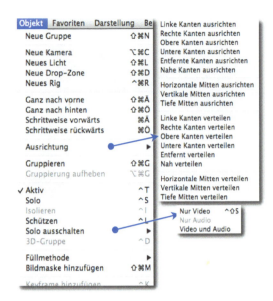

- *Ganz nach vorne/hinten* bewegt das ausgewählte Objekt an die Spitze oder das Ende der Ebenenliste.

- *Schrittweise vorwärts/rückwärts* bewegt das ausgewählte Objekt eine Position nach oben oder unten.

Gruppieren / Gruppierung aufheben

Der *Gruppieren*-Befehl verschiebt die ausgewählten Ebenen in eine eigene Gruppe. Der *Gruppierung aufheben*-Befehl löst alle Ebenen aus der ausgewählten Gruppe (sie muss verschachtelt sein) und hebt sie in die nächsthöhere Ebenen-Gruppe.

Solo - Solo ausschalten

Dieser Befehl deaktiviert alle Ebenen außer der aktuell ausgewählten Ebene(n) oder Gruppe(n). Um Solo auszuschalten, nutzen Sie den Befehl erneut oder wählen eine andere Ebene aus, bei der Sie Solo einschalten. Sie können auch einen der einzelnen „Solo ausschalten"-Befehle aus dem Untermenü verwenden.

Ebenen klonen

Sie können einzelne Elemente in der Ebenenliste klonen. Dadurch wird ein spezielles Klon-Objekt erstellt, das die Attribute der ursprünglichen Ebene enthält, aber individuell angepasst (neu angeordnet, platziert, in der Größe verändert etc.) werden kann. Jede Veränderung an Filtern oder Masken in der ursprünglichen Ebene wird sich auf die Klon-Ebenen übertragen. Andere Parameter können können unabhängig davon bearbeitet werden.

Klon-Ebenen können an ihrem besonderen Symbol, einem Klon-Symbol, das dem regulären Symbol hinzugefügt wird, erkannt werden.

Folgende Objekte können geklont werden: Video, Grafiken, Formen, Text, Partikel, Replikatoren und sogar Gruppen.

Um einen Klon zu erstellen, wählen Sie das Objekt aus und nutzen einen der folgenden Befehle:

- Tastaturbefehl **K**

- Menübefehl **Objekt > Ebene klonen**

- Kontextmenü **Ebenen klonen**

Objekte löschen

Jedes ausgewählte Objekt kann aus der Ebenenliste mit den Standard-Befehlen gelöscht werden:: Drücken Sie die **Entfernen** -Taste oder nutzen Sie den Löschen- oder Ausschneiden-Befehl aus dem Bearbeiten- oder Kontextmenü.

Es gibt bestimmte Regeln für das Löschen von Objekten, die sich auf Mediendateien beziehen. Lesen Sie den Abschnitt „Löschen von Mediendatei-Objekten" am Anfang dieses Kapitels.

Stil kopieren

Sie können eine Stil von einem Objekt (Form oder Text) auf ein anderes Objekt der gleichen Art kopieren. Ziehen Sie einfach die Ebene, deren Stil auf eine andere Ebene kopiert werden soll, auf die gewünschte Ebene. Beim Bewegen der Maus mit gedrückter Maustaste über die Ziel-Ebene erscheint ein Überlagerungsfenster mit dem Befehl "Stil in Form kopieren".

Der Befehl "Maske zu Form hinzufügen" verschiebt die ursprüngliche Ebene als Maske auf die Ziel-Ebene.

Füllmethoden

Wie wir bereits wissen, zeigt die Ebenenliste die Stapelreihenfolge Ihrer visuellen Objekte (Ebenen und Gruppen). Die Hierarchie ist von oben nach unten, wobei die obere Ebene die darunter liegende Ebene überdeckt und so weiter. Die Füllmethode jeder Ebene (oder Gruppe) entscheidet darüber, ob die nächste Ebene komplett abgedeckt wird oder hindurchschimmern kann. Die verschiedenen Füllmethoden repräsentieren unterschiedliche mathematische Berechnungen, nach denen die beiden Ebenen übereinander geblendet werden (Farbe, Helligkeit, Alphakanal etc.)

Hier ist ein Beispiel mit drei Ebenen (A, B, C). In dem Diagramm auf der rechten Seite können Sie ein Modell sehen, in dem sich die drei Ebenen teilweise überlappen:

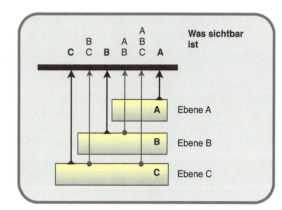

- Die einzelnen Buchstaben repräsentieren einen Bereich, der nur eine Ebene zeigt.

- Die doppelten oder dreifachen Buchstaben zeigen Bereiche, wo die Ebenen ineinander geblendet sind. In dem Modell, wo der Pfeil der unteren Ebene durch die darüber liegende Ebene geht, entscheidet die Füllmethode der oberen Ebene, wie die beiden Ebenen gemischt werden. Das Ergebnis dieser Füllmethode wird mit der nächsten Ebene darüber, basierend auf deren Füllmethode, verrechnet. Ergibt das einen Sinn?

Hier sehen Sie eine einfache Kombination in der Ebenenliste und wie sie im Canvas dargestellt wird:

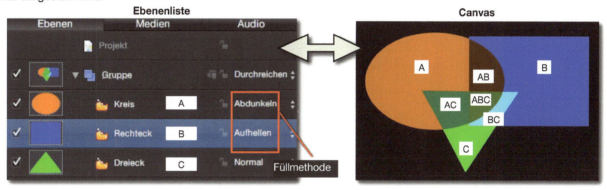

Durchreichen

Hier ist ein Beispiel mit fünf Ebenen, das den „Durchreichen"-Modus erklärt und nur für Gruppen-Objekte verfügbar ist. Wenn die Gruppe auf „Durchreichen" eingestellt ist, dann funktioniert sie wie ein unsichtbarer Container. Alle Ebenen verhalten sich wie ein großer Stapel. Wenn die Gruppe auf eine andere Füllmethode eingestellt ist, können die ganzen Ebenen unter dieser Gruppe nicht mit einzelnen Ebenen innerhalb der Gruppe verrechnet werden. Sie können nur mit der gesamten Gruppe als Zusammenfassung der darin enthaltenen Ebenen überblendet werden.

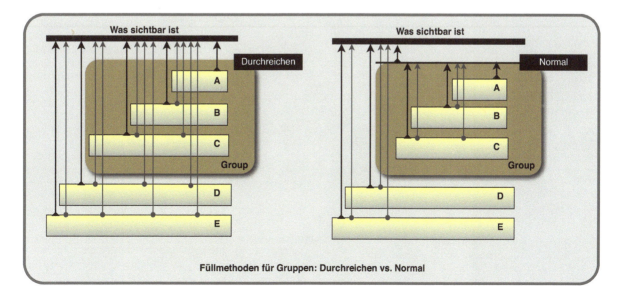

Füllmethoden für Gruppen: Durchreichen vs. Normal

Audioliste

Die Audioliste ist die dritte Ansichtsoption im Projektbereich. Die folgenden Befehle wechseln alle zu dieser Ansicht (wenn die Ebenen- oder Medienlisten-Ansicht sichtbar ist) oder schalten den gesamten Projektbereich ein- oder aus.

 Fenster > Audio

 Cmd+6

 Klicken auf das Audiotab im Projektbereich (wenn der Fensterbereich nicht sichtbar ist, klicken Sie die Öffnen-Taste in der linken unteren Ecke des Canvas).

Motion ist ein Motion Graphics-Programm, und wie das Wort andeutet, liegt der Fokus auf Grafiken, also visuellen Elementen. In diesem Zusammenhang hat Ton eine untergeordnete Stellung. Deswegen sehen Sie keine Audioobjekte in der Ebenenliste und natürlich auch nicht im Canvas. Aber auch, wenn Sie die Audioobjekte nicht direkt sehen, können Sie sie sichtbar machen, um zum Beispiel visuelle Elemente in Ihrer Komposition über den Ton zu kontrollieren. Und deswegen wird Ton wichtiger. Es geht nicht nur darum, Audioobjekte als Soundeffekte, Dialog und Musik in Ihrem Projekt zu verwenden. Verwenden Sie Verhaltensobjekte in Verbindung mit Audioobjekten und Sie können großartige tongesteuerte Animationen erstellen, ohne den Keyframe-Editor einmal zu öffnen.

Die Bedienungselemente der Audioliste ähneln denen in FCPx. Es gibt keinen konventionellen Audiomixer. Jedes importierte Audioobjekt (Audiodatei oder Videodatei, die Ton enthält) wird durch ein einfaches Audiomodul dargestellt. Im unteren Bereich finden Sie ein Mastermodul.

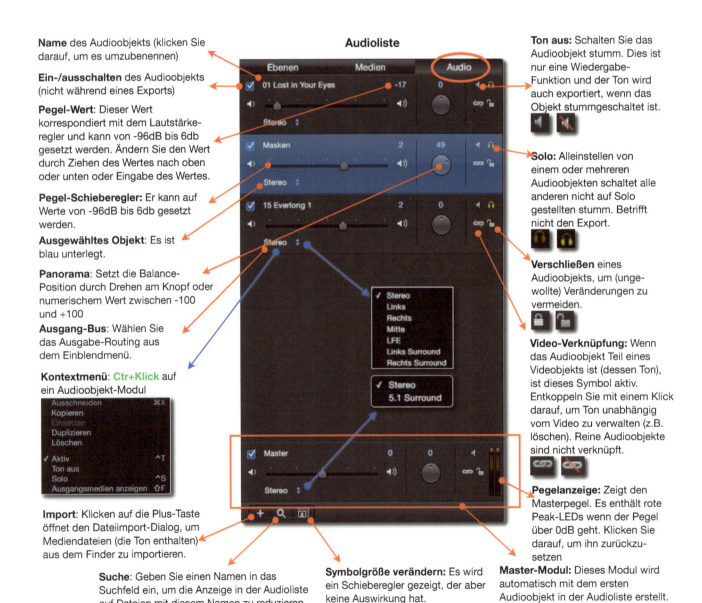

Name des Audioobjekts (klicken Sie darauf, um es umzubenennen)

Ein-/ausschalten des Audioobjekts (nicht während eines Exports)

Pegel-Wert: Dieser Wert korrespondiert mit dem Lautstärkeregler und kann von -96dB bis 6db gesetzt werden. Ändern Sie den Wert durch Ziehen des Wertes nach oben oder unten oder Eingabe des Wertes.

Pegel-Schieberegler: Er kann auf Werte von -96dB bis 6db gesetzt werden.

Ausgewähltes Objekt: Es ist blau unterlegt.

Panorama: Setzt die Balance-Position durch Drehen am Knopf oder numerischem Wert zwischen -100 und +100

Ausgang-Bus: Wählen Sie das Ausgabe-Routing aus dem Einblendmenü.

Kontextmenü: Ctr+Klick auf ein Audioobjekt-Modul

Import: Klicken auf die Plus-Taste öffnet den Dateiimport-Dialog, um Mediendateien (die Ton enthalten) aus dem Finder zu importieren.

Suche: Geben Sie einen Namen in das Suchfeld ein, um die Anzeige in der Audioliste auf Dateien mit diesem Namen zu reduzieren.

Symbolgröße verändern: Es wird ein Schieberegler gezeigt, der aber keine Auswirkung hat.

Ton aus: Schalten Sie das Audioobjekt stumm. Dies ist nur eine Wiedergabe-Funktion und der Ton wird auch exportiert, wenn das Objekt stummgeschaltet ist.

Solo: Alleinstellen von einem oder mehreren Audioobjekten schaltet alle anderen nicht auf Solo gestellten stumm. Betrifft nicht den Export.

Verschließen eines Audioobjekts, um (unge- wollte) Veränderungen zu vermeiden.

Video-Verknüpfung: Wenn das Audioobjekt Teil eines Videoobjekts ist (dessen Ton), ist dieses Symbol aktiv. Entkoppeln Sie mit einem Klick darauf, um Ton unabhängig vom Video zu verwalten (z.B. löschen). Reine Audioobjekte sind nicht verknüpft.

Pegelanzeige: Zeigt den Masterpegel. Es enthält rote Peak-LEDs wenn der Pegel über 0dB geht. Klicken Sie darauf, um ihn zurückzusetzen

Master-Modul: Dieses Modul wird automatisch mit dem ersten Audioobjekt in der Audioliste erstellt.

Audioformate

Motion kann die folgenden Audioformate lesen:

- AIFF, WAV, CAF, AAC, MP3, QuickTime
- Bis zu 32bit, bis zu 192kHz
- Mono, Stereo, Mehrkanalton (Mehrkanalton wird in einzelne Spuren zerlegt)
- DRM-geschützte Dateien können nicht importiert werden.

Sie können Formate mischen und zusammenbringen, da Motion die Audiodateien während des Imports in sein eigenes Format umwandelt. Wenn Sie das Projekt exportieren, konvertiert Motion das Audioformat in das Format, welches auch immer Sie in den Exporteinstellungen festgelegt haben.

Anpassen von Audio

Die Steuerungselemente in den Audiomodulen sind ebenfalls in der Schwebepalette und im Informationenfenster verfügbar. Hier sehen Sie eine Vergleich dieser drei Elemente für eine Audio-Spur und eine Master-Spur.

Das Eigenschaften-Tab im Informationenfenster beinhaltet zusätzliche Zeitverhalten-Parameter, die das Trimmen in der Audio-Timeline reflektieren.

Erweiterte Anpassungen von Audio

Das Audiolisten-Fenster ermöglicht nur einfache Anpassungen. Es gibt jedoch andere Bereich in Motion, in denen Sie mehr mit dem Ton in Ihrem Projekt anstellen können.

- **Audioliste**: Basis-Audioanpassungen für Pegel und Panorama (Balance)
- **Audio-Timeline**: Trimmen Sie Ihr Audioobjekt im Trimmen-Bereich wie Videoclips, um die Zeitposition im Projekt festzulegen und dessen Parameter im Keyframe-Editor zu automatisieren (wird im Kapitel über den Zeitverhalten-Bereich erklärt).
- **Keyframe Editor**: Animiert die Parameter eines Audioobjekts
- **Verhalten**: Wie bei jedem anderen Objekt können auch hier Verhalten bei einem Objekt angewendet werden.
  - Audio-Verhalten: Wendet ein Verhalten auf das Audioobjekt an, das es kontrolliert.
  - Audioparameter-Verhalten: Verwendet das Audioobjekt als Quelle für ein Verhalten, das ein anderes Objekt kontrolliert.

Hier ist ein genauerer Blick auf diese zwei Konzepte:

Audio-Verhalten

Sie weisen einem Audioobjekt ein Audio-Verhalten zu, das wie ein Effekt-Plugin funktioniert. Das ist das gleiche Prinzip wie bei jedem anderen Bildobjekt, dem Sie ein Verhalten zuweisen. Sie können die Parameter im Verhalten-Tab des Informationenfensters oder in der Schwebepalette bearbeiten.

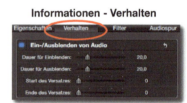

Audioparameter-Verhalten

Hier haben Sie ein Bildobjekt. Sie weisen ihm auch ein Verhalten zu, doch ist es diesmal ein „Audioparameter-Verhalten". Das bedeutet, dass Sie ein vorhandenes Audioobjekt aus der Audioliste als Quelle auswählen, die alle verfügbaren Parameter des Bildobjekts kontrollieren kann. Im Verhalten-Tab im Informationenfenster für das Bildobjekt können Sie das Verhalten konfigurieren (z.B. die Größe eines Objekts durch den Rhythmus einer Bassdrum in einem Song anwachsen zu lassen).

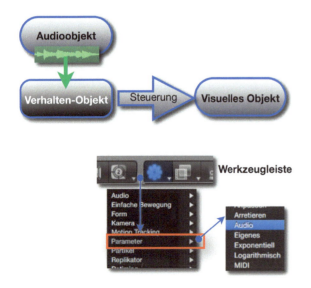

Medienliste

Die Medienliste ist die zweite Darstellungsoption im Projektbereich. Die folgenden Befehle wechseln alle zu dieser Ansicht (wenn die Ebenen- oder Medienlisten-Ansicht sichtbar ist) oder schalten den gesamten Projektbereich ein- oder aus.

 Fenster > Medien

 Cmd+5

Klicken auf das Medien-Tab im Projektbereich (wenn der Fensterbereich nicht sichtbar ist, klicken Sie die Öffnen-Taste in der linken unteren Ecke des Canvas).

In der Liste sehen Sie Folgendes:

- Reine Mediendateien (Videos, Bilder, Audio), aber keine computergenerierten Dateien.

- Alle Mediendateien, die in Ihr Projekt importiert wurden, unabhängig davon, ob sie in der aktuellen Ebenenliste verwendet werden oder nicht.

- Die Mediendateien in der Liste sind nur Referenzen der eigentlichen Datei auf Ihrer Festplatte. Diese Dateien werden niemals durch Einstellungen in Ihrem Motion-Projekt verändert. (Motions Dateibrowser und Bibliothek können jedoch Dateien auf Ihrer Festplatte verändern.)

Die Oberfläche ist recht einfach gehalten und folgt den Richtlinien der Standard-Listen-Ansichten.

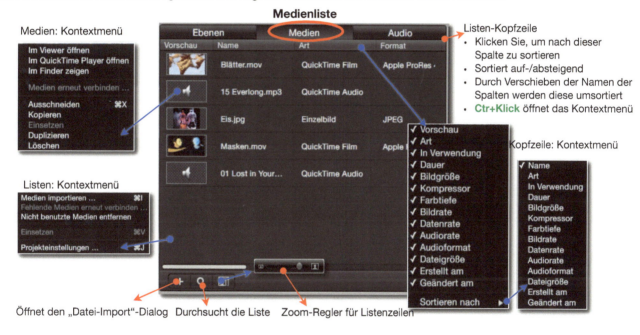

Öffnet den „Datei-Import"-Dialog   Durchsucht die Liste   Zoom-Regler für Listenzeilen

❶   **Medienliste**

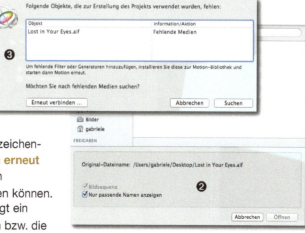

Wenn das Projekt eine Referenz zu einer Mediendatei enthält, die es nicht finden kann (im Finder umbenannt, verschoben oder gelöscht), wird in der Vorschau-Spalte ein Fragezeichen-Symbol gezeigt **❶**. In diesem Fall können Sie den Befehl "**Medien erneut verbinden ...**" aus dem Kontextmenü verwenden. Dieser öffnet ein Dialogfenster **❷**, in dem Sie das Original (oder einen Ersatz) suchen können. Wenn Motion während des Startens Dateien nicht finden kann, zeigt ein Dialogfenster **❸** die fehlenden Dateien an, nach denen Sie suchen bzw. die Sie erneut verknüpfen können.

Informationenfenster für Mediendateien

Bitte seien Sie sich klar über den Unterschied zwischen Ebenen- und Audiolisten im Gegensatz zur Medienliste bezüglich des Betrachtens von Mediendateien: Jede Mediendatei, die Sie in Ihr Projekt importiert haben (benutzt oder unbenutzt), wird in der Medienliste aufgeführt. Nur die Mediendateien, die Sie in Ihrer Komposition verwenden, erscheinen in der Ebenenliste (visuelle Mediendateien) oder in der Audioliste (Audio-Mediendateien).

Wenn Sie eine Mediendatei in der Ebenenliste oder Audioliste auswählen und das Informationenfenster betrachten, dann wird das vierte Tab (das Objekt-Tab) mit „Bild" oder „Audiospur" bezeichnet. Diese Tabs enthalten die Attribute dieser Instanz. Wenn Sie die gleiche Datei in der Medienliste auswählen, dann zeigt das vierte Tab des Informationenfensters „Medien" an, um dort die Attribute der Medien-Referenzdatei zu bearbeiten.

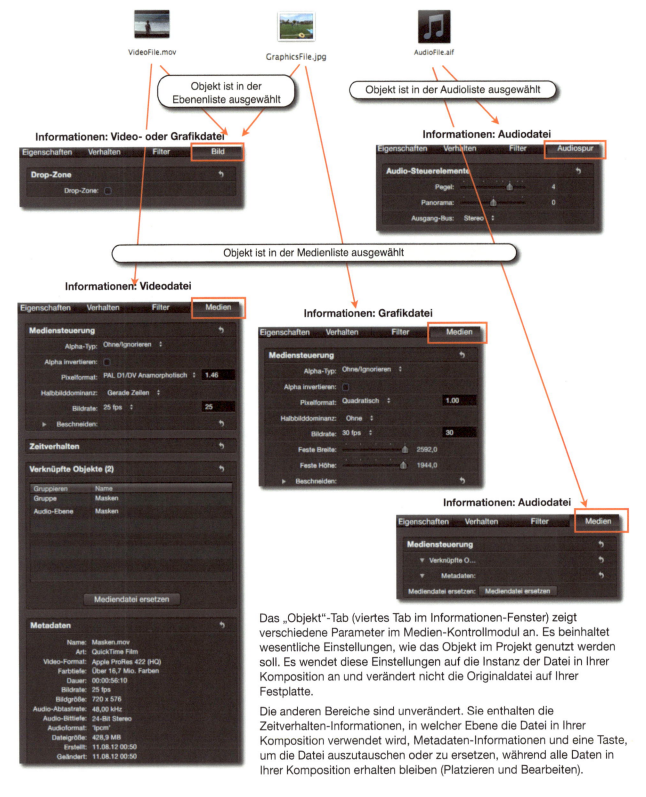

Das „Objekt"-Tab (viertes Tab im Informationen-Fenster) zeigt verschiedene Parameter im Medien-Kontrollmodul an. Es beinhaltet wesentliche Einstellungen, wie das Objekt im Projekt genutzt werden soll. Es wendet diese Einstellungen auf die Instanz der Datei in Ihrer Komposition an und verändert nicht die Originaldatei auf Ihrer Festplatte.

Die anderen Bereiche sind unverändert. Sie enthalten die Zeitverhalten-Informationen, in welcher Ebene die Datei in Ihrer Komposition verwendet wird, Metadaten-Informationen und eine Taste, um die Datei auszutauschen oder zu ersetzen, während alle Daten in Ihrer Komposition erhalten bleiben (Platzieren und Bearbeiten).

Bereich „Zeitverhalten"

> **Zeitverhalten von Objekten bearbeiten**

Der Zeitverhalten-Bereich hat drei einzelne Timeline-Fenster für verschiedene Zwecke. Hier können Sie die Objekte in Ihrer Komposition mit Sicht auf deren Veränderung im Zeitverlauf betrachten und bearbeiten. Anders als in anderen Fensterbereichen im Motion, wo Sie nur eine Auswahl zu einem Zeitpunkt betrachten können, gibt es hier die Möglichkeit, jede der drei Ansichten separat ein- und auszublenden. Dies sind die drei Darstellungen:

Video-Timeline

Dieses Fenster zeigt eine typische, auf Spuren basierende Timeline wie in FCP7 und stellt die Objekte in Ihrer Komposition als Clips dar. Der Unterschied ist, dass diese Timeline nur visuelle Objekte, aber keine Audioobjekte anzeigt. Sie liefert die Ansicht, wie alle Objekte ohne Ton in der Zeitachse angelegt sind.

Schalten Sie das Fenster mit **cmd+7**, dem Menübefehl **Fenster > Video-Timeline** oder durch Klicken der

Video-Taste in der rechten unteren Ecke ⬛🔊⟨⟩ ein oder aus.

Audio-Timeline

Diese Timeline funktioniert auf die gleiche Art und Weise. Sie zeigt jedoch nur die Audioobjekte Ihrer Komposition an und liefert die Ansicht, wie alle reinen Audioobjekte in der Zeitachse angelegt sind.

Schalten Sie das Fenster mit **cmd+9**, dem Menübefehl **Fenster > Audio-Timeline** oder durch Klicken der

Audio-Taste in der rechten unteren Ecke ⬛🔊⟨⟩ ein oder aus.

Keyframe-Timeline

Obwohl Video-Timeline und Audio-Timeline ebenfalls Keyframes anzeigen können, unterstützt diese Timeline erweiterte Werkzeuge zum Betrachten und Bearbeiten von Keyframes, um Animationskurven für animierte Parameter zu visualisieren.

Schalten Sie das Fenster mit **cmd+8**, dem Menübefehl **Fenster > Keyframe-Editor** oder durch Klicken der

Keyframe-Taste in der rechten unteren Ecke ⬛🔊⟨⟩ ein oder aus.

Ein Befehl schaltet den gesamten Zeitverhalten-Bereich unabhängig von der gerade gezeigten Kombination von sichtbaren Timelines ein- und aus. Wenn alle individuellen Timelines verborgen sind, öffnet dieser Befehl nur die Video-Timeline.

Menübefehl **Fenster > Bereich „Zeitverhalten ein-/ausblenden** oder TastaturbefehlTastaturbefehl **F6**

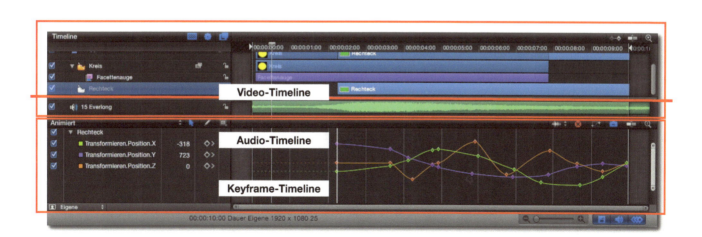

Die offizielle Motion-Dokumentation benutzt andere Begriffe für die drei Fenster: Timeline - Audio-Timeline - Keyframe-Editor. Ich bevorzuge jedoch die Begriffe „Video-Timeline", „Audio-Timeline" und „Keyframe-Timeline", da sie besser darauf hinweisen, dass sie alle Bezug auf den Zeitverhalten-Bereich nehmen. (Ich benutze den Begriff „Video" wie „visuelle Elemente", also für alle Objekte ohne Ton.)

Werfen wir einen genaueren Blick auf die Oberfläche, bevor wir in die Details der einzelnen Steuerungselemente und Bearbeitungswerkzeuge gehen. Hier ist ein Screenshot, auf dem alle drei Ansichten zu sehen sind. Achten Sie auf die Unterschiede der drei Ansichten bezüglich der Elemente der Benutzeroberfläche.

- Alle drei Ansichten haben das gleiche Timeline-Lineal ❶.

- Der Playhead ❷ reicht über alle sichtbaren Timeline-Ansichten.

- Die Keyframe-Timeline hat ihre eigene Kopfzeile ❸. Die obere Kante dieser Kopfzeile funktioniert wie eine Trennlinie, an der Sie ziehen können, um die Höhe des Fensters zu verändern.

- Die Video- und Audio-Timeline haben die gleiche Kopfzeile ❹. Wenn beide Ansichten dargestellt werden, sieht es aus, als wäre die Audio-Timeline nur eine erweiterte Timeline mit einer Trennlinie, um die Höhe des Fensters zu verändern.

- Alle drei Ansichten sind in zwei Bereiche unterteilt, die Liste ❺ auf der linken Seite und der Spurbereich ❻ auf der rechten Seite. Sie können die Trennlinie dazwischen verschieben, um die Größe der Fenster zu verändern.

- An der unteren rechten Ecke (Teil des immer sichtbaren Motion-Rahmens) ❼ liegen die drei Ansichten-Tasten und ein Zoom-Schieberegler, der die Timeline horizontal in der Größe verändert. Sie können auch die Kanten des Scrollbalkens oder das Zwei-Finger-spreizen auf dem Trackpad verwenden.

Zeitverhalten-Bereich

Wenn Sie eines der drei Fenster ein- oder ausblenden, passen sie ihre Höhe automatisch an, um den verfügbaren Platz des Zeitverhalten-Bereichs auszufüllen. Sie können die Trennlinie zwischen der Werkzeugleiste und dem Zeitverhalten-Bereich verschieben, um die Gesamthöhe dieses Bereiches zu verändern (das wirkt sich auf die Größe des Canvas aus), und ebenso können Sie die Linie zwischen den einzelnen Timelines verschieben, um deren Höhe in Bezug aufeinander zu verändern. Wenn Sie die letzte Timeline ausblenden, verschwindet der gesamte Zeitverhalten-Bereich und der Canvas vergrößert sich.

Sie können den gesamten Zeitverhalten-Bereich mit dem folgenden Befehl auf einen zweiten Monitor verschieben:

Fenster > Bereich „Zeitverhalten" auf zweitem Monitor anzeigen

Timeline-Lineal

Die angezeigten Einheiten im Timeline-Lineal können zwischen Frames und SMPTE-Timecode im Zeitanzeige-Display-Menü umgeschaltet werden. Hier können Sie ebenso den Anzeige-Modus der Zeitanzeige umschalten, um sich die aktuelle Zeit der Playhead-Position angeben zu lassen.

Objekte hinzufügen

Die Position des Playheads (sichtbar in der Zeitanzeige) ist wichtig, da er entscheidet, wo ein Objekt in der Timeline platziert wird, wenn es Ihrem Projekt hinzugefügt wird. Das Einstellungen-Fenster enthält eine Einstellung, die festlegt, ob das das Standardverhalten sein soll. Sie können es auf „Projektstart" oder „Aktuellem Bild" (Position des Playheads) setzen.

Einstellungen > Projekt

Bereich „Zeitverhalten"

Video- und Audio-Timeline

Die Video-Timeline und die Audio-Timeline haben jeweils zwei Bereiche, auf der linken Seite die Ebenenliste und auf der rechten Seiten den Spurenbereich. Jede Zeile in der Ebenenliste (die ein Objekt repräsentiert) verlängert sich durch die vertikale Trennlinie hindurch in den Spurenbereich, wo das gleiche Objekt als einzelner Clip dargestellt wird, angelegt auf einer Spur im Verhältnis zur Zeit. Ich bevorzuge den Begriff „Clip" anstatt Objekt, Element, Bereich oder auch „Objektbalken", wie er in Apples Dokumentation verwendet wird. Wenn wir zum Bearbeiten und Trimmen kommen, verhalten sich die „Objektbalken" eher wie Clips in Videospuren.

Höhe der Spuren

In dem kleinen Einblendmenü in der unteren linken Ecke des Timeline-Fensters können Sie die Höhe der Spuren bestimmen. Sie können aber auch die Trennlinie zwischen den Zeile verschieben.

Video- / Audio-Timeline

Der Hauptzweck dieser Timeline-Fenster ist das Betrachten und Bearbeiten Ihrer Objekte im Zusammenhang mit der Zeit in Ihrem Projekt. Sie können sehen, wo jedes Objekt beginnt und endet, und Sie sehen das in Zusammenhang mit der Anordnung all der anderen Objekte in Ihrem Projekt. Obwohl es mehr nach altmodischen FCP7-Spuren aussieht, funktioniert es eher wie das Betrachten und Bearbeiten Ihrer Videoclips in einer FCPx-Timeline (ohne primäre Handlung). Sogar der Farbcode ist mit grün für Audioobjekte und blau für Videoobjekte vergleichbar.

Ebenenliste in der Timeline

Dies ist die selbe Liste wie die Ebenenliste im Projektbereich. Sie funktioniert genauso und die einzige Ausnahme ist, dass dort ein paar Elemente wie Vorschau, Deckkraft und Füllmethode nicht angezeigt werden. Diese Liste hat sogar einen Vorteil gegenüber der im Projektbereich. Hier ist der Zeitverhalten-Bereich und Sie können die Ebenenliste und die Audioliste gleichzeitig betrachten.

Sie haben auch die gleichen Ein-/Ausblenden-Tasten für Masken, Verhalten und Filter in der Kopfzeile.

Achten Sie auf die Objekte in der Liste in Bezug auf deren Platzierung in der Timeline-Spur. Im oberen Beispiel liegt der Playhead auf einer Position vor dem Beginn des Rechteck-Objekts und dem ihm zugewiesenem Verhalten. An dieser Position sind diese zwei Objekte inaktiv (nicht sichtbar). Deshalb sind sie in der Ebenenliste grau (und ebenso in der Ebenenliste im Projektbereich).

Objekte hinzufügen

Alle Regeln für das Hinzufügen von Objekten zur Ebenenliste im Projektbereich werden auch auf die Ebenenliste im Zeitverhalten-Bereich angewendet. Sie können Objekte direkt in die Ebenenliste hineinziehen.

Vielleicht möchten Sie Objekte direkt in den Spurenbereich ziehen. In diesem Fall ist es nicht nur ausschlaggebend, wo Sie das Objekt in der Stapelreihenfolge platzieren, sondern auch, wo Sie es in Bezug auf die Zeit ablegen.

Spurenbereich in der Timeline

Keyframes   Einrasten   Zoom auf Fenstergröße

Schauen Sie als Erstes auf die Elemente der Benutzeroberfläche:

In der oberen rechten Ecke der Timeline liegen drei Tasten:

💡 **Keyframes**

> Wenn diese Taste aktiviert ist, dehnt sich die Höhe der Spur ein wenig aus, um die Keyframes zu zeigen. Dies ist eine schnelle Möglichkeit, um zu sehen, welches Objekt Keyframes enthält. Sie sehen nicht die eigentliche Kurve, aber das Vorhandensein der Keyframes. Es gibt jedoch ein paar eingeschränkte Bearbeitungsmöglichkeiten, ohne die Keyframe-Timeline zu öffnen.
> Die roten Keyframes werden weiß, wenn Sie ausgewählt sind.

> **Ctr+Klick** auf einen Keyframe öffnet das Kontextmenü mit den folgenden Befehlen:

Ausgewählter Keyframe

Transformieren.Position.X: -39.510880
Transformieren.Position.Y: 57.905752
Transformieren.Position.Z: 0.000000
240,0176
Im Keyframe-Editor zeigen
Keyframes löschen
Alle Keyframes löschen

> - Wert des Keyframes: Diese Auswahl öffnet ein weiteres Fenster, in dem Sie einen neuen Wert eingeben können.
>
> - „In Keyframe-Editor zeigen": Das öffnet die Keyframe-Timeline für eine genauere Bearbeitungsmöglichkeiten dieses Keyframes.
>
> - "Keyframes löschen" (nur die ausgewählten) oder "Alle Keyframes löschen" für diesen Parameter.

💡 **Einrasten**

> Wenn Sie ein Objekt bewegen, rastet es am Rand des nächsten Objekts ein. **Sh+Ziehen** kehrt den Einrasten-Modus um (wenn eingeschaltet, schaltete es ihn aus und umgekehrt, solange Sie die Shift-Taste beim Verschieben des Objekts gedrückt halten.
> Beachten Sie bitte, dass es zwei unterschiedliche Einrasten-Funktionen gibt. **Darstellung > Einrasten** oder der Tastaturbefehl **N** schaltet den anderen Einrasten-Modus für Objekte im Canvas ein bzw. aus.

💡 **Wiedergabebereich/Projekt in der Timeline anzeigen**

> Ein Klick auf die Lupentaste passt die Timeline vertikal auf die Größe des Projekts an.

Anzeige der Clips

> In den Motion-Einstellungen können Sie festlegen, wie die Clips im Spurenbereich ("Zeitleiste") dargestellt werden.

Einstellungen > Erscheinungsbild

Name
✓ Name und Piktogramm
Filmstreifen

Timeline
Darstellung der Zeitleiste: Name und Piktogramm

Andere Elemente

> Hier sehen Sie die anderen Elemente in der Timeline:

Abspielbereich Anfang
Anfang der Komposition
Gruppenclip (Äußerer Bereich)
Gruppenclip (Innerer Bereich)
Objekt/Spur deaktiviert (dunkler)
Außerhalb des Abspielbereichs (dunkler)

Abspielbereich Ende
Timeline-Marker
Gruppen-Marker
Objekt-Marker
Marker (Dauer)
Abspielbereich

Navigation

💡 Wiedergabebereich

Dies ist eine Wiedergabeeinstellung, die das Abspielen des Projekts auf den Bereich zwischen In- und Out-Markierungen begrenzt. Die Wiedergabe stoppt am Out-Punkt (wenn Endlosschleife-Wiedergabe ausgeschaltet ist), und auch die Wiedergabe als Endlosschleife ist auf diesen Bereich beschränkt, obwohl Sie vor dem In-Punkt beginnen können, wenn Sie den Playhead dort platzieren.

Das Markieren-Menü beinhaltet Befehle, um den **Wiedergabebereich In-Punkt** und **Wiedergabebereich Out-Punkt** an der aktuellen Position des Playheads zu setzen. (Sie können den **In-Punkt** und **Out-Punkt**-Befehl verwenden, wenn kein Objekt ausgewählt ist). Der Bereich außerhalb des Abspielbereichs wird dunkler.

Wiedergabebereich zurücksetzen setzt den In- und Out-Punkt an den Anfang und das Ende des Projekts.

💡 In- und Out-Punkte

Wiedergabebereich In- und Out-Punkt beschneiden den Anfang und das Ende ausgewählter Clips an der Position des Playheads.

Der Befehl **Ausgewählten In-Punkt bewegen** oder **Ausgewählten Out-Punkt bewegen** verschiebt den entsprechenden Punkt des/der ausgewählten Clips an die Position des Playheads.

💡 Navigation

Der dritte Bereich des Markieren-Menüs und das **Gehe zu**-Untermenü führen alle Navigationsbefehle auf. Alternativ dazu können Sie entsprechenden Tastaturbefehls oder die Navigationstasten im Canvas verwenden.

💡 RAM-Vorschau

Das rendert den Bereich, die Auswahl oder das ganze Projekt in den RAM, um eine einwandfreie Wiedergabe komplexer Kompositionen, die zu umfangreich für Echtzeit-Wiedergabe über Ihre CPU sind, zu gewährleisten. Natürlich hängt die Verwendung von Ihrem vorhandenen Arbeitsspeicher ab.

💡 Marker

Das Marker-Untermenü enthält alle dazugehörigen Befehle. Erstellen Sie Marker auf ausgewählten Objekten in einer Spur oder sogar in der Timeline selbst, wenn nichts ausgewählt ist. Der **Marker bearbeiten...**-Befehl öffnet ein weiteres Fenster, in dem Sie einen Namen, einen Kommentar, eine Farbe, Startpunkt und sogar eine Dauer für einen Markerbereich festlegen können.

Erstellen Sie Marker für ausgewählte Objekte aus dem Hauptmenü **Markieren > Marker hinzufügen** oder mit dem Tastaturbefehl **M** (auch während des Abspielens). Dadurch wird ein Projektmarker erstellt, wenn kein Objekt ausgewählt ist (oder **sh+Klick** auf die Timeline).

Ctr+Klick auf einen Marker oder die Timeline zeigt das Kontextmenü für weitere Befehle.

Marker können als visuelle Referenz verwendet werden, um Objekte mit dem Einrasten-Modus auszurichten oder um Notizen zu Bereichen Ihres Projekts hinzuzufügen. Diese Marker können auch für Final Cut-Vorlagen verwendet werden.

Audio Scrubbing
Alt+Ziehen des Playheads „scrubbt" durch die Audiospur. Der Ton loopt fünf Frames um die aktuelle Position, wenn Sie die Maus nicht bewegen und die Maustaste nicht loszulassen.

Clips bearbeiten

▶ **Objekte hinzufügen**

Natürlich wird jedes Objekt, das Sie in die Timeline ziehen, sofort in der Ebenenliste der Timeline und des Projektbereichs und auch im Canvas angezeigt. Der Vorteil des Hinzufügens von Objekten in die Timeline liegt darin, das Sie die Platzierung in der Hierarchie (vertikal) und in der Zeit (horizontal) kontrollieren können.

Wenn Sie ein Objekt verschieben und einen Moment warten, erscheint ein kleines Menü mit folgenden Auswahlpunkten:

Verschiedene Auswahlmöglichkeiten, Objekte der Timeline hinzuzufügen

🔘 **Composite**: Das neue Objekt wird in einer neuen Spur an der Timelineposition der Maus platziert.

🔘 **Einfügen**: Das neue Objekt wird in einer neuen Spur an der Timelineposition der Maus platziert. Alle vorhandenen Clips hinter diesem Punkt werden abhängig von der Länge des neuen Clips nach rechts bewegt. Jeder Clip, der über den Einfügepunkt reicht, wird zerschnitten und der zweite Teil des geteilten Clips wird auf einer separaten Spur als neue Ebene platziert.

🔘 **Überschreiben**: Das neue Objekt wird auf einer neuen Spur an der Timelineposition der Maus platziert und ersetzt den vorhandenen Clip. Wenn der neue Clip kürzer als der vorhandene ist, dann wird dieser zerschnitten und auf eine eigene Spur gelegt.

🔘 **Ersetzen**: Das neue Objekt wird an der Timelineposition der Maus in einer neuen Spur platziert. Es gibt jedoch zwei weitere Regeln. Erstens ersetzt der Clip den bereits am Zielpunkt vorhandenen Clip, aber nur in dessen Länge. Zweitens erbt der neue Clip alle Effekte des Clips, den er ersetzt.

🔘 **Sequenziell**: Wenn Sie mehrere Objekte zur gleichen Zeit verschieben, werden alle neuen Objekte in neuen Spuren in der Timeline abgelegt. In diesem Fall beginnt der erste Clip an der Position der Maus an der Spitze der Hierarchie, der zweite beginnt am Ende des ersten und so geht es in der Reihenfolge weiter. (Wählen Sie Composite, wenn Sie alle Clips an der gleichen Timeline-Position platzieren wollen)

Anordnung der Ebenen

Die horizontale Position beim Verschieben entscheidet darüber, wo der neue Clip in Bezug auf die Zeitachse liegen wird. (Achten Sie auf die Kurzinfo mit der Zeitinformation.) Es ist jedoch auch wichtig, wo Sie die Maus vertikal positionieren. Bewegen Sie sie über eine Gruppe, um den neuen Clip auf die oberste Ebene dieser Gruppe zu legen. Wenn Sie den Clip zwischen zwei Spuren ablegen, wird er zwischen die beiden Ebenen gelegt. Achten Sie auf die visuellen Hilfslinien.

▶ **Clips bewegen**

🔘 **Verschieben:**

Clip verschieben

Ziehen Sie die Clips, um sie an eine neue Position in der Spur zu verschieben (nur horizontal). Eine gelbe Kurzinfo, die den neuen In- und Out-Punkt und das „Delta", welches anzeigt, wie weit Sie den Clip von der Originalposition verschieben, ist während des Ziehens zu sehen.

🔘 **Eingabe eine numerischen Wertes:**

Framenummer eingeben

• **Bestimmter Frame**: Wählen Sie den Clip aus, tippen Sie einen Wert ein (ein Werteingabe-Fels erscheint) und drücken Sie die Enter-Taste. Der Clip bewegt sich an diese Stelle.

Timecode-Versatz eingeben

• **Bestimmter Versatz**: Wählen Sie den Clip aus, tippen Sie, beginnend mit einem + oder - einen Timecode ein (ein Werteingabe-Fels erscheint in der Timeline, währen Sie tippen) und drücken Sie die Enter-Taste. Der Clip verschiebt sich um diesen Wert.

▶ Clips trimmen

◉ Verschieben

Clip trimmen

Ziehen Sie die Kante am Anfang oder Ende eines Clips, um ihn zu verkürzen oder zu verlängern. Ein Kurzinfo-Fenster zeigt den In-Out-Point und den Versatz. Bei Video- oder Audioobjekten zeigt ein abgedunkelter Bereich währen des Ziehens an, wieviel Material an dieser Seite des Objekts verfügbar ist. Diese Objekte können nicht über deren Ende verlängert werden, außer Sie aktivieren „Loop" in den Objekteigenschaften. Auch das Geschwindigkeitswerkzeug verlängert die Dauer der Originallänge des Objekts.

◉ Befehl

Sie können auch die Tastaturbefehle oder Menübefehle aus dem Markieren-Menü zum Trimmen des In- und Out-Punktes des ausgewählten Clips an die Position des Playheads verwenden.

▶ Clipinhalt verschieben (nur Video)

Ähnlich wie beim konventionellen Video-Editing können Sie den Inhalt einer kompletten Quell-Mediendatei verschieben, ohne dabei die Position oder Länge des Clips in der Timeline zu verändern. Vor dem Verschieben muss die alt-Taste gedrückt werden.

Clipinhalt verschieben

▶ Andere Bearbeitungswerkzeuge

◉ Copy - Paste

Sie können bei den Clips die Standard Copy- und Paste (Kopieren und Einsetzen)-Funktion verwenden. Die Clips werden an der Playhead-Position an der Spitze der ausgewählten Gruppe oder der ursprünglichen Gruppe (wenn keine andere ausgewählt ist) eingesetzt. Wenn der Clip aus einem anderen Projekt stammt, wird für ihn eine neue Gruppe erstellt.

Der Befehl Bearbeiten > Spezielles Einsetzen öffnet ein Fenster mit den drei Auswahlmöglichkeiten Einfügen, Überschreiben und Ersetzen, entsprechend dem Verhalten beim „Clips hinzufügen".

◉ Löschen

Löscht Clips (und deren Timeline-Spur) und lässt alles Weitere an seinem Platz. Benutzen Sie den Tastaturbefehl Entfernen oder den Menübefehl Bearbeiten > Löschen.

◉ Entfernen und Gap schließen

Entfernt den Clip (und dessen Timeline-Spur) und bewegt alles Andere nach links, um die Lücke zu schließen. Verwenden Sie den Menübefehl Bearbeiten > Entfernen und Lücke schließen.

◉ Zeitabschnitt einsetzen

Alt+Cmd+Ziehen eines Bereichs in der Timeline und der Befehl Bearbeiten > Zeitabschnitt einsetzen teilt alle Clips an der linken Kante des Bereichs in zwei Spuren und verschiebt den zweiten Teil um die Länge des ausgewählten Bereichs.

◉ Loop

Sh+alt+Ziehen am Ende des Clips wiederholt ihn. Das Infofenster zeigt die Prozente und die neue Dauer des Clips. Genauere Einstellungen finden Sie in den Zeitverhalten-Einstellungen im Informationenfenster unter „Endbedingung".

Loop Clip

◉ Objekte teilen

Der Befehl Bearbeiten > Teilen teilt den Clip an der Position des Playheads in zwei Hälften und packt den zweiten Teil in eine neue Spur. Der neue Clip (Ebene) enthält alle angewendeten Effekte und beide Teile können unabhängig voneinander bearbeitet werden.

◉ Änderung der Geschwindigkeit

Alt+Ziehen am Ende eines Clips ändert dessen ursprüngliche Wiedergabegeschwindigkeit. Das Infofenster zeigt den Prozentwert der Geschwindigkeit und die neue Dauer des Clips an.

Retime Clip

💡 Bearbeiten von Gruppen

Der eine Gruppe repräsentierende Clip hat zwei Bereiche in seiner Spur. Der obere Bereich zeigt die Gruppe als einen langen Clip an. Der untere Bereich der Spur zeigt alle enthaltenen Clips. Wenn sich Clips überlagern, werden sie zusammengefasst und zeigen, abhängig von der Überlappung, einzelne Teile an.

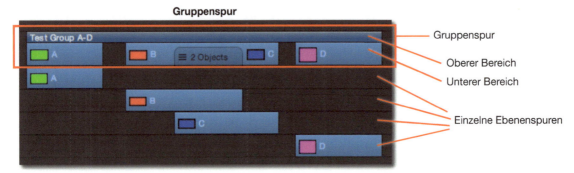

Jede Art von Clipbearbeitung, die das Verschieben von einzelnen Clips beinhaltet, kann am Clip selber oder am gruppierten Clip (unterer Bereich) angewendet werden. Sie könnten die eingeschlossenen Clips im unteren Bereich der Gruppenspur verschieben, wenn die Gruppenebene zusammengeklappt ist und Sie die einzelnen verborgenen Spuren nicht sehen.

Die Grenzen eines Gruppenclips sind durch die linke Kante des ersten Clips und die rechte Kante des letzten Clips der Gruppe definiert. Der Gruppenclip und die eingeschlossenen Ebenenclips sind verbunden. Das Bewegen des Gruppenclips verschiebt alle eingeschlossenen Clips als eine Einheit. Wenn Sie eine der äußeren Kanten des Gruppenclips trimmen, beschneiden Sie die Kante des Clips, der die Grenze festlegt. Sie können jedoch diese Verbindung aufheben und die Kanten unabhängig voneinander mit **cmd+Ziehen** trimmen. Um die Verbindung wieder herzustellen, richten Sie die Grenzen des Gruppenclips an den Ebenenclips an beiden Seiten aus.

💡 Bearbeiten von Bereichen

Dies ist eine spezielle Art der Bearbeitung, bei der Sie einen Bearbeitungsbereich durch Aufziehen eines Bereiches definieren können. Ein Bearbeitungsbefehl wird nur auf diesen ausgewählten Bereich angewendet. Hier sind die Schritte:

☑️ **Alt+cmd+Ziehen** in der Timeline wählt einen Bereich als hervorgehobenen Streifen aus.

☑️ Verschieben Sie den Bereich mit gedrückter Maustaste (optional).

☑️ **Cmd+Klick** auf eine Spur hebt die Auswahl dieses Clips in der Region auf (optional)

☑️ Wählen Sie einen Befehl

       Löschen oder Entfernen und Gap schließen

       Kopieren Sie den Bereich und fügen Sie den gesamten Inhalt des Bereiches an der Position des Playheads ein.

Keyframe-Timeline

Das dritte Fenster im Bereich Zeitverhalten ist die Keyframe-Timeline, in der Sie jeden Parameter eines Objekts über die Zeitachse animieren können. Jeder Parameter kann als Animationskurve in einem Graphen, bei dem die x-Achse die Zeit und die y-Achse den Wert des Parameters darstellt, angezeigt werden. Sie können diese Animationskurven durch Festlegen einfacher x/y-Koordinaten (Keyframes) erstellen. Motion verbindet die Keyframes (interpoliert) sie und erstellt eine Animationslinie. Das gesamte Konzept von Keyframes und dessen mathematischen Hintergrund finden Sie detailliert in meinem Manual „Final Cut Pro X - Die Details".

Hier ist das grundlegende Prinzip:

Das Beispiel zeigt einen Graphen in der Keyframe-Timeline.

❶ Das ist die Standard-Ansicht ohne einen gesetzten Keyframe für die Deckkraft. Der Graph zeigt nur eine gestrichelte Linie, die den aktuellen Wert für die Deckkraft repräsentiert, an. In diesem Beispiel sind es konstant durch das ganze Projekt 50%. Das Verändern der Deckkraft im Informationenfenster bewegt diese Linie nach oben oder unten.

❷ Hier habe ich einen Keyframe bei einer Sekunde mit dem Wert von 50% gesetzt und es hat sich, technisch gesehen, nichts verändert. Die Deckkraft bleibt durch das gesamte Projekt konstant. Sie können nun auch den Wert für die Deckkraft direkt durch das Verschieben des Keyframes im Graphen verändern.

❸ Jetzt habe ich einen zweiten Keyframe bei zwei Sekunden mit dem gleichen Wert von 50% erstellt. Wieder ändert sich nichts in Bezug auf die Deckkraft, sie bleibt gleich. Die Linie zwischen den beiden Keyframes ist jetzt jedoch durchgezogen und ist somit eine Animationslinie oder Interpolationslinie. Die Linie vor dem ersten und hinter dem letzten Keyframe ist weiterhin gestrichelt.

❹ Nun habe ich den zweiten Keyframe auf 100% hochgezogen. Zwei Dinge sind geschehen. Die Interpolationslinie verbindet weiterhin die beiden Frames. Der Unterschied ist jedoch, dass unsichtbare Keyframes zwischen den Keyframes erstellt werden, die ein allmähliches Ansteigen des Deckkraft-Wertes von 50% auf 100% anzeigt, wenn das Projekt zwischen einer und zwei Sekunden abgespielt wird. Der zweite Fakt ist, dass die gestrichelte Linie hinter dem letzten Keyframe bis zum Ende des Projekts auf dem Wert 100% bleibt.

❺ Hier sind die Keyframes unverändert. Der Unterschied ist, wie die Interpolationslinie gezeichnet ist - die Form einer Kurve. Anstelle eines linearen Anstiegs habe ich eine exponentielle Kurve gewählt. Aus dem Kontextmenü können Sie aus sechs unterschiedlichen Kurvenarten auswählen. Eine von ihnen ist eine Bezierkurve, die Sie mit Bezier-Kontrollgriffen verformen können.

Beachten Sie bitte, dass sich das Verhalten des Informationenfensters nach dem Setzen des ersten Keyframes für einen Parameter verändert hat. Das wird die „Initiale Keyframe-Methode" genannt.

Also wird jede Animationskurve durch zwei Elemente definiert: Keyframes und Interpolationslinie.

💡 **Keyframes**

Dies ist ein bestimmter Wert an einem bestimmten Zeitpunkt in Ihrem Projekt. Bitte denken Sie daran, dass die Keyframes, wenn Sie einmal erstellt worden sind, direkt am Graphen, mit der Steuerung im Informationenfenster oder im Canvas, der eine Darstellung des Keyframes ist, verändert werden können. Auch sollten Sie beachten, dass manche Steuerungen nur einen Keyframe berühren (z.B. Deckkraft), andere aber eine Kombination aus zwei oder mehreren Keyframes betreffen, z.B. Skalierung, die den x-, y- und den z-Wert verändern (zusammengesetzte Parameter).

💡 **Interpolationslinien**

Es gibt zwei Arten von Linien. Beide haben ihr jeweils eigenes Kontextmenüs, in dem die spezielle Art der Kurve gewählt werden kann.

- Zwischen zwei Keyframes
- Vor/hinter dem ersten bzw. letzten Keyframe. Der erste und der letzte Keyframe müssen nicht auf dem ersten bzw. letzten Frame Ihres Projekts liegen. Wenn sie es nicht tun, erstreckt sich eine konstante gestrichelte Linie bis zum ersten bzw. vom letzten Keyframe. Sie können jedoch eine andere Kurve aus dem Einblendmenü auswählen.

Zwischen Keyframes	Erster/letzter Keyframe
Konstant	✓ Konstant
Linear	Linear
✓ Bezier	Vor und Zurück
Kontinuierlich	Wiederholen
Exponentiell	Progressiv
Logarithmisch	Keyframes erzeugen ...

Elemente der Benutzeroberfläche

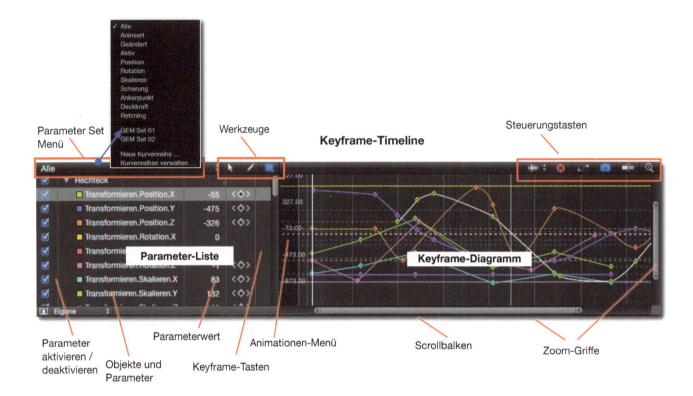

Die zwei Hauptbereiche in der Keyframe-Timeline sind die Parameterliste und das Keyframe-Diagramm. Denken Sie jedoch bei der gesamte Benutzeroberfläche wie an einen Vorgang in drei Schritten:

☑ **Objekt**
Als Erstes wählen Sie ein Objekt (oder mehrere Objekte) in einem der anderen Fenster (Projektbereich, Timeline-Ebenenliste, Canvas) aus, das Sie in der Keyframe-Timeline betrachten möchten.

☑ **Parameter**
Die Parameterliste auf der linken Seite zeigt die Parameter des ausgewählten Objekts (oder mehrerer Objekte) an. Das Parameter setzen-Menü verhält sich wie ein Filter. Sie können darin spezielle Parameter oder Gruppen von Parametern darstellen.

☑ **Diagramm**
Das Keyframe-Diagramm auf der rechten Seite zeigt die Kurven für alle Parameter in der Parameterliste an. Bitte beachten Sie, dass sich alle diese Parameter (mit unterschiedlicher Farbkodierung für die bessere Identifikation der einzelnen Kurven) eine Timelinespur teilen.

Parameterliste

Das Diagramm zeigt nur die Keyframes für Parameter in der Parameterliste an. Die zwei Kriterien, die darüber entscheiden, was in der Parameterliste angezeigt wird, sind das ausgewählte Objekt (in einem anderen Fenster) und das ausgewählte Parameterset, das bestimmte Parameter aus allen verfügbaren Parametern für ein Objekt herausfiltert.

▶ **Parameterreihen (Kurvenreihen)**

Dies ist das Einblendmenü in der oberen linken Ecke der Keyframe-Timeline. Anstatt des offiziellen Namens „Kurvenreihe" bevorzuge ich „Parameterreihen", da Sie Parameter und keine Kurven auswählen. Die verschiedenen Reihen sind Voreinstellungen für verschiedene Ansichten, die darüber entscheiden, welche Parameter des aktuell ausgewählten Objekts in der Liste angezeigt werden. Natürlich kann ein Objekt in jedem der Fenster (Projektbereich, Timeline, Canvas) ausgewählt sein. Sie können auch Ihre eigenen Parameterreihen erstellen.

- *Alle*: Zeigt alle Parameter aller ausgewählten Objekte.

- *Animiert*: Zeigt nur die Parameter von ausgewählten Objekten, die bereits Keyframes haben.

- *Geändert*: Zeigt nur Parameter von ausgewählten Objekten, deren Standardwert geändert wurde (manuell oder durch Keyframes).

- *Aktiv*: Zeigt nur die Parameter, die Sie gerade im Informationenfenster, der Schwebepalette oder im Canvas bearbeiten (auf die Sie also klicken).

- *"Verschiedene Parameter"*: Dies sind Reihen von häufig genutzten Parametern.

- *"Benutzerdefinierte Reihen"*: Zeigt Ihre Reihen, die Sie mit dem Befehl „Neue Kurvenreihe..." erstellt haben.

- *Neue Kurvenreihe...*: Öffnet ein Fenster, in dem Sie einen Namen für Ihre eigene Reihe eingeben können. Die neue benutzerdefinierte Reihe wird alle momentan sichtbare Parameter enthalten. Sie können nun Parameter aus der Liste löschen (auswählen, löschen) oder andere Parameter direkt vom Informationenfenster in die Liste ziehen. Das ist sehr einfach. Benutzerdefinierte Kurvenreihen werden zusammen mit Ihrem Projekt gespeichert, aber nicht im Programm Motion.

- *Kurvenreihen verwalten...*: Öffnet ein Fenster, in dem Sie benutzerdefinierte Kurvenreihen hinzufügen oder löschen können.

▶ **Parameterliste**

Die Liste kann zwei Arten von Linienelementen anzeigen, das ausgewählte Objekt und die einzelnen Parameter für dieses Objekt. Das angezeigte Objekt (mit einem Öffnen-Dreieck) ist das, welches in einem anderen Fenster (Video-Timeline, Ebenenliste, Canvas) ausgewählt ist. Wenn Sie mehrere Objekte ausgewählt haben, dann werden alle Objekte mit deren Parametern in der Liste angezeigt. Vergessen Sie nicht, dass eine Gruppe ebenfalls ein Objekt mit seinen eigenen Parametern, die Sie animieren können, ist. Hier sehen Sie die Spalten der Liste:

- **An/Aus:** Blendet die Kurve für diesen Parameter im Diagramm ein/aus.

- **Name:** Der Name des Objekts oder Parameters

- **Wert:** Der Wert des Parameters an der aktuellen Playhead-Position.

- **Keyframe-Tasten:** Die Sichtbarkeit dieser Tasten ist kontextsensitiv. Hier können einzelne Keyframes hinzugefügt oder gelöscht werden. Sie können hier auch zum vorherigen oder nächsten Keyframe springen. Diese Tasten funktionieren genauso wie in FCPx, welches ich in meinem Manual „Final Cut Pro X - Die Details" näher behandele.

  - **Animationen-Menü**

    - *Animation aktivieren/deaktivieren*: Hiermit wird die Animationskurve ausgeschaltet und setzt den Wert auf den letzten Keyframe im Graphen. Die Keyframetasten-Spalte zeigt einen Bindestrich, um diesen Modus anzuzeigen

    - *Parameter zurücksetzen*: Löscht alle Keyframes für diesen Parameter und stellt den Originalzustand wieder her.

    - *Keyframe hinzufügen/löschen*: An der aktuellen Playhead-Position

    - *Vorheriger/Nächster Keyframe*: Bewegt den Playhead zum vorherigen oder nächsten Keyframe.

    - *Interpolation*-Menü: Wählt eine Interpolationskurve aus dem Menü aus. Das bezieht sich auf ALLE Interpolationslinien dieses Parameters. Für einzelne Abschnitte benutzen Sie das Kontextmenü durch **ctr+Klick** auf die Kurve oder den Keyframe auf dem Graphen.

    - *Vor dem ersten Keyframe, Nach dem letzten Keyframe*: Wählen Sie eine Extrapolationskurve, die entscheidet wie die Kurve vor dem ersten oder nach dem letzten Keyframe aussehen soll.

- *Parameter schützen*: Dies ist sehr nützlich, wenn Sie mehrere Parameter im Graphen anzeigen und vermeiden wollen, dass Sie aus Versehen den falschen Parameter überschreiben. Die geschützten Keyframes sind grau.

- *Keyframes reduzieren...*: Es wird ein Fenster angezeigt, das einen Schieberegler (Fehlertoleranz) enthält. Mit diesem können Sie Keyframes ausdünnen. Der zweite Schieberegler (Glätten) glättet die Kurve. Diese Steuerungen kommen zur Anwendung, wenn Sie Bewegungen direkt aufgezeichnet haben oder das Zeichnen-Werkzeug benutzt haben.

- *Auf Schnappschuss der Kurve einstellen*: Das ist ein spezieller Rückgängig-machen-Befehl. Bevor Sie mit Animationen experimentieren, nehmen Sie von der aktuellen Kurve einen Schnappschuss mit dem Schnappschuss-Werkzeug auf und machen anschließend Ihre Veränderungen. Wenn die neuen Veränderungen nicht gut funktionieren, wählen Sie „ Auf Schnappschuss der Kurve einstellen", wodurch die aktuelle Kurve einschließlich aller Keyframes durch den Schnappschuss ersetzt wird.

Schnappschuss

Werkzeuge

Die Keyframe-Timeline hat zwei Gruppen von Werkzeugen und Steuerungstasten in der Kopfzeile.

▶ **Bearbeitungswerkzeuge**

- 🔾 **Pfeil - bearbeitet** Keyframes:
  Zum Auswählen, Erstellen und Bearbeiten von Keyframes

- 🔾 **Stift - skizziert** Keyframes:
  Zum Zeichnen von Keyframes

- 🔾 **Rechteck - transformiert** Keyframes:
  Zum Zeichnen eines Auswahlrahmens, um die Bearbeitung der Keyframes auf das Innere dieses Rahmens zu begrenzen.

▶ **Steuerungstasten**

Achten Sie bitte auf die unterschiedlichen Modi dieser Tasten. Sie können einen Befehl auslösen, haben einen An-/Aus-Status oder stellen ein Menü bereit.

- 🔾 **Anzeigen der Audio-Waveform** (Menü): Diese Taste öffnet ein Einblendmenü, das alle verfügbaren Audioobjekte und eine Master-Audiospur, die Sie auswählen und im Diagramm sichtbar machen können.

- 🔾 **Kurvenliste löschen** (Befehl): Dieser spezielle Befehl gilt nur für benutzerdefinierte Parameterreihen. Der Befehl modifiziert die aktuelle benutzerdefinierte Parameterliste durch Löschen aller Parameter. Sie können die Aktion rückgängig machen.

- 🔾 **Kurven an Fenstergröße anpassen** (Befehl): Das Diagramm wird vertikal und horizontal so gezoomt, dass alle Keyframes (nicht aber unbedingt die gesamte Länge des Projekts) im Fenster sichtbar sind.

- 🔾 **Kurven-Schnappschuss** (an/aus): Diese Taste hat einen An- (blau) und einen Aus- (grau) Zustand. Von dem Moment an, wo der Kurven-Schnappschuss aktiviert ist, erinnert er sich an den Zustand der Kurve, bevor Sie sie verändern. Sie können das für zwei Dinge verwenden. Erstens kann der Kurven-Schnappschuss als Vergleich sichtbar bleiben, wenn Sie Parameter bearbeiten. Zweitens können Sie zu diesem Kurven-Schnappschuss mit dem Befehl „Auf Schnappschuss der Kurve einstellen" aus dem Animationen-Menü zurückkehren.

- 🔾 **Einrasten** (an/aus): Beim Bewegen von Keyframes rasten diese an anderen Elementen (Keyframes, Markern, Gitter-Schnittpunkten, Playhead) ein.

- 🔾 **Automatische vertikale Skalierung** (an/aus): Hiermit wird der vertikale Scrollbalken ausgeblendet und die Größe des Diagramms passt sich automatisch den darin enthaltenen Kurven an.

▶ **Zoom/Scroll-Steuerungen**

- 🔾 **Horizontal**: Das Diagramm kann mit dem Zoom-Schieberegler oder den Zoom-Griffen an den Seiten des Scrollbalkens (und auch mit einem Zwei-Finger-Kniff auf dem Trackpad) gezoomt werden. Diese Steuerungen beziehen sich auf alle drei Timeline-Ansichten (Video-, Audio- und Keyframe-Timeline), da sie sich eigentlich eine Timeline teilen.

- 🔾 **Vertikal:** Nutzen Sie den vertikalen Scrollbalken oder den automatischen Skalierungsmodus.

Keyframe-Diagramm

Wenn wir einmal die korrekten Parameter in der Parameterliste angezeigt bekommen, können wir deren Werte im Diagramm auf der rechten Seite sehen. Alle sichtbaren Parameter teilen sich ein einziges Diagramm (x/y-Achse). Auch wenn die Parameter farblich kodiert sind, ist es sinnvoll, sich nur jeweils eine Untergruppe von Parametern anzeigen zu lassen. Dadurch ist es einfacher, die einzelnen Kurven zu betrachten und zu bearbeiten.

▶ **Aussehen**

- Parameter haben unterschiedliche Farben.
- Keyframes werden als Rauten in der Farbe des Parameters angezeigt. Ausgewählte Keyframes sind weiß.
- Interpolationslinien (Kurven) sind durchgezogen und tragen die Farbe des Parameters. Wenn der Parameter ausgewählt ist, werden sie weiß. Die Linie vor dem ersten und hinter dem letzten Keyframe ist gestrichelt.
- Wenn ein Objekt ausgewählt ist, zeigt das Diagramm zwei vertikale weiße Linien, die den Anfang und das Ende dieses Objekts markieren. (Es macht keinen Sinn, ausgeklügelte Kurven im Bereich zwischen zwei und vier Sekunden zu erstellen, wenn das Objekt nur zwischen fünf und zehn Sekunden sichtbar ist).
- Projektmarker, die in einer der drei Timeline-Ansichten erstellt worden sind, sind in allen sichtbar, da sie sich das gleich Timeline-Lineal an der oberen Kante teilen.
- Die Einheiten auf der y-Achse auf der linken Seite werden nur angezeigt, wenn ein einzelner Parameter ausgewählt ist.

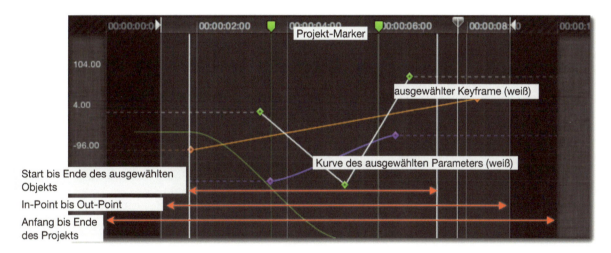

▶ **Bearbeiten**

Obwohl die Keyframe-Timeline der beste Ort ist, um die Veränderung von Parametern in Bezug auf die Zeit vorzunehmen, kann das Erstellen und Bearbeiten dieser Parameter mittels Keyframes auch in anderen Fensterbereichen wie dem Informationenfenster, der Schwebepalette und dem Canvas erledigt werden. Das Vorhandensein von Keyframes in einem Parameter kann das Verhalten, wie diese Parameter in bestimmten Fenstern bearbeitet werden, verändern. Wenn die Komplexität Ihres Motion-Projekts anwächst, seien Sie sich sicher darüber, was jeder einzelne Klick bewirkt, damit sie keine unliebsamen Überraschungen erleben.

Hier nochmals das Basiskonzept. Fensterelemente sind beim Betrachten und Bearbeiten von Parametern verbunden. Eine Veränderung, die in einem Fenster vorgenommen wird, wird sofort in den anderen Fenstern angezeigt.

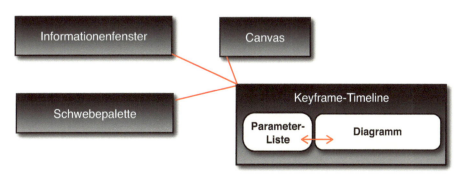

Ich versuche, das Verhalten bei der Bearbeitung in verbundenen Fenstern in diesen drei Screenshots darzustellen. Sie sind ein wenig zu klein, um die Details zu erkennen, aber es ist wichtig, sich mit dem Zusammenspiel und wie die Fenster unterschiedliche Ansichten des gleichen Objekts oder Parameter eines Objekts darstellen, vertraut zu machen.

Dieses Objekt ist ein Rechteck und der Parameter bezieht sich auf abgerundete Ecken. Das rote Rechteck deutet auf die Steuerung, die den Wert in jedem Fenster verändert. Die roten Kreise zeigen das Diagramm in der Keyframe-Timeline.

Es gibt zwei grundlegende Zustände, wenn es zum Bearbeiten von Parametern kommt.

💡 **Es existiert kein Keyframe für einen Parameter**

Im ersten Screenshot gibt es keine Keyframes für die Rundung. Das Ändern des Werts ein einem der Fenster verändert den Wert gleichzeitig in den anderen Fenstern. Das Diagramm zeigt nur eine gestrichelte Linie (für einen konstanten Wert), die sich nach oben oder unten bewegt, wenn Sie eine der Steuerungen verändern.

💡 **Ein oder mehrere Keyframes existieren für einen Parameter**

Im zweiten Screenshot habe ich den ersten Keyframe hinzugefügt. Sie können das durch Klicken auf die Keyframetaste in den Informationen, in der Parameterliste oder durch Erstellen eines Keyframes direkt auf der gestrichelten Linie innerhalb des Diagramms tun. Visuell hat sich nichts verändert. Der Parameter bleibt der gleiche durch das gesamte Projekt. Auch wenn Sie den Parameter mit einer der Möglichkeiten verändern, bleibt es beim selben Verhalten. Im Diagramm bewegt sich der Keyframe mit der ganzen Linie nach oben oder unten. Dadurch, dass jetzt ein Keyframe existiert, verhält sich die Steuerung nun anders. Jeder Parameter mit mindestens einem Keyframe wechselt zur „initialen Keyframe-Methode", welche durch rote Parameterwerte angezeigt wird.

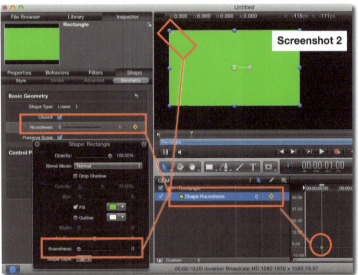

Im dritten Screenshot habe ich den Playhead an eine neue Position bewegt und die Steuerungen verhalten sich entsprechend.

- Das Bewegen einer Parameter-Steuerung in einem der Fenster erstellt automatisch einen neuen Keyframe und passt den Wert an. Das bedeutet, dass Parameter-Steuerungen die zusätzliche Funktion für das Hinzufügen von Keyframes haben (das Verhalten der „initialen Keyframe-Methode")

- Sie können natürlich auch erst einen Keyframe erstellen und dann den Wert mit den Steuerungen verändern.

  Beachten Sie, dass der Vorschaubereich in der linken oberen Ecke des Informationenfensters eine kleine Vorschau des Objekts mit dem aktuellen Status an der aktuellen Position des Playheads anzeigt (nur statisch, nicht während des Abspielens).

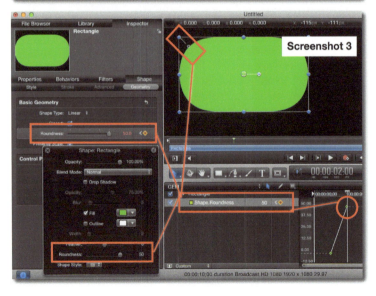

Diese zwei Verhalten beim Bearbeiten von Parametern (Keyframe ist vorhanden oder nicht) sind wichtig. Sie müssen wissen, was passiert, wenn Sie Keyframes für einen bestimmten Parameter setzen.

Es gibt fast zu viele Möglichkeiten, einen Keyframe zu setzen. Am Besten stellt man sich nur zwei Fragen, um die Komplexität von Erstellen und Bearbeiten von Keyframes zu verstehen.

☑ **Wann** werden Keyframes hinzugefügt?
Das ist die Frage bezüglich der Umstände. Wurde der Keyframe als erster erstellt oder wurde schon vorher einer gesetzt? Ist die Keyframe-Aufzeichnen-Taste aktiviert oder deaktiviert?

☑ **Wie** werden Keyframes hinzugefügt?
Wie ist der Vorgang, die Funktionsweise (z.B. Klicken auf eine bestimmte Steuerung in einem speziellen Fenster etc.)

💡 Wann?

Es gibt drei bestimmte Umstände, in denen Sie Keyframes erstellen möchten.

A. **Kein Keyframe** existiert für diesen Parameter

B. **Nur ein Keyframe** existiert für diesen Parameter („initiale Keyframe-Methode")

C. **Animation aufzeichnen** ist aktiv.
Sie können diesen Modus mit der Aufzeichnen-Taste in der Navigation des Canvas ein- und ausschalten. Dieser Befehl ist auch aus dem Hauptmenü unter **Markieren > Animation aufnehmen** oder dem Tastaturbefehl **A** verfügbar.

💡 Wie?

Hier ist eine Liste mit allen unterschiedlichen Methoden zum Erstellen von Keyframes zu sehen. Sie ist in sieben Gruppen unterteilt.

1. **Keyframe-Taste** im Informationenfenster oder in der Keyframe-Parameterliste.

2. **Keyframe hinzufügen-Befehl** aus dem Animationen-Menü im Informationenfenster oder in der Parameterliste.

3. **Hauptmenü Objekt > Keyframe "letzter veränderter Parameter" hinzufügen"**

4. **Tastaturbefehl ctr+K**, um dem letzten veränderten Parameter einen Keyframe hinzuzufügen.

5. **Keyframe-Diagramm**: Mit dem Pfeil- oder Stiftwerkzeugauf eine Kurve klicken.

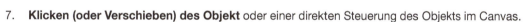

6. **Klicken (oder Verschieben) des Schiebereglers** oder Ändern des Werts in den Informationen oder in der Schwebepalette.

7. **Klicken (oder Verschieben) des Objekt** oder einer direkten Steuerung des Objekts im Canvas.

Und das sind die drei Kombinationen

- **A - Kein Keyframe existiert**:

   Methoden 1-5 können verwendet werden. Methoden 6+7 erstellen keine Keyframes, sondern ändern nur Parameterwerte.

- **B - Initiale Keyframe-Methode:**

   Die Standardmethoden 1-5 können verwendet werden, aber auch 6+7. Wie wir auf der vorherigen Seite gesehen haben, erstellt eine Veränderung der Steuerungen in den Informationen, der Schwebepalette und im Canvas automatisch einen neuen Keyframe. Die Werte in den Informationen werden rot angezeigt, was darauf hinweist, dass Sie nicht nur den Wert verändern, sondern gleichzeitig auch einen neuen Keyframe mit diesem Wert erstellen.

- **C - Animation aufzeichnen:**

   Dies ist das gleich Verhalten wie bei der „initialen Keyframe-Methode" (B). Aber hier ist es egal, ob ein Keyframe vorhanden ist oder nicht. Es gibt jedoch eine Besonderheit. Wenn Sie den ersten Keyframe mit Methode 6 oder 7 erstellen und der Playhead liegt nicht am Anfang der Timeline, werden zwei Keyframes erstellt - einer an der Position des Playheads und ein zweiter am Anfang des Projekts.

Als wäre das nicht genug, gibt es noch einen weiteren Aspekt, wenn Sie die „Wenn"-Frage stellen. Online oder Offline. In der Animation gibt es zwei Basis-Modi zum Erstellen einer Animation.

 Online: Der Playhead bewegt sich, während Sie die Animation erstellen (Keyframes setzen).

 Offline: Der Playhead bewegt sich nicht, während Sie die Animation erstellen (Keyframes setzen).

Das Gute daran ist, dass der Online/Offline-Status keinen Einfluss auf das Verhalten, über das wir schon gesprochen haben, hat. Stattdessen hat Motion ein Einstellungen-Fenster, in dem Sie festlegen können, ob Keyframes während der Bewegung des Playheads aufgezeichnet werden sollen oder nicht.

Sie können das Einstellungen-Fenster mit den folgenden Befehlen öffnen:

 Wählen Sie den Menübefehl **Markieren > Aufnahme-Einstellungen...**

Nutzen Sie den Tastaturbefehl **alt+A**

Doppelklick auf die Record-Taste

Zusätzlich zur Checkbox „Keine Keyframes während der Wiedergabe aufnehmen" gibt es drei weitere Knöpfe für die Ausdünnung der Keyframes. Hierdurch wird der Abstand der aufgenommenen Keyframes reduziert, um für weichere Übergänge Interpolationskurven zu erstellen.

- *Aus*: Lässt Keyframes so, wie sie sind.

- *Reduziert*: Reduziert die Dichte der Keyframes.

- *Nur Spitzen*: Behält nur Keyframes, wenn die Kurve die Richtung ändert. Alles weitere wird interpoliert.

Bearbeiten des Keyframe-Diagramms

Eis gibt eine Vielzahl von Befehlen und Techniken, mit denen Keyframes im Diagramm erstellt und bearbeitet werden können. Aber bevor Sie irgendetwas tun, sollten zwei Dinge beachten:

1. Wählen Sie als erstes den bzw. die Parameter aus der Parameterliste oder durch Auswahl der entsprechenden Kurve aus.

2. Seien Sie sich darüber sicher, was Sie bearbeiten:

   - Keyframe(s)

   - Kurve

▶ **Schnappschuss**

Dies ist ein sehr hilfreiches Feature, wenn Sie sichtbare Änderungen im Diagramm machen.

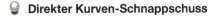 **Direkter Kurven-Schnappschuss**

Immer, wenn Sie eine Kurve oder einen Keyframe verschieben, macht Motion erst einen Schnappschuss der ursprünglichen Kurve, damit Sie nachvollziehen können, wie sie vor dem Verschieben aussah. Diese Kurve bleibt bis zum Loslassen der Maus sichtbar.

 **Manueller Kurven-Schnappschuss**

Wenn Sie den Schnappschuss-Modus einschalten, bleibt die aktuelle Kurve als Orientierungshilfe sichtbar, egal, wie oft Sie sie verändern. Das Ausschalten des Schnappschuss-Modus löscht die visuelle Orientierungshilfe. Sie können die aktuelle Kurve auch mit dem Befehl „Auf Schnappschuss der Kurve einstellen" auf diese zurücksetzen.

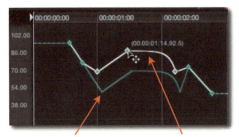

Die Schnappschuss-Kurve wird in der Farbe des Parameters angezeigt.

Die Kurve, an der Sie arbeiten, ist in diesem Moment weiß.

► **Visuelle Bearbeitung**

💡 **Hinzufügen einzelner Keyframes mit dem Bearbeiten-Werkzeug** (Pfeil)

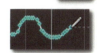

Entweder mit **alt+Klick** oder **Doppelklick** auf die Kurve.

💡 **Hinzufügen einzelner Keyframes mit dem Skizzieren-Werkzeug** (Stift)

Sie können irgendwo in das Diagramm klicken. Es können sogar mehrere Parameter ausgewählt sein.

💡 **Hinzufügen mehrerer Keyframes mit dem Skizzieren-Werkzeug** (Stift)

Sie können mit der Maus eine Linie im Diagramm zeichnen (sogar für mehrere Parameter gleichzeitig). Je langsamer die Bewegung ist, desto dichter liegen die Keyframes. Alle vorhandenen Keyframes auf dem Pfad werden überschrieben.

💡 **Numerisches Ändern des Werts eines einzelnen Keyframes**

Doppelklick auf einen Keyframe öffnet ein kleines Fenster. Die kleine Zahl oben zeigt die Timecode-Position des Keyframes und in dem Feld können Sie einen neuen numerischen Wert für den Keyframe eintragen.

💡 **Grafisches Ändern einzelner/mehrerer Keyframes - Transformieren-Werkzeug** (Wert/Position)

Sie können jeden Keyframe mit dem Bearbeiten-Werkzeug verschieben. Das funktioniert auch mit mehreren gleichzeitig ausgewählten Keyframes, die nicht einmal direkt nebeneinander liegen müssen. Während Sie sie verschieben, aktualisiert Motion die Kurve, damit Sie das Ergebnis sofort sehen können, bevor Sie die Maus loslassen. Sie können einen der ausgewählten Keyframes (nicht die Kurve) verschieben. Ein kleines Werte-Feld zeigt die aktuelle Position des Keyframes an, während Sie ihn bewegen. **Sh+Ziehen** begrenzt auf vertikales Verschieben.

💡 **Ändern mehrerer Keyframes gleichzeitig - Transformieren-Werkzeug** (Rechteck)

Wenn Sie mit dem Transformieren-Werkzeug einen Rahmen um mehrere Keyframes ziehen und die Maus loslassen, schnappt das Rechteck an den nächsten Keyframes, die darin liegen, ein. Nun können Sie die eingeschlossenen Keyframes direkt bearbeiten.

- Das Ziehen des gesamten Bereiches bewegt die Keyframes in ihrer Anordnung vertikal (Wert) und horizontal (Zeitposition). **Sh+Ziehen** beschränkt auf eine Richtung. (Drücken der Shift-Taste vor dem Ziehen beschränkt auf vertikale Bewegung, Shift-Taste direkt nach Beginn der Bewegung drücken begrenzt auf diese Richtung).

- Ziehen an einem der seitlichen Griffe streckt oder staucht die Keyframepositionen horizontal oder vertikal, **Alt +Ziehen** bewegt die gegenüberliegende Seite ebenfalls. **Sh+Ziehen** behält das Seitenverhältnis der Keyframes bei.

- **Cmd+Ziehen** an einem der vier Eckpunkte verzerrt den Rahmen und verschiebt die Keyframes unregelmäßig.

Ausgewählt	Einrasten	Erweitern	Stauchen	Verzerren

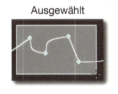 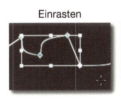 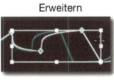 

💡 **Kurve verändern**

Sie können die Linie zwischen zwei Keyframes nur vertikal verschieben. Hierdurch werden der linke und der rechte Keyframe ebenfalls verschoben und haben somit Einfluss auf die danebenliegenden Kurven.

💡 **Zu einer Bezier-Kurve wechseln**

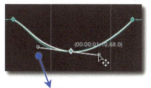

Cmd+Ziehen auf einem Keyframe wandelt diesen in einen Bezier-Keyframe um. Die Bezier-Griffe für das Verformen der Kurve erscheinen. **Sh+Ziehen** lässt die Tangenten in 45°-Schritten einrasten.

Mit **Alt+Ziehen** auf einem Griff können Sie diesen unabhängig anpassen.

Ctr+Klick auf einen Griff öffnet ein kleines Kontextmenü, in dem Sie für einzelne Bearbeitung die beiden Tangenten zusammenführen oder brechen können.

Cmd+Ziehen auf einem Bezier-Keyframe setzt diesen auf die lineare Form zurück.

▶ Menübefehle

Neben der visuellen Bearbeitung durch Klicken und Verschieben von Keyframes und Kurven können Sie auch verschiedene Menüs mit zusätzlichen Befehlen verwenden:

Keyframe

💡 Kontextmenü eines Keyframes

Die folgenden Befehle berühren einzelne oder mehrere ausgewählte Keyframes:
Ausschneiden, Kopieren, Einfügen, Löschen, Schützen (kann nicht angepasst werden), *Deaktivieren* (ausgegraut und wird von der Kurve ignoriert)

Der *Keyframes umkehren*-Befehl verändert die Werte der ausgewählten Keyframes (z.B. #1-#2-#3-#4) in die entgegengesetzte Reihenfolge (#4-#3-#2-#1).

Beschleunigen, Verlangsamen, Beides beschleunigen und die Auswahlmöglichkeiten aus dem Untermenü *Interpolation* beziehen sich auf die Kurve vor und/oder hinter dem Keyframe.

💡 Kontextmenü einer Kurve

Keyframe hinzufügen an der Position der angeklickten Kurve

Alle Keyframes löschen für diesen Parameter.

Wählen Sie die Kurvenart aus dem gleichen *Interpolation*-Untermenü.

💡 Animationen-Menü

Alle Befehle des Animationen-Menü habe ich schon ein paar Seiten zuvor im Parameter-Bereich-Abschnitt erklärt. Ich möchte nur darauf hinweisen, dass alle Befehle in diesem Menü alle Keyframes und die daraus resultierenden Kurven des ausgewählten Parameters berühren.

Animationen-Menü

▶ Kurven sichern

Im Kapitel über die Bibliothek haben wir gelernt, dass selbsterstellte Objekte in die Motion-Bibliothek so gespeichert werden können, dass Sie, unabhängig von dem Projekt, an dem Sie gerade arbeiten, darauf zugreifen (oder sie mit anderen Nutzern austauschen) können. Das Gleiche können Sie mit Kurven machen.

Sagen wir, Sie haben eine bestimmte Kurve für einen Flummi erstellt. Alles, was Sie jetzt tun müssen ist, dass Sie diese Parameter, die für die Bewegung zuständig sind, in der Parameterliste auswählen und in das Bibliothek-Fenster in den Stapel des Favoriten-Ordners verschieben (und vielleicht für eine bessere Identifikation umbenennen). Von nun an können Sie, egal an welchem Projekt Sie gerade arbeiten, diese Kurve direkt auf ein Objekt ziehen und alle Keyframes für diesen Parameter werden darauf angewendet.

Sie können einen oder mehrere Parameter in die Bibliothek ziehen. Dabei können Sie in einem überlagertem Fenster festlegen, ob sie als eine oder mehrere Kurven gespeichert werden sollen.

Wie auch anderer Objekte in der Bibliothek liegt die Kurve als Motion Library Objekt (.molo) vor. Weitere Einzelheiten finden Sie im Kapitel über die Bibliothek.

▶ Verhalten versus Keyframes

Verhalten sind computergenerierte Bewegungen, die auf Algorithmen basieren. Keyframes sind manuell programmiert. Also ist der Weg, wie sie generiert werden, unterschiedlich, können aber technisch gesehen durch den gleichen Graphen dargestellt werden. Sie werden im Keyframe-Diagramm angezeigt, ohne direkt bearbeitet werden zu können.

Der Befehl **Objekt > In Keyframes konvertieren...** oder der Tastaturbefehl **cmd+K** wandeln jede Bewegung, die durch ein zugewiesenes Verhalten generiert wurde, in Keyframes um und löschen das Verhalten nach der Umwandlung. Ein Warnhinweis weist auf Limitierungen des Befehls hin.

Canvas

Zum Schluss gehen wir auf die wesentliche Komponente der Benutzeroberfläche, den Canvas, ein.

Kein Zweifel daran, dass dies auch das wichtigste Element ist, der visuelle Arbeitsbereich ihres Projekts, in dem Sie sehen können, wie sich Ihr Projekt entwickelt. Das ist der einzige Fensterbereich, der nicht ausgeblendet werden kann. Er hat sogar seinen eigenen Befehl, um seine Fenstergröße auf den gesamten Motion-Arbeitsbereich auszubreiten und dabei alle anderen Fensterbereich auszublenden (**ctrl+V**).

Beachten Sie bitte, dass der Canvas zwei Zwecke hat:

- ☑ Anordnen Ihrer Objekte im 2D- oder 3D-Raum und deren Bearbeitung mit Steuerungselementen.
- ☑ Abspielen Ihrer Komposition und Betrachten des Ergebnisses, wie Sie es in Ihrem Projekt gebaut haben.

Wie wir bereits wissen, bestehen die Bausteine Ihrer Komposition aus einer Vielfalt verschiedener Objekte. Hier nochmals ein Diagramm, welches das Hauptkonzept bezüglich der Objekte betont.

- 💡 Sie arbeiten jeweils an einer nur einzelnen Komposition.
- 💡 Sie fügen der Komposition Objekte hinzu oder erstellen sie.
- 💡 Die verschiedenen Fenster haben unterschiedliche Darstellungen, um Objekte zu betrachten und diese zu bearbeiten.
  - **Informationenfenster / Schwebepalette**: Bearbeiten der Parameter eines Objekts.
  - **Projektbereich**: Stapelt die Objekte in einer bestimmten Reihenfolge.
  - **Zeitverhalten-Bereich**: Verändern des Objekts und der meisten der Parameter über die Zeitachse.
  - **Canvas**: Positionieren der Objekte im 2D- oder 3D-Raum.
- 💡 Abspielen Ihrer Komposition im Canvas.

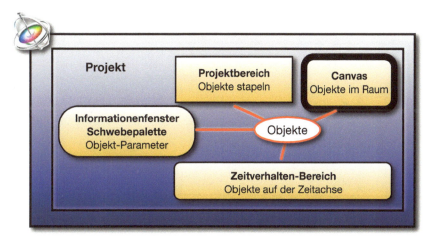

Was immer Sie in Motion machen, Sie arbeiten in einem dieser Fenster, abhängig vom Aspekt des Objekts, das Sie verändern. Manche Vorgänge können in mehr als einem der Fenster vorgenommen werden. Somit können Sie auswählen, welches am Besten zu Ihrem Workflow passt.

Objekte hinzufügen

Denken Sie daran, dass, wann immer Sie Ihrem Projekt Objekte hinzufügen, Sie sie nicht Ihrem „Projekt" hinzufügen. Es gibt kein separates „Projektfenster". Stattdessen können Sie zwischen den drei unterschiedlichen Ansichten (Projektbereich, Zeitverhalten-Bereich, Canvas) Ihres Projekts wählen, und das ist dann der Bereich, wo Sie Ihre Objekte als Teil des Projekts hinzufügen.

Objekte erstellen

Wenn Sie jedoch ein neues Objekt (Form oder Text) erstellen wollen, können Sie das nur mit den entsprechenden Werkzeugen im Canvas tun (Einzelheiten dazu finden Sie im nächsten Kapitel).

Benutzeroberfläche

Die Elemente im Canvasbereich sind sehr übersichtlich angeordnet

- Oben liegen der kontextsensitive Statusbalken und fünf Einblendmenüs für das Erscheinungsbild des Canvas.
- Im Zentrum ist der Hauptbereich, der den Video-Frame Ihres Projekts enthält - Ihre Komposition.
- Unten liegen drei Reihen: Das Timeline-Lineal, die Mini-Timeline und der Steuerungsstreifen mit den Navigationstasten und weiteren Steuerungstasten.

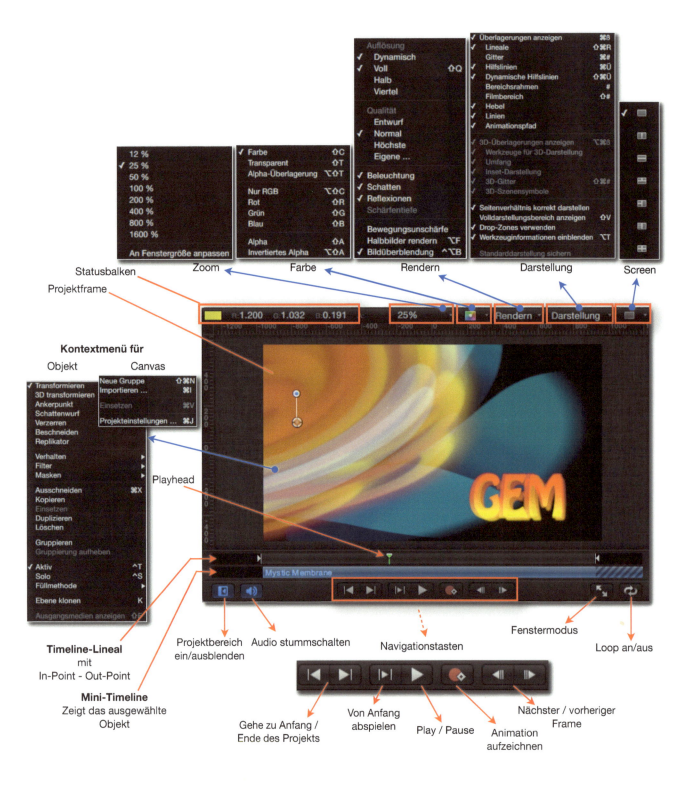

Wiedergabemodus

Beim Überfahren mit der Maus symbolisiert das Zeichen auf der Taste „Bildschirmfüllend" und nicht „Wiedergabemodus". Das erklärt die Funktion besser als der Begriff „Wiedergabemodus". Was passiert, ist Folgendes: Der Canvas breitet sich über die gesamte Motion-Oberfläche aus und lässt alle anderen sichtbaren Fensterelemente außer der Werkzeugleiste verschwinden. Also ist es nicht wirklich eine bildschirmfüllende Darstellung.

Für eine zusätzliche bildschirmfüllende Darstellung nutzen Sie den Menübefehl **Fenster > Zoom**.

Der Spielermodus kann mit dem Befehl **Fenster > Spielermodus** oder dem Tastaturbefehl **F8** umgeschaltet werden.

Der Canvas kann auch auf einem zweiten Monitor dargestellt werden. Das beinhaltet auch den Projektbereich, da beide sich den gleichen logischen Fensterbereich teilen. Nutzen Sie den Menübefehl **Fenster > Canvas auf zweitem Monitor anzeigen**

Navigation

▶ Navigationstasten

Die Navigationstasten entsprechen dem Standard. Die gleichen Steuerungen plus ein paar weitere sind auch über Tastaturbefehle oder im Markieren-Menü verfügbar.

▶ Timeline

Der Canvas hat seine eigene, recht simple aber effektive Timeline.

- ● Es gibt zwei Timeline-Balken.
- ● Die Länge der Balken von links nach rechts repräsentiert die Länge Ihrer Komposition.
- ● Es gibt kein Zeitlineal. Wenn Sie jedoch etwas in der Timeline bewegen, wird die Zeitinformation in der Zeitanzeige darüber oder als kleines Infofenster angezeigt.
- ● Der obere Balken zeigt den Playhead und den In- und Outpunkt, die den Loop-Bereich definieren. Sie können die Punkte und den Playhead mit der Maus über der Timeline verschieben.
- ● Der Balken darunter, die Mini-Timeline, zeigt das Objekt (Ebene oder Gruppe), das gerade ausgewählt ist. Da die Länge der Mini-Timeline die Gesamtlänge der Projekts repräsentiert, ist es einfach zu erkennen, wann dieses Objekt in Ihrer Komposition sichtbar ist.

Markieren > Gehe zu >

Projektstart	⬂
Projektende	⬂
Anfang des Wiedergabebereichs	⇧⬂
Ende des Wiedergabebereichs	⇧⬂
Vorheriges Bild	⬍
Nächstes Bild	⬍
10 Bilder zurück	⇧←
10 Bilder vorwärts	⇧→
Vorheriger Keyframe	⌥K
Nächster Keyframe	⇧K
Vorheriger Marker	⌥⌘←
Nächster Marker	⌥⌘→
Ausgewählter In-Punkt	⇧I
Ausgewählter Out-Punkt	⇧O

▶ Zeitanzeige

Das Einblendmenü der Zeitanzeige hat zwei Modi:

- ● Zeige SMPTE-Timecode oder Bilder
- ● Zeige die Dauer des Projekts oder die aktuelle Playhead-Position. Das Uhrensymbol ändert sein Aussehen.

▶ Statusbalken

Dieser Bereich in der oberen rechten Ecke des Canvas zeigt dynamische Informationen wie z.B. Positionskoordinaten eines Objekts, das Sie verschieben oder Farbinformationen, wenn Sie die Maus an bestimmte Punkte im Canvas bewegen.

Sie können im **Einstellungen > Erscheinungsbild > Statusleiste**-Fenster mit den Checkboxen festlegen, welche Art von Informationen angezeigt werden sollen.

Menüs für Canvas-Ansichten

Es gibt fünf Einblendmenüs, mit denen Sie das Erscheinungsbild des Canvas konfigurieren können

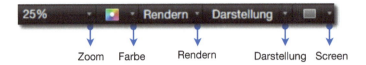

Zoom   Farbe   Rendern   Darstellung   Screen

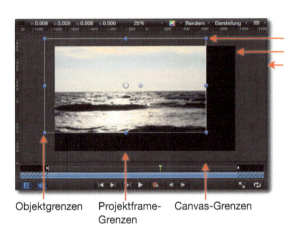

▶ Zoomlevel-Menü

Bevor Sie einen Zoomlevel setzen, seien Sie sich sicher, dass Sie die unterschiedlichen Größen verstehen:

 Größe des Canvas: Dies ist die Größe des Fensterbereichs. Sie können ihn mit der normalen Fenster-Steuerungen (ziehen an der linken unteren Ecke des Fensters) verändern.

 Größe des Projekt-Frames: Dies ist die eigentliche Größe des Video-Frames Ihres Projekts, also das, was Sie sehen, wenn Sie das Projekt exportieren und im Quicktime-Player betrachten.

 Größe eines Objekts: Bedenken Sie, dass ein Objekt größer sein (oder werden) kann als der eigentliche Projekt-Frame. Die Außenkante erweitert sich in den Canvasbereich, aber nur der Teil innerhalb des Projekt-Frames wird sichtbar sein (außer, Sie haben im Canvas-Menü „Volldarstellungsbereich anzeigen" ausgewählt).

Objektgrenzen   Projektframe-Grenzen   Canvas-Grenzen

Die unterschiedlichen Zoomlevel in diesem Einblendmenü verändern die Anzeige des Projekt-Frames, damit man in einen Bereich hinein zoomen kann um feinere Anpassungen an einem Objekt vorzunehmen. Die Größe des Canvas bleibt unverändert.

Das Menü enthält acht Standard-Zoomlevel plus den „Anpassen"-Befehl. Dieser vergrößert oder verkleinert den Projekt-Frame passend zum vorhandenen Canvas.

Sie können die zwei-Finger-Geste auf dem Trackpad verwenden, um ein- und auszuzoomen. Auch die Tastaturbefehle **cmd+minus** oder **cmd+plus** und die Befehle **Darstellung > Vergrößern**, **Darstellung > Verkleinern** funktionieren. In diesem Fall wird der aktuelle Zoomlevel (kein Standardwert) über den Standardwerten angezeigt. Mit dem Tastaturbefehl **alt+Z** zoomen Sie auf 100%.

▶ Farbkanäle-Menü

In diesem Menü können Sie auswählen, welche Farbkanäle angezeigt werden. Die gleichen Befehle finden Sie unter **Darstellung > Kanäle >**.

Der Begriff *Hintergrund* beschreibt den Bereich in Ihrem Projekt, der nicht durch ein Ebenenobjekt abgedeckt ist.

 Farbe: Zeigt den Hintergrund in der Farbe, die in den Projekteigenschaften festgelegt wurde.

 Transparent: Zeigt den Hintergrund als Schachbrettmuster (nur, wenn die Projekteigenschaften auf transparent eingestellt wurden).

 Alpha-Überlagerung: Zeigt den Hintergrund rot.

 "einzelne Kanäle": Mit den anderen Einstellungen können Sie einzelne Kanäle auswählen. Das Menü-Symbol im Canvas ändert sich sofort, um anzuzeigen, was ausgewählt ist.

► **Rendern-Menü**

Die computergenerierten Objekte und Effekte in Ihrem Projekt müssen tatsächlich durch einen Computer generiert werden. Dieser Vorgang des Vornehmens der notwendigen Berechnungen wird „rendern" genannt. Der Prozessor Ihres Computers muss alles in Echtzeit berechnen und je mehr Objekte und Effekte Sie hinzufügen, desto mehr hat Ihre CPU zu leisten. Abhängig davon, wie gut Ihr Computer ausgestattet ist, wird irgendwann der Punkt erreicht sein, wo er sich abmüht, um alle Berechnungen in Echtzeit zu schaffen.

Durch die verschiedenen Optionen in diesem Menü können Sie Kompromisse schaffen. Sie können festlegen, wie gut die computergenerierte Qualität für eine leichtere Bearbeitung Ihres Projekts im Canvas aussieht. Die „*Eigene...*"-Option öffnet ein Fenster, in dem Sie detaillierte Einstellungen vornehmen können. Beachten Sie, dass sich diese Einstellungen nur auf die Ansicht im Canvas, nicht aber auf die exportierte Projektdatei beziehen.

Die Befehle im Einblendmenü finden Sie auch im Hauptmenü unter **Darstellung > Auflösung / Qualität / Render-Optionen**

- *Auflösung*: Setzt die angezeigte Auflösung auf Voll, Halb und Viertel. Zusätzlich dazu verringert die Einstellung „Dynamisch" die Bildqualität während der Wiedergabe, beim Scrubben oder beim Modifizieren von Objekten im Canvas.

- *Qualität*: Setzt die unterschiedlichen Stufen der Renderqualität.

- *Render-Optionen*: In diesem Bereich können Sie verschiedene Elemente in Ihrem Projekt, die den Prozessor stark belasten, ausschalten.

► **Darstellung und Überlagerungen-Menü**

In diesem Menü können Sie Hilfslinien und Steuerungen im Canvas aktivieren. Natürlich werden diese nicht exportiert.

All diese Einstellungen finden Sie auch unter dem Menüpunkt **Darstellung >**

Die meisten Menüpunkte sind selbsterklärend oder Sie können Sie einschalten, um zu sehen, wofür sie sind. Hier ein paar, die vielleicht einer Erklärung bedürfen.

- *Überlagerungen anzeigen*: Hiermit werden alle Überlagerungen wie mit einem Master-Schalter aktiviert oder deaktiviert.

- *Hilfslinien / Dynamische Hilfslinien*

  Motion unterscheidet zwischen zwei Arten von Hilfslinien

  - *Dynamische Hilfslinien*: Sie können ein Objekte an verschiedenen Dingen wie z.B. einer beliebige Kante, der Position eines Objekts im Canvas oder an symmetrische Linien im Canvas (Mitte, Halb etc.) ausrichten.

  - *Hilfslinien*: Dies sind manuelle Hilfslinien, die Sie frei auf Ihrem Canvas platzieren und als Referenz zum Ausrichten der Objekte verwenden können.

    Sie können den Einrasten-Modus mit dem Menübefehl **Darstellung > Einrasten** oder dem Tastaturbefehl **N** aktivieren, damit die Objekte an einer dieser Hilfslinien einrastet. Wenn Sie die Befehlstaste dabei drücken, werden die Hilfslinien deaktiviert und beim Loslassen der Taste rasten sie wieder ein. Dieser Einrasten-Modus hat nichts mit dem Einrasten-Modus in der Timeline zu tun.

Hilfslinien erstellen

Sie können Hilfslinien erstellen, indem Sie sie aus der linken oberen Ecke des Canvas herausziehen. Ziehen am linken Lineal erzeugt eine vertikale Hilfslinie, Ziehen am vertikalen Lineal eine horizontale. Ziehen aus der oberen linken Ecke des Canvas erstellt beide Linien mit dem Kreuzungspunkt an der Mausposition. Ein kleines Infofenster zeigt die Koordinaten an.

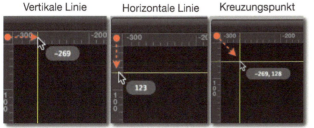

Vertikale Linie   Horizontale Linie   Kreuzungspunkt

Sie können vorhandene Hilfslinien durch Ziehen der Linie im Linealbereich verschieben. Zurückschieben in die linke obere Ecke löscht sie mit einem kleinen Rauchwölkchen.

Die Lineale müssen für diese Vorgänge eingeschaltet sein.

Der Hauptmenü-Befehl **Darstellung > Hilfslinien >** öffnet ein Untermenü, welches zusätzliche Befehle wie Schützen, Entfernen und Hinzufügen beinhaltet.

Einstellungen für den Canvas

Das Canvas-Tab im Einstellungen-Fenster enthält viele Steuerungen und Menüs für das Aussehen und Verhalten des Canvas.

Einstellungen > Canvas > Ausrichtung

Einstellungen > Canvas > Zonen

- Die 3D-betreffenden Menüelemente sind nur verfügbar, wenn im 3D-Raum gearbeitet wird. Diese behandle ich im Kapitel über 3D-Bearbeitung.

- *Seitenverhältnis korrekt darstellen*: Hiermit wird das Pixel-Seitenverhältnis ausgeglichen. Es bezieht sich nur auf die Darstellung im Canvas, nicht aber auf das exportierte Projekt.

- *Volldarstellungsbereich anzeigen*: Mit dieser Option wird auch der Teil einer Objektebene sichtbar, der außerhalb des sichtbaren Projekt-Frames liegt. Deaktivieren Sie dies, um Prozessorleistung zu sparen.

- *Drop-Zones verwenden*: Wenn Sie spezielle Drop-Zone-Objekte in Ihrem Projekt nutzen, können Sie mit dieser Einstellung Objekte direkt darauf ziehen.

- *Werkzeuginformationen einblenden*: Hierdurch wird eine Information eingeblendet, die die Nummer des Kontrollpunktes einer Form anzeigt, wenn Sie mit der Maus darüber fahren.

- *Standarddarstellung sichern*: Sichert den Status der oben aufgeführten Einstellungen dieses Menüs für einen erneuten Programmstart von Motion.

► **Layout-Menü (Screen)**

In diesem Menü kann der Canvasbereich so aufgeteilt werden, dass Ihr Projektframe nicht nur einmal, sondern mehrfach in verschiedenen Anordnungen gezeigt wird. Beachten Sie, dass all diese Rahmen das gleiche Projekt, das, an dem Sie arbeiten, anzeigen. Es können jedoch alle Canvas-Einstellungen aus den Menüs, die wir uns angeschaut haben, für jeden angezeigten Rahmen individuell eingestellt werden.

Klicken Sie auf einen Rahmen um ihn auszuwählen. Er hat dann einen gelben Rand. Nur der ausgewählte Rahmen ist aktiv und spielt Ihre Komposition ab, wenn Sie die Play-Taste drücken.

Diese Multi-View-Layouts sind besonders dann hilfreich, wenn Sie im 3D-Modus verschiedene Kamerablickwinkel anzeigen möchten.

Werkzeuge

Nachdem wir nun die drei Fensterelemente, in denen Sie Ihr Projekt betrachten und bearbeiten können (plus Fenster Nr. 4, dem Informationenfenster) behandelt haben, lassen Sie uns einen Schritt zurückgehen und nochmals das weiter vorne stehende Kapitel über das Hinzufügen von Objekten zu Ihrem Projekt aufnehmen.

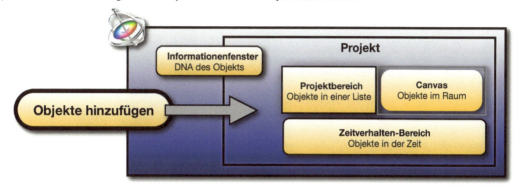

Es gibt zwei Wege, um dem Projekt ein neues Objekt hinzuzufügen:

💡 **Hinzufügen von vorhandenen Objekten**

   Mediendateien oder computergenerierte Grafiken aus der Motion-Bibliothek oder von Ihrer Festplatte hinzufügen.

💡 **Erstellen neuer Objekte**

   Motion beinhaltet Werkzeuge, mit denen Sie von Grund auf neue Objekte erstellen können.

In diesem Kapitel konzentrieren wir uns auf die Werkzeuge, mit denen neue Objekte erstellt werden können und auf solche, mit denen Objekte bearbeitet werden können.

Der erste Platz, an dem wir danach suchen werden, ist natürlich die Werkzeugleiste. Die beiden Tasten-Gruppen ganz rechts sind für das Hinzufügen von Objekte zu Ihrem Projekt und dem Anwenden von Objekten (Filter, Verhalten) auf andere Objekte. Was uns jetzt jedoch mehr interessiert, sind die beiden Gruppen auf der linken Seite: Objekte bearbeiten ❶ und Objekte erstellen ❷.

Was sind Werkzeuge?

Ein Werkzeug wird durch eine Taste auf der Benutzeroberfläche repräsentiert, auf die Sie klicken, um eine bestimmte Funktion auszuwählen. Das ändert nicht nur das Aussehen und die Funktion des Maus-Cursors, sondern auch die Bildschirmsteuerelemente im Canvas. Durch das Auswählen einer anderen Taste (oder durch Tastaturbefehle) können Sie, abhängig davon, welche Art von Aufgabe Sie als nächstes erledigen wollen, zwischen diesen Werkzeugen wechseln. Diese verschiedenen Werkzeuge werden benötigt, um Objekte mit Bildschirmsteuerelementen direkt im Canvas zu bearbeiten, anstatt nur deren Parameterwerte im Informationenfenster einzugeben.

Es ist immer wichtig, sich darüber klar zu sein, welches das aktuell ausgewählte Werkzeug ist, denn Sie müssen wissen, was passiert, wenn Sie Elemente anklicken oder verschieben. Behalten Sie die ausgewählte Werkzeugtaste (blau) im Auge und schauen Sie auf die (dynamische) Veränderung der Art des Cursors. Achten Sie aber auch auf das unterschiedliche Aussehen der Bildschirmsteuerelemente (Griffe, Kontrollpunkte, Linien etc.)

❶ **Werkzeuge zum Bearbeiten von Objekten**

   Das sind verschiedene Werkzeuge, die hauptsächlich im Canvas für die Bildschirmsteuerelemente verwendet werden. Dies ist ein visueller und direkter Weg, um mit dem eigentlichen Objekt zu arbeiten, anstatt Nummern im Informationenfenster einzugeben und dabei herauszufinden, wie sich das Aussehen des Objekts im Canvas verändert.

❷ **Werkzeuge zum Erstellen von Objekten**

   Bei diesen Werkzeugen können Sie die Maus als Zeichenwerkzeug zum Erstellen unterschiedlicher Arten von Objekten verwenden. Wenn Sie diese Werkzeuge häufig verwenden, könnte die Benutzung eines Grafiktabletts sinnvoller sein als das Arbeiten mit der Maus.

Bearbeitungswerkzeuge

Diese Gruppe hat drei Tasten, wobei zwei davon wie Einblendmenüs mit weiteren Werkzeugen darin funktionieren. Die Werkzeuge sind objektsensitiv, was bedeutet, dass sie nur auswählbar sind, wenn sie Funktionen für das aktuell ausgewählte Objekt unterstützen. Ansonsten sind sie deaktiviert (grau).

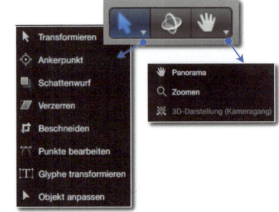

Sie können beliebige Bearbeitungen während der Wiedergabe Ihrer Komposition (als Endlosschleife) vornehmen und somit Änderungen sofort sehen.

Anstatt alle Werkzeuge nur aufzulisten und deren Funktion zu beschreiben, füge ich einen Screenshot des Canvas hinzu, der die Bildschirmsteuerelemente, die gleichzeitig mit dem Werkzeug wechseln, zeigt. Die Bildschirmsteuerelemente entsprechen den eigentlichen Parameterwerten. Deshalb denke ich, dass es wichtig ist, einen Screenshot des Informationenfensters zu haben, um zu zeigen, welche Parameterwerte berührt werden, wenn ein Objekt visuell verändert wird.

Un noch eine weitere Sache: Die verschiedenen Werkzeuge verändern die Funktion des Cursors für die Bildschirmsteuer-elemente im Canvas. Wenn Sie die Maus in anderen Bereichen der Benutzeroberfläche verwenden, funktioniert sie normal. Sie können trotzdem unabhängig vom ausgewählten Werkzeug Elemente auswählen oder Werte ändern.

2D-Transformation

Die erste Taste öffnet ein Einblendmenü, das acht verschiedene Werkzeug enthält, die hauptsächlich für das Verändern von 2D-Objekten gedacht sind.

Der Zugriff mittels Tastaturbefehle ist etwas gewöhnungsbedürftig.

 Der Tastaturbefehl S wählt das gerade sichtbare Werkzeug aus, also das, welches als letztes aus dem Menü ausgewählt wurde.

 Danach nutzen Sie die Tab-Taste, mit der Sie schrittweise durch die acht Werkzeuge gehen können. Manchmal ist aber auch die zweite Taste rechts daneben, das 3D-Transformieren-Werkzeug ebenfalls in der Reihe (hinter dem Transformieren-Werkzeug) enthalten. Wenn das 3D-Transformieren-Werkzeug zuletzt ausgewählt war und Sie den Tastaturbefehl S verwenden, wählt er dieses Werkzeug aus (obwohl es seinen eigenen Tastaturbefehl Q hat). Reihenfolge: Transformieren - **3D Transformation** (!) - Ankerpunkt - Schattenwurf - Verzerren - Beschneiden - Punkte bearbeiten - Glyphe transformieren - Objekt anpassen.

 Sh+Tab geht rückwärts durch das Menü.

 Sh+S wechselt direkt zum Transformieren-Werkzeug, ohne den ganzen Kreis durchzugehen.

 Ein Doppelklick auf die Werkzeugtaste wechselt ebenfalls direkt zum Standard-Transformieren-Werkzeug.

Das ist das Standardwerkzeug. Die Objektgriffe sind blaue Kreise.

- **Position**: Ziehen des Objekts
- **Rotation**: Ziehen des Rotations-griffs. Je weiter Sie von der Mitte entfernt sind, desto feiner sind die Veränderungen. Sh+Ziehen begrenzt auf 45°-Winkel.
- **Skalieren**: Ziehen an den Griffen. Sh+Ziehen behält das Seitenverhältnis bei, alt+Ziehen bewegt beide Seiten gleichzeitig.

Informationen > Eigenschaften > Transformieren

Informationen > „Objekt" > Geometrie > Standard-Geometrie

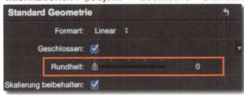

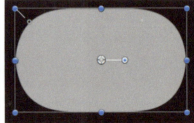

- **Rundheit**: Ziehen am kleinen Griff in der oberen linken Ecke ändert die Rundung. Diesen Parameter finden Sie im Geometrie-Tab.

 **Ankerpunkt**

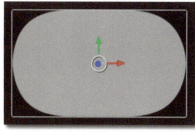

Wenn ausgewählt, erscheint eine Bildschirmsteuerung für das ausgewählte Objekt, mit dem Sie den Ankerpunkt in eine beliebige Richtung (x,y,z) **ziehen** können. Der Ankerpunkt wird als Rotations- und Skalierungspunkt für ein Objekt verwendet.

- **Ankerpunkt (x, y, z)**: Die Koordinaten zeigen den Wert des Versatzes des Mittelpunkts eines Objekts an. Beachten Sie, dass die absoluten Koordinaten für den Ankerpunkt identisch mit den Koordinaten des Positionswerts sind (siehe unten für weitere Details).

 **Schattenwurf**

Die Objektgriffe sind kleine Kreise.

Ziehen an einem der vier Eckgriffen vom Objekt weg zeichnet den Schatten weich.

Ziehen des Objekts bewegt den weißen Rahmen (nicht das Objekt). Damit werden Abstand und Winkel des Schattens gleichzeitig verändert.

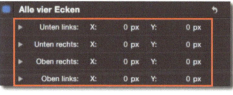

- **Weichzeichnen**: Beachten Sie bitte, dass Sie die Weichheit im Informationenfenster maximal auf 100 setzen können. Mit den Bildschirmsteuerelementen und numerischem Wert können Sie den Schatten noch weicher gestalten.

- **Entfernung / Winkel**: Ziehen am Rahmen entspricht der Entfernung vom Objekt und dem Winkel (0° rechts, 90° oben, 180° links etc.).

 **Verzerren**

Die Objektgriffe sind blaue Vierecke. **Ziehen** an einem dieser Griffe hängt mit den x/y-Koordinaten des „Alle vier Ecken"-Moduls im Informationenfenster zusammen. Das Bewegen einer Ecke lässt die anderen drei Ecken unverändert, wodurch die Geometrie verzerrt wird.

Sh+Ziehen der Seitengriffe begrenzt die Verzerrung horizontal oder vertikal.

- **Unten links - Unten rechts - Oben links - Oben rechts**

 **Beschneiden**

Die Objektgriffe sind blaue Winkel und Rechtecke.

Sie können jede Seite beschneiden.

Sh+Ziehen behält das Seitenverhältnis bei.

Alt+Ziehen verändert auch die gegenüberliegende Seite.

- **Links - Rechts - Unten - Oben**

 Punkte bearbeiten

Informationen > "Objekt" > Geometrie > Steuerpunkte

Das Punkte bearbeiten-Werkzeug zeigt rote Griffe im Canvas an. Das sind die Steuerpunkte (Deshalb wird das Werkzeug „Punkte bearbeiten-Werkzeug" genannt, macht Sinn!?)

Doppelklick auf eine Form wechselt zum Punkte bearbeiten-Werkzeug, egal, welches Werkzeug vorher ausgewählt war.

Durch das Bewegen der Maus über einen Steuerpunkt verändert sich der Cursor zu einem Kreuz und ein kleines Fenster mit der Nummer des Steuerpunkts erscheint.

Sie können mit **alt+Klick** auf die rote Linie weitere Steuerpunkte hinzufügen (der Cursor wechselt zu einer Feder). Der neue Punkt wird sofort im Informationenfenster aufgeführt. Die Nummerierung wird dynamisch vom ersten bis zum letzten Punkt angepasst.

Eine andere Besonderheit ist das Kontextmenü, das Sie mit **ctr+Klick** oder rechtem Mausklick auf einen Steuerpunkt öffnen können. Diese weiteren Befehle sind nicht im Informationenfenster verfügbar.

 Glyphe transformieren

Informationen > "Text" > Format > Erweiterte Formatierung

Dieses Werkzeug ist nur für Textobjekte verfügbar.
Es ist ein 3D-Transformationswerkzeug.

Obwohl Sie das Textobjekt als Ganzes bearbeiten (ganzes Wort, Satz etc.), können Sie hiermit einzelne ausgewählte Buchstaben oder Buchstabengruppen verändern.

Im 3D-Kapitel finden Sie Details über die Nutzung der 3D-Bildschirmsteuerung.

- **Skalieren**: **Ziehen** an einem der acht Griffe ändert die Größe des Buchstabens.
- **Versatz**: **Ziehen** des ausgewählten Buchstabens verschiebt (versetzt) ihn an eine andere Position.
- **Rotation**: Nutzen Sie eine der drei Rotationsachsen (grün, rot, blau), um den Buchstaben im 3D-Raum rotieren zu lassen.

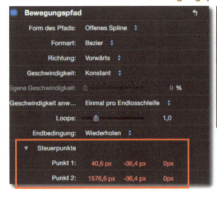 Objekt anpassen

Informationen > Verhalten > Bewegungspfad

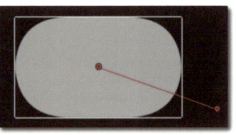

Dieses Anpassen-Werkzeug ist nicht mit einem bestimmten Modul im Informationenfenster oder einer Bildschirmsteuerung verbunden. Es aktiviert Bildschirmsteuerungen für die Veränderung vieler Parameter eines Objekts wie Filter, Verhalten, Generatoren und andere Objekte (wenn Sie z.B. den Mittelpunkt eines Weichzeichnen-Filters anpassen wollen, die Einstellungen für einen Verlauf oder die Form eines Partikel-emitters verändern wollen).

Der Screenshot rechts zeigt als Beispiel das Verhalten „Bewegungspfad".

Hier ist ein Überblick über alle acht Werkzeuge und die dazugehörigen Module im Informationenfenster.

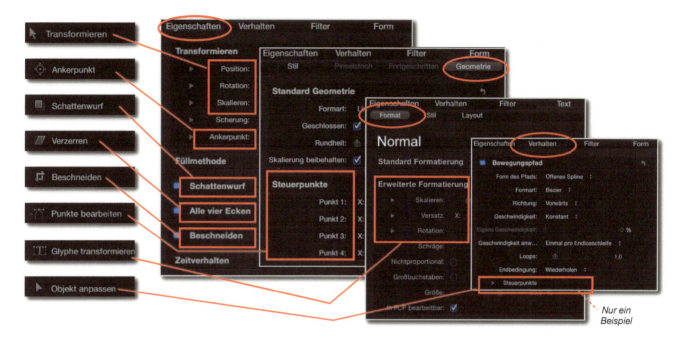

3D-Transformation

 3D-Transformationswerkzeug

Das 3D-Transformationswerkzeug kann in 2D- oder 3D-Räumen verwendet werden. Wenn es aktiv ist, zeigt das ausgewählte Objekt drei Arten von Bildschirmsteuerungen. Der Screenshot unten zeigt ein weißes Rechteck als ausgewähltes Objekt und die Bildschirmsteuerung.

- **Skalieren-Griffe**: Dies sind die gleichen acht blauen Griffe wie beim 2D Transformieren-Werkzeug.
- **Achsen-Pfeile**: Jede Achse wird durch einen farbigen Pfeil dargestellt: x = rot, y = grün, z = blau. Der blaue Pfeil sieht wie ein Punkt aus, da er direkt auf Sie zeigt. Ziehen an einem Pfeil bewegt das Objekt auf dieser Achse. Verschieben der blauen z-Achse funktioniert nur, wenn das Objekt Teil einer 3D-Gruppe ist.
- **Rotationsgriffe**: Diese Griffe sehen wie weiße Kreise aus, die zu Rotationsringen werden, wenn man sie anklickt. Hiermit können Sie das Objekt um jede der drei Achsen drehen.

Neben der Nutzung der **S**-Taste und Klicken durch die Reihe der 2D-Werkzeuge können Sie auch die **Q**-Taste verwenden, um direkt an das 3D-Transformationswerkzeug zu gelangen. Zusätzlich dazu gibt es noch drei weitere Befehle, mit denen Sie zwischen verschiedenen Ansichtsmodi wechseln können. Sie entscheiden darüber, ob nur eine Art von Griffen oder alle drei angezeigt werden sollen.

Tastaturbefehle

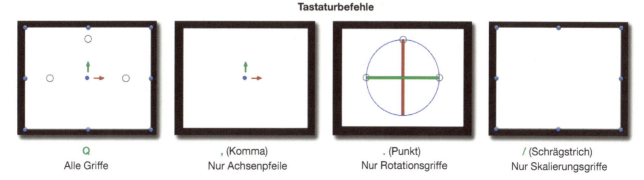

Hier ist ein Beispiel, welches die Funktion der Rotationsgriffe zeigt. Es könnte ein wenig kompliziert sein.

- **z-Achse (blau):** Wenn Sie auf den rechten Rotationsgriff klicken erscheint ein blauer Kreis. Das ist der Rotationspfad, wenn Sie das Objekt um die z-Achse bewegen. Beachten Sie, dass die z-Achse der Ankerpunkt ist, den Sie auch mit dem Anker-Werkzeug verschieben können. Drehen um die z-Achse entspricht dem Rotieren mit dem Drehen-Griff des 2D-Transformations-werkzeugs.

- **x-Achse (rot):** Wenn Sie auf den oberen Rotationsgriff klicken, erscheint eine dicke rote Linie. Das könnte erst einmal verwirrend sein, da die x-Achse durch den (trotzdem sichtbaren) roten Pfeil angezeigt wird. Der Pfeil repräsentiert die x-Achse und die dicke rote Linie ist der aktuelle Rotationspfad um diese x-Achse. Sie schauen direkt darauf und deshalb erscheint er wie eine Linie.

- **y-Achse (grün):** Wenn Sie auf den linken Rotationsgriff klicken, erscheint eine dicke grüne Linie. Das Gleiche passiert hier. Der gerade sichtbare grüne Pfeil repräsentiert die y-Achse und die dicke grüne Linie ist der Rotationspfad um die y-Achse, wenn Sie direkt darauf schauen. Eine Rotationslinie wird gelb, wenn Sie sie „benutzen", also das Objekt um diese Achse drehen.

Hier klicken wählt die z-Achse aus   Rotiert um die z-Achse

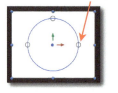 

Hier klicken wählt die x-Achse aus   Rotiert um die x-Achse

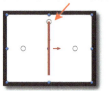 

Hier klicken wählt die y-Achse aus   Rotiert um die y-Achse

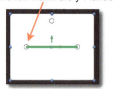 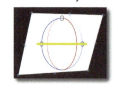

Es gibt eine besondere Tastaturbefehl-Kombination:

Durch Auswahl des 3D-Transformationswerkzeugs werden die drei Achsen-Pfeile angezeigt ❶. Bewegen der Maus mit gedrückter **cmd**-Taste zeigt alle drei Rotationspfade ❷. Halten Sie nun weiterhin die **cmd**-Taste gedrückt. **Ziehen** über einen der Rotationspfade rotiert nur um diese Achse. Jedoch (beim Halten der **cmd**-Taste) und **Ziehen** irgendwo anders, lässt Sie die Rotation frei um alle Achsen herum durch die Bewegung der Maus machen ❸.

❶ 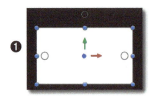   ❷ 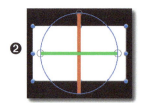   ❸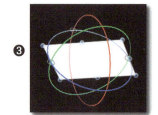

Informationenfenster -> Eigenschaften -> Transformieren

Beachten Sie bitte, dass, abhängig davon, wie komplex die 3D-Bewegung Ihres Objekts sein wird, alle diese Daten durch die x, y und z-Werte für Positions-, Rotations- und Skalierungsparameter im Transformieren-Modul des Informationenfensters repräsentiert werden. Die gleichen Parameter werden im Zeitverhalten-Bereich angezeigt, wenn Sie Keyframes einer Objektanimation aufzeichnen.

Wie wir bereits gelernt haben, ist dies ein typisches Beispiel, das zeigt, wie die drei Bereiche (Projektbereich, Zeitverhalten-bereich, Canvas) Ihre Komposition darstellen, nur eben aus unterschiedlichen Blickwinkeln.

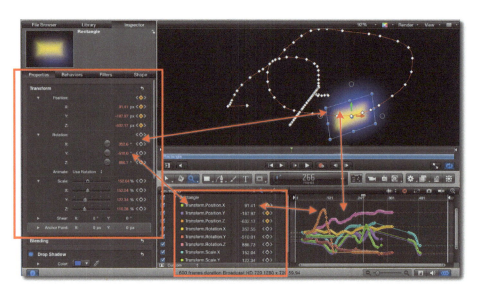

3D-Schwebepalette

Es gibt einen „Nebeneffekt" des 3D-Transformationswerkzeugs. Das Umschalten zum 3D-Transformationswerkzeug verändert auch die Schwebepalette. Sie hat nun unten zusätzlich 3D-Werkzeuge.

Durch **Ziehen** an einer der fünf Tasten können Sie das ausgewählte Objekt im 3D-Raum bewegen.
Das kann sehr beeindruckend sein, da Sie die Mausbewegungen als Keyframes aufzeichnen können.

Werkzeuge für die Darstellung

Der Projekt-Frame liegt normalerweise mittig im Canvas. Sie können ihn jedoch mit diesem Werkzeug verschieben, ohne irgendwelche Objekte innerhalb des Frames zu verändern.

Der Tastaturbefehl **H** wählt das Panorama-Werkzeug aus.

Verschieben mit dem Panorama-Werkzeug positioniert den Projekt-Frame im Canvas.

Leertaste+Verschieben positioniert den Projekt-Frame mit dem normalen Pfeilwerkzeug (ohne Wechseln zum Panorama-Werkzeug).

Doppelklick auf das Panorama-Werkzeug in der Werkzeugleiste setzt den Projekt-Frame zurück auf die Mitte des Canvas.

Es ist wichtig, wo Sie klicken. Das ist der Punkt, in den Sie hinein- oder aus dem Sie herauszoomen (ähnlich wie ein Mittelpunkt für Ihren Zoom). Dieser Punkt wird, während Sie die Maus bewegen, mit einem Kreuz markiert.

Tastaturbefehl **Z** wählt das Zoom-Werkzeug aus.

Ziehen nach links/rechts: Vergrößert oder verkleinert.

Klick: Vergrößert um 50%.

Alt+Klick: Verkleinert um 50%.

Doppelklick auf das Zoom-Werkzeug in der Werkzeugleiste setzt auf die Größe von 100% zurück.

Dies ist ein Werkzeug zum Arbeiten in 3D-Räumen. Wenn eine Kamera ausgewählt ist, können Sie diese Kamera mit den Pfeiltasten oder der Maus ähnlich wie mit Controllern für Videospiele bewegen. Mit gedrückter **alt**-Taste bewegt sich die Kamera langsamer.

Für Szenen-Kameras können Sie diesen Kontroll-Modus benutzen, um die Bewegung als Keyframes aufzuzeichnen.

Weitere Details hierzu finden Sie im 3D-Kapitel.

Werkzeuge zum Erstellen von Objekten

Neben den Bearbeitungswerkzeugen liegen die Tasten für die Erstellen-Werkzeuge. Drei von ihnen haben Einblendmenüs, um dort weitere Werkzeuge aus den Menüs auszuwählen.

Was aussieht wie eine große Auswahl von Objekten, die Sie erstellen können, repräsentiert eigentlich nur zwei Arten von Objekten - *Text* und *Form*.

Anstatt zu erklären, wie all diese „verschiedenen" Objekte erstellt werden, möchte ich erst zeigen, warum es eigentlich nur zwei Arten gibt. Wenn Sie den Unterschied verstanden haben (oder auch, was sie gemeinsam haben), ist es viel einfacher, zu lernen, wie man sie erstellt.

Als Erstes ordne ich die Werkzeuge für einen Gesamteindruck in einer Tabelle.

 Text: Es gibt nur ein Werkzeug, um Text zu erstellen.

 Form: Hier gibt es sechs Arten von Formen und fünf Arten von speziellen Formen, den Formmasken. Formen und Formmasken unterscheiden sich hauptsächlich in Ihrer Funktion als Projektebene. Bezüglich der Erstellung und der Geometrie funktionieren Sie genauso wie die entsprechenden Formen.

	Form	**Taste**			**Formmaske**	**Taste**
	Rechteck	**R**			Rechteckmaske	**alt+R**
	Kreis	**C**			Kreismaske	**alt+C**
	Linie					
	Bezier	**B**			Bezier-Maske	**alt+B**
	B-Spline	**B**			B-Spline-Maske	**alt+B**
	Pinselstrich	**P**			Freihandmaske	**alt+P**
	Text	**Taste**				
	Text	**T**				

Ein paar Dinge sollte man beachten:

- Die Befehl-Taste für jedes Werkzeug kann man sich leicht durch die Anfangsbuchstaben merken (**C**ircle = Kreis). Die Formmasken nutzen die selbe Taste mit zusätzlich gedrückter alt-Taste.

- Das Bezier-Werkzeug und das B-Spline-Werkzeug teilen sich den selben Tastaturbefehl. Er funktioniert wie ein Schalter. Jedes Mal, wenn Sie drücken, wählen Sie das jeweils andere Werkzeug aus.

- Das Pinselstrich-Werkzeug bei den Formen und die Freihandmaske bei den Formmasken teilen sich den gleichen Buchstaben, da eine mit einem Pinselstrich erstellte Form nichts anderes ist, als eine Form „freihändig" zu erstellen.

Grundlagen

Um zu erklären, wie eine einfache Form erstellt wird, machen wir einen kleinen Umweg über die Mathematik und betrachten ein paar Grundlagen.

Jede zweidimensionale Form wird durch zwei Basis-Parameter definiert.

- **Kontrollpunkte:** Die x/y-Koordinaten
- **Linien**: Die Linien, die einen Kontrollpunkt mit dem nächsten verbinden.

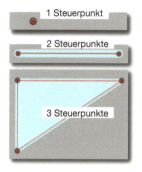

Über Kontrollpunkte:

- Ein Kontrollpunkt: Eine Form mit nur einem Kontrollpunkt ist nur eine Koordinate (ohne eine Linie).

- Zwei Kontrollpunkte: Eine Form mit zwei Kontrollpunkten ist ein Liniensegment, eine eindimensionale Form.

- Drei oder mehr Kontrollpunkte: Mindestens drei Kontrollpunkte sind notwendig, um eine zweidimensionale Form zu erstellen.

Über Linien

Die Linien, die die Kontrollpunkte verbinden, können unterschiedliche Formen haben:

- *Lineare Linie*: Das ist die einfachste Form, wenn Sie eine gerade Linie zwischen zwei Kontrollpunkten ziehen möchten.

- *Bezier-Kurve*: Hier ist die Linie zwischen den Kontrollpunkten basierend auf einer speziellen mathematischen Funktion gebogen. Anstatt Werte in eine komplexe Formel einzugeben, um die Form der Kurve zu verändern, haben Grafikprogramme wie Motion einfach zu handhabende Steuerungsgriffe, mit denen die Kurve visuell bearbeitet werden kann.

- *B-Spline-Kurve*: Hier ist die Linie zwischen zwei Kontrollpunkten basierend auf einer anderen mathematischen Funktion ebenfalls gebogen. Wiederum werden hier, anstatt Werte einzugeben, Steuerelemente genutzt, um die Kurve zu verändern. Das Besondere an dieser Kurve ist, dass sie nicht durch die Kontrollpunkte geht.

- *Rundheit*: Das ist ein anderer Parameter, der auf dem Bildschirm die Ecken einer Form verändert. Er rundet die Kurvenlinien an einem Kontrollpunkt für rundere Ecken ab. Das betrifft alle Ecken gleichzeitig!

Linear	Bezier-Kurve	B-Spline-Kurve	Rundheit
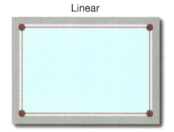	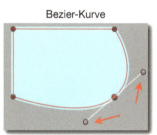	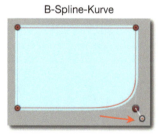	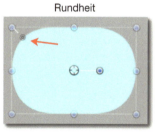

Füllung - Kontur

Unabhängig von der Geometrie benötigt eine Form eines der folgenden zwei Attribute. Geben Sie der Form eine Kontur oder füllen Sie den inneren Bereich.

Offene / geschlossene Form

Die Kontrollpunkte einer Form sind in Ihrer Reihenfolge durchnummeriert. Es gibt immer einen ersten und einen letzten Punkt. Wenn Sie den letzten mit dem ersten Punkt verbinden, haben Sie eine geschlossene Form. Wenn nicht, haben Sie eine offene Form, die wichtig ist, wenn Sie Konturen erstellen und/oder ein paar andere Operationen vornehmen wollen.

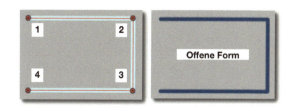

Informationenfenster - Form

Schauen wir uns jetzt die Motion-Benutzeroberfläche an und wo dort die Parameter liegen, die eine Form definieren.

💡 **Objektart**: Als Erstes schauen wir im Informationenfenster auf das vierte Tab ❶. Dieses Tab kann seinen Namen verändern und zeigt die Art des gerade ausgewählten Objekts an. Es zeigt für jedes Objekt, das mit einem der sechs Werkzeuge (Rechteck, Kreis, Linie, Bezier, B-Spline, Pinselstrich) erstellt worden ist, dessen „Form" an. Das unterstützt meine Theorie, das diese Werkzeuge die gleiche Art von Objekt erstellen, nur mit unterschiedlichen Parametern.

Das Form-Objekt ist das einzige Objekt (neben dem Text-Objekt und dem Projekt-Objekt), das zusätzliche Sub-Tabs im Informationenfenster hat.

Geometrie-Tab

Obwohl es das letzte Tab ist, ist es das wichtigste, da es alle Parameter für die grundlegenden Attribute einer Form beinhaltet.

Informationen > Form > Geometrie

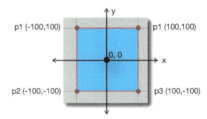

▶ **Kontrollpunkte** ❷

Auf der vorherigen Seite habe ich angegeben, dass jede Form durch zwei Parameter, den Kontrollpunkten und den Verbindungslinien, definiert ist. Im Bereich Geometrie finden Sie die ersten Parameter.

💡 **Kontrollpunkte**: Das ist die Liste der Kontrollpunkte und deren x/y-Koordinaten. Je mehr Kontrollpunkte vorhanden sind, desto länger wird die Liste.

Achtung:

> Die x/y-Koordinaten für die Kontrollpunkte beziehen sich nicht auf Ihr Kompositionsraster.

Wenn Sie zum Beispiel drei unterschiedliche Rechtecke in Ihrem Projektframe erstellen (obere linke Ecke, untere linke Ecke und Mitte rechts außen) und alle die gleiche Größe 200 x 200 Pixel haben, werden alle Kontrollpunkte die gleichen Koordinaten tragen p1(-100,100), p2(-100,-100), p3(100,-100), p4(100,100).

Der Grund dafür ist, dass die Koordinaten, unabhängig von der Position im Projektframe der aktuellen Komposition, den Kontrollpunkt der Form als solches definieren. Es entspricht der Platzierung des Objekts in einem umgebenden Rahmen mit dem Mittelpunkt an der Kreuzung zwischen x- und y-Achse (x=0, y=0).

▶ **Basis-Geometrie** ❸

Dieses Modul enthält Einstellungen für die zweiten Parameter, die Verbindungslinien.

💡 **Formart**: Das ist der Parameter, der die Art der Linie, die die Kontrollpunkte verbindet, festlegt. Ein Einblendmenü beinhaltet drei Auswahlmöglichkeiten. Es ist wichtig, zu wissen, dass dabei nicht die Kontrollpunkte, sondern nur die Form der Linien bzw. Kurven, die die Kontrollpunkte verbinden, berührt werden.

- Sie können beliebig zwischen den drei Formarten wechseln. Sie erinnern sich sogar an jede Veränderung, die Sie direkt mit den Steuerelementen auf dem Screen gemacht haben.

- Beachten Sie, dass auch die Bildschirm-Steuerelemente die Auswahl verändern können. Wenn sie auf linear gesetzt sind und Sie ändern eine Ecke einer Form mit einem Bildschirm-Steuerelement, dann wechselt das Einblendmenü zu der Option „Bezier".

💡 **Geschlossen**: Bei angehakter Checkbox wird der letzte mit dem ersten Kontrollpunkt verbunden.

💡 **Rundheit**: Wie ich schon zuvor erwähnt hatte, bezieht sich dieser Schieberegler auf alle Ecken der aktuell ausgewählten Form. Er kann auch bei Pinselstrichen verwendet werden, um Kanten weichzuzeichnen.

Stil-Tab

Dieses Sub-Tab enthält die Füllung- ❶ und die Kontur-Module ❷ mit deren Parametern und einem Formstil-Einblendmenü ❸ im oberen Bereich.

Der wichtigste Parameter ist der Pinseltyp im Kontur-Modul, der verschiedene Auswirkungen hat. Er beinhaltet ein Einblendmenü mit drei Optionen ❹, die festlegen, was zum Zeichnen der Konturlinie der Form verwendet wird.

Ebenenliste

Füllung ist aus   Füllung ist an

▶ **Füllung**

Diese Modul hat etwas Besonderes. Abhängig davon, ob es ein- oder ausgeschaltet ist, berührt es das Symbol in der Ebenenliste des Objekts. Wenn es eingeschaltet ist ❺, sieht das Objekt wie eine Form mit Bezier-Griffen aus und wenn es ausgeschaltet ist ❻, verändert sich das Symbol in einen Pinsel, der anzeigt, dass Sie das Objekt als Kontur benutzen.

▶ **Kontur**

Das Kontur-Modul hat eine große Vielfalt von Parametern. Das ist deshalb so, da Sie gerade mit Konturen oder komplexen Freihand-Linien sehr kreativ umgehen können. Erinnern Sie sich, dass Linien, die für eine Illustration gezeichnet werden, technisch gesehen nichts anderes als Formen sind.

Der erste Parameter ist der wichtigste:

Informationen > Form > Stil

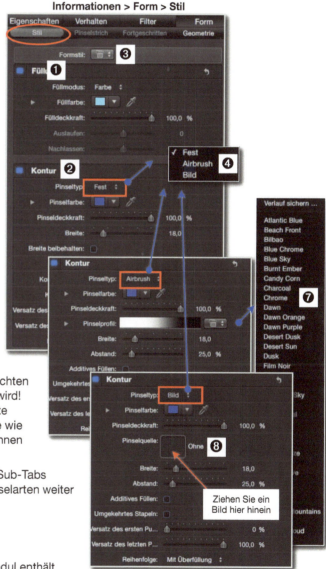

💡 **Pinselart** ❹

💡 **Fest**: Eine Farbe wird für die Kontur benutzt.

💡 **Airbrush**: Diese Option schalte automatisch das Füllung-Modul aus! Die verfügbaren Parameter im Kontur-Modul verändern sich, damit die Airbrush-Art eingestellt werden kann. Im Pinselprofil-Einblendmenü ❼ können Sie zwischen verschiedenen Vorlagen wählen und auch eigene Einstellungen als Vorlagen speichern.

💡 **Bild**: Mit dieser Option können Sie ein beliebiges Bild als Quelle auswählen, mit der Sie die Kontur zeichnen. Das eröffnet unendliche Möglichkeiten zusätzlich zu dem Erstellen einer einfachen Form. Beachten Sie, dass auch hier das Modul Füllung ausgeschaltet wird! Sie können jede Bildebene aus der Projektebenen-Liste direkt auf das Pinselquelle-Feld ❽ ziehen. Jede Ebene wie Bildsequenzen, Quicktime-Filme, Text und Formen können als Pinselquelle verwendet werden.

Wenn Airbrush oder Bild ausgewählt sind, werden die beiden Sub-Tabs „Pinselstrich" und „Fortgeschritten" aktiv, in denen Sie die Pinselarten weiter anpassen können.

💡 **Formstil** ❸

Dieses Einblendmenü über dem Füllung-Modul enthält Voreinstellungen für das Füllung- und das Kontur-Modul.

Sie sind nach Themen geordnet und die meisten davon beziehen sich auf den Pinseltyp „Bild".

Die letzten beiden Voreinstellungen in der Liste ❾ ändern den Pinseltyp zurück zu „Fest" oder „Airbrush".

Sie können auch Ihre eigenen Formstil-Einstellungen speichern.

Hier ist nochmals eine Liste mit allen sechs Formstilen und deren unterschiedlichen Einstellungen. Denken Sie an diese verschiedenen Werkzeuge als Voreinstellungen mit bestimmten Parameter-Gruppen, die gesetzt werden, wenn Sie eine Form mit diesem Werkzeug erstellen.

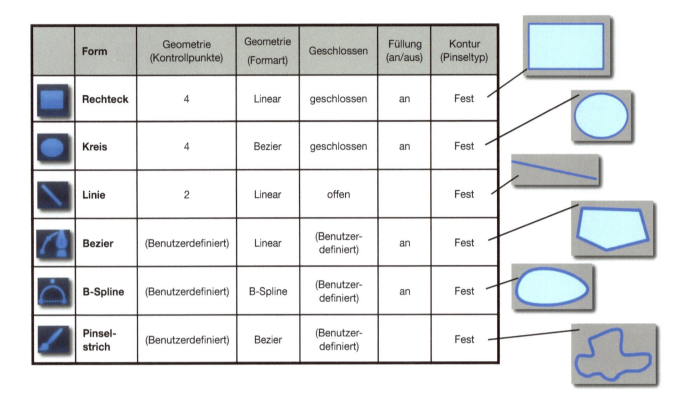

	Form	Geometrie (Kontrollpunkte)	Geometrie (Formart)	Geschlossen	Füllung (an/aus)	Kontur (Pinseltyp)
	Rechteck	4	Linear	geschlossen	an	Fest
	Kreis	4	Bezier	geschlossen	an	Fest
	Linie	2	Linear	offen		Fest
	Bezier	(Benutzerdefiniert)	Linear	(Benutzerdefiniert)	an	Fest
	B-Spline	(Benutzerdefiniert)	B-Spline	(Benutzerdefiniert)	an	Fest
	Pinselstrich	(Benutzerdefiniert)	Bezier	(Benutzerdefiniert)		Fest

Hier ein paar Dinge, die Sie beachten sollten:

- Ein Kreis ist nichts anders als eine Form mit vier Kontrollpunkten, bei der die Linien Bezier-Kurven sind.
- Mit dem Bezier- und dem B-Spline-Werkzeug können Sie beliebig viele Kontrollpunkte durch Klicken in den Canvas erstellen. Durch das wiederholte Klicken auf den ersten Kontrollpunkt wird am Ende die Form geschlossen.
- Auch mit dem Pinselstrich-Werkzeug können Sie beliebig viele Kontrollpunkte setzen. Anstatt jedoch jeden einzelnen Kontrollpunkt mit einem Klick zu erstellen, zeichnen Sie eine Linie und Motion erstellt die erforderlichen Kontrollpunkte, um die Linie zu definieren. Wenn Sie Kurven statt Linien zeichnen, werden diese Freihand-Striche in Bezierkurven umgerechnet.
- Das Bezier-Werkzeug erstellt standardmäßig keine Bezier-Form. Die Linien zwischen den Kontrollpunkten sind linear. Sobald Sie die erste Ecke anpassen (**cmd+Ziehen** eines Kontrollpunktes) verändert sich die Form in eine Bezierform.
- Das Füllung-Modul ist normalerweise für Linien und Pinselstriche ausgeschaltet. Das ist sinnvoll, da Sie ja beabsichtigen, eine Linie zu zeichnen und keine zweidimensionale Form.
- Der Pinseltyp ist für alle Formarten immer auf „Fest" eingestellt. Sie können zu „Airbrush" oder „Bild" wechseln, aber beachten Sie, dass dabei das Füllung-Modul ausgeschaltet wird (wenn es aktiviert war).

Drei Parameter-Gruppen

Wenn Sie Formen (und andere Objekte) in Ihrer Komposition verändern, haben Sie eine überwältigende Vielzahl von verfügbaren Parametern, wovon Sie jeden durch direktes Anpassen der numerischen Werte im Informationenfenster (die mathematische Art) oder durch Bildschirmsteuerelemente (die visuelle Art), die automatisch die dazugehörigen numerischen Werte ändern, anpassen können.

Mit all diesen Parametern ist es leicht, sich sogar in einem weniger umfangreichen Projekt zu verlieren. Wie ich schon am Anfang erwähnt hatte, kann Ihr Projekt sehr schnell komplex werden. Wenn Sie mit vielen Elementen arbeiten, ist es normalerweise sinnvoll, diese zu gruppieren oder eine Hierarchie zu erstellen. Das Gleiche gilt für Parameter. Sie bekommen einen besseren Überblick und verstehen die Verbindungen und Beziehungen zwischen den Parametern besser. Und genau das möchte ich jetzt versuchen zu tun. Ich möchte die Hauptparameter in drei Gruppen zusammenfassen.

Die Hauptparameter eines Objekts in Ihrer Komposition können in drei Gruppen zusammengefasst werden:

☑ Definieren des Objekts

☑ Platzieren des Objekts

☑ Verändern des Objekts (optional).

➡ Definieren des Objekts

Das ist die erste Stufe, das rohe Objekt. An diesem Punkt bereiten Sie das Objekt vor. Es ist isoliert von seiner Funktion in der eigentlichen Komposition. Alle Parameter im Objekt-Tab des Informationenfensters beziehen sich auf diese Gruppe. Diese Parameter manipulieren das Objekt (Form, Text, Bild etc.) als solches.

Die meisten Parameter in dieser Gruppe gibt es für Form- und Textobjekte, da dies computergenerierte Objekte sind, wo die einzelnen Parameter in Echtzeit erstellt und verändert werden. Zum Beispiel kann ein Bild (basierend auf einer Mediendatei), welches einen Kreis darstellt oder ein Text nicht so verändert werden, dass es ein Dreieck bzw. eine andere Schrift darstellt.

Die wichtigsten (und zugleich verwirrenden) Parameter sind die Kontrollpunkte und deren Parameter in dieser Gruppe.

In diesem Kapitel habe ich zuvor schon betont, dass die x/y-Koordinaten der Kontrollpunkte nicht mit Ihrem Kompositionsraster übereinstimmen. Hier ist ein Beispiel mit zwei Screenshots.

Dieses Projekt hat zwei Quadrate mit den Abmessungen 160x160 Pixel.

Screenshot 1

Das ausgewählte Quadrat im ersten Screenshot liegt in der Mitte des Projektframes. Sie können dessen Koordinaten auf dem x-Achsen- und dem y-Achsen-Lineal ablesen. Diese Koordinaten sind identisch mit den Koordinaten der Kontrollpunkte der Form.

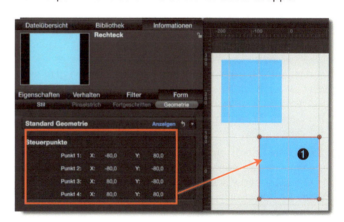

Screenshot 2

Jetzt ist das obere Quadrat ausgewählt und dessen Koordinaten sind natürlich anders. Wenn Sie jedoch auf die Koordinaten im Informationenfenster schauen, sehen Sie, dass Sie unverändert sind.

Das zeigt, dass die Koordinaten der Kontrollpunkte im Informationenfenster nichts mit der eigentlichen Platzierung im Projekt, den Koordinaten im Projektframe, zu tun haben. Die Kontrollpunkte sind unabhängig vom Projekt. Die Platzierung des Objekts im ersten Screenshot ist eine Ausnahme, da das Objekt zentriert auf den Koordinaten 0/0 im Projekt liegt.

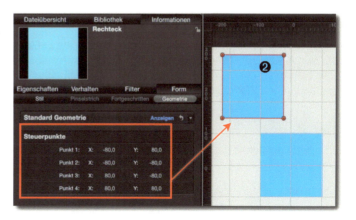

➡ **Platzieren des Objekts**

Alle Parameter, die sich auf diese Gruppe beziehen, platzieren das Objekt (die Art, wie es vorbereitet wurde) im Projektframe.

Es gibt drei Parameter, die die anfängliche Platzierung des Objekts festlegen. Sie verändern nicht die ursprüngliche Form (die voreingestellten Kontrollpunkt-Koordinaten), sondern entscheiden **wie** und **wo** das Objekt im Projektframe platziert wird. Diese drei Parameter sind die Position, der Ankerpunkt und die Rotation.

💡 **Position**

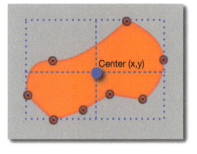

Der Parameter Position hat die Koordinaten x,y und z (z ist nur in 3D-Räumen relevant). Sie repräsentieren den Mittelpunkt eines imaginären Rechtecks, das so um das Objekt herum liegt, dass es die äußersten Punkte rechts, links, oben und unten einschließt. Somit ist es unwichtig, wie asymmetrisch oder unförmig das Objekt ist, da der äußere Rahmen immer ein Rechteck ist. Die Positionskoordinaten liegen in der Mitte des Rechtecks (und des darin liegenden Objekts) an einer Koordinate im Projektframe. Deshalb haben Koordinaten der Kontrollpunkte der Form nichts mit der Platzierung im Projekt zu tun. Nur die Positionsparameter sind dafür verantwortlich.

> Hier ist eine einfache Formel (ohne Ankerpunkt): Platzieren Sie die Mitte des umgebenden Rahmen eines Objekts an den Positions-Koordinaten

Mitte (x,y) = Position (x,y)

💡 **Ankerpunkt**

Dieser Parameter kann ein wenig verwirrend sein, da er zwei Komponenten enthält.

▶ Drehachse

Die Definition für den Ankerpunkt hört sich sehr einfach an. Er repräsentiert die Achse, um die ein Objekt rotieren kann. Nehmen Sie z.B. ein Blatt Papier und pinnen Sie es an eine Wand. Wenn Sie die Nadel richtig in die Mitte des Papiers gesteckt haben, und das Papier drehen, rotiert es um die Mittelachse. Wenn Sie die Nadel in die untere rechte Ecke stecken, dreht sich das Papier außerhalb der Mittelachse. Die Nadel entspricht der Achse und der Ankerpunkt entspricht dieser Nadel. (Diese Position wird wichtig, wenn Sie später den anderen Parameter, die Rotation, nutzen).

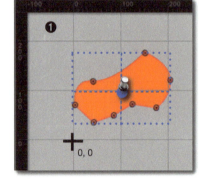

Dieses Modell erzählt aber nur die halbe Geschichte darüber, was mit dem Ankerpunkt in Motion passiert. In diesem Konzept geht es nur um Rotation. Es gibt aber noch eine zweite Komponente:

▶ Versatz der Position

Im Beispiel setze ich voraus, dass das Papier immer an der gleichen Position an der Wand ist und ich die Nadel versetze. Aber in Motion geht es genau andersherum. Stellen Sie sich vor, dass Sie die Nadel herausziehen (um ihn an der selben Position zu belassen) und verschieben das Papier darunter. Das ist die zweite Komponente des Ankerpunkts. Er verschiebt eigentlich die Position des Objekts ("das Papier darunter") durch seinen Wert.

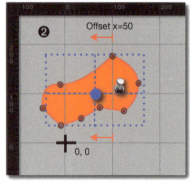

Während die Koordinaten der Position einen absoluten Wert im Projektframe darstellen, repräsentieren die Koordinaten des Ankerpunkts eine relative Position, den Wert des Versatzes. Es ist der Abstand, der den Mittelpunkt des umgebenden Rahmens des Objekts von den Positionskoordinaten weg bewegt.

Das erste Diagramm ❶ zeigt ein Objekt mit den Positionswerten x=100 und y=100 (blauer Kreis) im Canvas. Der Wert des Ankerpunkts (Nadel) ist Null. Das bedeutet, dass der Positionswert die Mitte des Objekts UND den Ankerpunkt definiert.

Im zweiten Diagramm ❷ ist der Wert des Ankerpunkts x=50 und y=0. Die Koordinaten für den Ankerpunkt (Nadel) sind dennoch durch die Positionskoordinaten festgelegt. Der Wert des Ankerpunkts verschiebt jedoch den Mittelpunkt des Objekts (blauer Kreis) genau um den Wert des Ankerpunkts.

Hier sind die zwei Formeln

Die Rotationsachse des Objekts ist immer durch die Positionskoordinaten definiert.

Anker (x,y) = Position (x,y)

Die tatsächliche Platzierung (x,y) des Objekts, der Mittelpunkt, ist der Positionswert minus dem Wert des Ankerpunkts.

Mittelpunkt (x,y) = Position (x,y) - Anker (x,y)

💡 Rotation

Der Rotationswert definiert den Winkel, um dessen Gradzahl das Objekt um seine Achse gedreht wird. Beachten Sie bitte folgende Faktoren:

- Die Rotation verändert nicht die Form des Objekts (wenn Sie direkt darauf schauen).
- Sie können die Form um jede der drei Achsen drehen: x, y und z.
- Alle Achsen kreuzen die Koordinaten des Ankerpunkts, der identisch mit den Positionskoordinaten ist.
- Sie können Winkel über 360° setzen. Das wird für ein unbewegtes Bild nicht sinnvoll sein, aber wenn Sie z.B. eine Drehung animieren, entspricht ein Wert von 1080° drei vollen Drehungen des Objekts im Uhrzeigersinn.

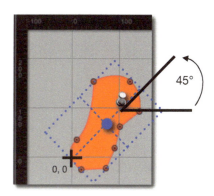

Parameter im Informationenfenster

Alle drei für die Platzierung eines Objekts verantwortlichen Parameter liegen im Transformieren-Modul im Eigenschaften-Tab des Informationenfensters. Position und Ankerpunkt werden als x/y-Koordinaten und die Rotation als Winkel für die z-Achse angezeigt. Wenn Sie die erweiterte Ansicht öffnen, werden alle drei Achsen für diese Parameter angezeigt.

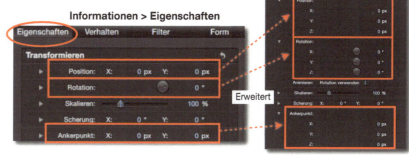

Vergessen Sie nicht die Zurücksetzen-Taste oder den entsprechenden Befehl, um das Objekt schnell in der Mitte des Projektframes (x=0, y=0) zu platzieren.

Parameters im Canvas

Die drei Parameter sind auch im Canvas mit Bildschirmsteuerelementen sichtbar und können bearbeitet werden. Achten Sie jedoch auf die feinen Veränderungen bezüglich des ausgewählten Werkzeugs.

- Ziehen des Rotationsgriffs mit dem Objekt: Transformieren- und 3D-Transformieren-Werkzeug
- Ziehen des Rotationsgriffs ohne das Objekt: Ankerpunkt-Werkzeug. Es ändert auch den Positionswert im gleichen Maß.
- Beim Verschieben des Objekts werden die Rotationshebel mitbewegt.
- Drehen des Objekts: Das Transformieren-Werkzeug dreht es nur um die z-Achse, während das 3D-Transformationswerkzeug es um alle drei Achsen drehen kann. Das Ankerpunkt-Werkzeug kann nichts drehen.

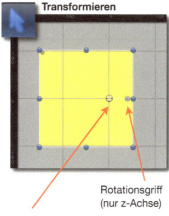

Rotationsgriff
(nur z-Achse)

Verschiebt den Ankerpunkt mit dem Objekt im x/y-Feld (Verschieben Sie den Ankergriff)

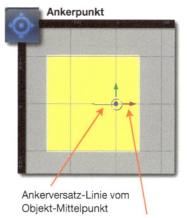

Ankerversatz-Linie vom Objekt-Mittelpunkt

Verschiebt den Ankerpunkt ohne das Objekt auf der x, y oder z-Achse (Verschieben Sie die Pfeile). Das verändert auch den Positionswert.

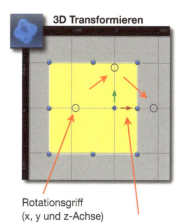

Rotationsgriff
(x, y und z-Achse)

Verschiebt den Ankerpunkt mit dem Objekt auf der x, y oder z-Achse (Verschieben Sie die Pfeile).

⟶ **Verändern des Objekts**

Mit der dritten Parametergruppe können Sie existierende Objekte verändern. Natürlich sind dort auch eine Menge von Parametern, die das Objekt beeinflussen können, aber ich konzentriere mich auf die Hauptparameter, die die ursprüngliche Form, die Erscheinung und die Position ändern. Diese Parameter sind Transformieren, Verzerren („Alle vier Ecken") und Beschneiden, die unten im Eigenschaften-Tab liegen.

💡 **Transformieren**

Das Transformieren-Modul enthält insgesamt fünf verschiedene Parameter. Drei von Ihnen sind in der vorherigen Gruppe „Platzieren des Objekts" beschrieben. Die anderen zwei Parameter Skalieren und Scherung habe ich in diese Gruppe gepackt, da sie die ursprüngliche Form und Position des Objekts verändern.

▸ **Skalieren**

Dieser Parameter hat vier Schieberegler, davon einen Master-Schieberegler, der die drei Achsen proportional ändert und nach dem Aufklappen der Parameter können alle drei Achsen (Sub-Parameter) separat verändert werden. Das Ändern aller Werte gleichzeitig vergrößert oder verkleinert das Objekt unter Beibehaltung der Form. Das Verschieben einzelner Schieberegler verändert die Form des Objekts.

Achten Sie auf die Kontrollpunkte. Sie bewegen sich mit der veränderten Form, behalten aber die ursprünglichen Koordinaten im Geometrie-Tab des Informationenfensters bei. Also werden die Änderungen nicht direkt auf das ursprüngliche Objekt (dessen Kontrollpunkte) angewendet, aber als Versatz hinzugefügt.

▸ **Scherung**

Die Scherung macht aus einem Rechteck durch Verlagerung der zwei gegenüberliegenden Parallelen, parallel zur x- oder y-Achse ein Parallelogramm. Das Rechteck ist in diesem Fall nicht die Form des Objekts, sondern des umgebenden Rahmens, den ich schon zuvor erklärt hatte.

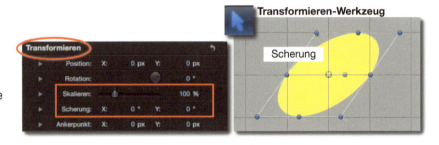

▸ **Transformierungsgriffe** (Position und Skalierung):

Das ist kein weiterer Parameter im Informationenfenster. Es sind die Bildschirm-Steuerungen im Canvas, wenn das Transformieren-Werkzeug ausgewählt ist. Diese acht Griffe (vier Ecken, vier Seiten) können den umgebenden Rahmen verändern, um das darin liegende Element zu verändern. Wenn Sie an den Griffen ziehen, ändert das die Positions- und Skalierungswerte gleichzeitig.

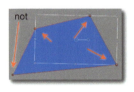

An einem Objekt mit sichtbaren Kontrollpunkten können Sie den Bereich herum aufziehen und den Befehl "*Transformations-Steuerpunkte*" aus dem Bearbeiten-Menü (**sh+cmd+T**) nutzen. Hierdurch wird ein rechteckiger Rahmen mit Transformieren-Griffen erstellt, der nur einige der äußeren Kontrollpunkte des ausgewählten Bereichs einschließt. Wenn Sie jetzt transformieren, werden nur die im Rahmen liegenden Kontrollpunkte verändert.

💡 **Verzerren**

Motion nutzt auch hier wieder zwei verschieden Begriffe für die gleiche Sache. Das Werkzeug im Canvas heißt „Verzerren", aber das Modul im Eigenschaften-Tab „Alle vier Ecken".

Mit den Parametern können Sie jede der vier Ecken des umgebenden Rahmens (x/y-Koordinaten) unabhängig von den anderen verändern. Das Resultat ist eine geometrisch verzerrte Form.

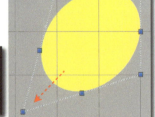

💡 **Beschneiden**

Das ist der normale Beschneiden-Befehl, der wie eine Maske, die Sie von jeder der vier Seiten ziehen können, funktioniert. Im Informationenfenster können Sie jeweils nur eine Seite mit dem Schieberegler verändern. Mit den acht Griffen des Beschneiden-Werkzeugs im Canvas können Sie zwei Seiten gleichzeitig anpassen, wenn Sie einen der Eckgriffe ziehen. Sie können auch den Rahmen verschieben, wodurch das darunter liegende Objekt gegen die Maske verschoben wird.

Denken Sie daran, dass Sie das Verzerren-Werkzeug ausgeschaltet haben, um sauber beschneiden zu können.

Text

Text ist ein wichtiger Bestandteil von Motion und von Animationsprogrammen im Allgemeinen. Zusätzlich zum Erstellen von großartigem Text können Sie diesen animieren und mit den gleichen Effekten wie andere Objekte in Motion anpassen.

Der Vorgang, Text in Ihr Projekt einzufügen, ist sehr einfach:

- ☑ Wählen Sie das Textwerkzeug aus der Werkzeugleiste aus oder nutzen Sie den Tastaturbefehl **T** (Die Schwebepalette zeigt hierbei keine Werkzeugeigenschaften für Text an.)

- ☑ Klicken Sie auf die Stelle im Canvas, wo Sie den Text positionieren wollen.

  Schwebepalette (Text)

  - Ein blinkender Text-Cursor erscheint im Canvas.
  - Eine Textobjekt-Ebene mit der Standardbezeichnung „Text" wird in der Ebenenliste erstellt.
  - Das Text-Informationenfenster und die Schwebepalette (wenn sichtbar) zeigen die Standardeinstellungen für das Textobjekt an.

- ☑ (Optional) Ändern Sie die Texteigenschaften in der Schwebepalette oder im Informationenfenster, um das Textformat zu ändern.

- ☑ Geben Sie den Text ein. Der Objektname in der Ebenenliste verändert sich in das, was immer Sie eintippen (bis Sie den Objektnamen in der Ebenenliste überschreiben).

- ☑ Um den Text fertigzustellen, klicken Sie das Textwerkzeug nochmals oder wählen Sie ein anderes Werkzeug aus.

▸ **Text-Informationenfenster**

Das Textobjekt hat fast die gleichen Parameter wie jedes andere Objekt in Motion. Sie können jeden gewünschten Aspekt des Aussehens des Textes in Ihrer Komposition anpassen. Hier ist ein Überblick über alle Module in den verschiedenen Tabs im Informationenfenster.

Alle vier Tabs im Informationenfenster sind aktiv:

- 💡 **Eigenschaften**: Dieses Tab enthält die Module Transformieren, Füllmethode und Zeitverhalten, die das Textobjekt wie eine Bildebene im Zusammenhang mit Ihrer Komposition beeinflussen.

- 💡 **Verhalten**: Motion hat viele textspezifischen Verhaltensweisen, mit denen Sie den Text ohne Keyframes animieren können.

- 💡 **Filter**: Wenden Sie Filter an, um das Aussehen Ihres Textes darüber hinaus anzupassen.

- 💡 **Text**: Das ist das Objekt-Tab, in dem Sie die Standard-Attribute für Ihr Textobjekt festlegen können. Im Text-Tab sind alle Module in drei Sub-Tabs gruppiert: Format - Stil - Layout.

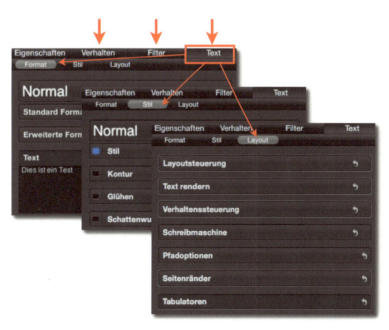

Es geht weit über den Umfang dieses Manuals hinaus, alle Textparameter abzudecken. Ich möchte nur auf ein paar Formatierungsaspekte hinweisen.

▶ Basis-Attribute

Die Basis-Attribute beinhalten alle üblichen Parameter, die man aus Textverarbeitungswerkzeugen kennt (z.b. Schrift, Größe, Abstand etc.). Sie finden Sie im **Informationenfenster > Text > Format** ❶. Das Sammlung- und das Schriften-Einblendmenü ❷ entsprechen der Auflistung im OSX-Schriften-Fenster. Sie finden diese Inhalte auch in der Kategorie „Schriften" in der Bibliothek. Die rechte Seitenleiste ❸ zeigt die Sammlungen und der Stapel darunter ❹ die verfügbaren Schriften der ausgewählten Sammlung. Wenn Sie durch das Schriftenmenü scrollen, ändert sich der Text im Canvas dynamisch.

Wie ich schon im Kapitel über die Bibliothek beschrieben habe, ist das Inhalt von OSX und Motion zeigt ihn nur in der Bibliothek an. Das Ziehen einer Schrift aus dem Bibliotheksstapel auf ein Textobjekt (in der Ebenenliste oder im Canvas) hat den gleichen Effekt wie das Auswählen der Schrift im Informationenfenster aus dem Schriften-Einblendmenü. Ein Text kann nicht zurück in die Schriftenkategorie der Bibliothek gezogen werden (sie liest nur OSX-Inhalte). Sie können sie aber aus dem Ebenenfenster in den Inhalt-, Favoriten- oder „Menü"-Favoriten-Ordner ziehen, was eine Kopie des Textes, nicht aber der Schrift erstellt.

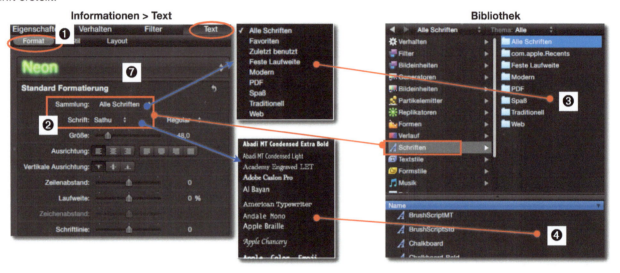

▶ Stil-Attribute

Alle Attribute, die tiefer gehen als die Standard-Textformatierung sind im Stil-Tab zusammengefasst ❺. Motion hat 33 Textstile, die aus einem großen Einblendmenü ❻ über den Modulen im Informationenfenster ausgewählt werden können. Das Einblendmenü ist auch im Format-Tab verfügbar ❼. Es hängt mit der Textstil-Kategorie im Bibliotheksfenster ❽ zusammen.

Sie können Ihre eigenen Textstile zur Textstil-Kategorie in der Bibliothek hinzufügen, jedoch lassen sich Textobjekte nicht direkt in die Bibliothek zurückschieben, da hierdurch das gesamte Textobjekt gespeichert werden würde. Benutzen Sie stattdessen einen der drei Sichern-Befehle oben im Stile-Menü ❾. Sie können nur Standard, Stil oder beide Attribute als neuen Stil speichern. Die eigenen Stile werden zusammen mit den vorgegebenen in alphabetischer Reihenfolge im Einblendmenü gespeichert.

Die selbsterstellten Textstile werden als Motion Library Objekte (.molo) in der Benutzer-Library *"Benutzername"/Library/ Application Support/ Motion/Library/Text Styles* gespeichert.

Effekte

Wie mit vielen Werkzeugen und Techniken heutzutage können Sie auch hier unglaubliche Resultate mit ein paar Klicks im Programm erreichen. Wenn Sie jedoch mehr in die Einzelheiten gehen und Standardeinstellungen kontrollieren möchten, müssen Sie das zugrundeliegende Konzept verstehen. Motions Benutzeroberfläche macht es relativ einfach, sogar komplexe Motion Graphics-Effekte zu bewerkstelligen. Es gibt nur ein paar grundlegende Dinge, die man zuvor verstehen sollte. In diesem Kapitel gebe ich eine Einführung in die verschiedenen Effekte und Werkzeuge mit dem Fokus auf das Verstehen dieser Konzepte. Danach können Sie in die riesige Menge der verfügbaren Inhalte in Motion eintauchen und damit experimentieren.

Filter

Filter verändern ein Objekt, egal, ob es ein Bild, ein Videoclip oder eine Audiospur ist. Sie werden von jedem, der mit Grafiken, Video oder Audio arbeitet, verstanden und angewendet. In Motion können die Filtereffekte jedoch nur auf Bildobjekte, nicht aber auf Audioobjekte angewandt werden.

Wenn Sie Objekte verändern, bedenken Sie, **was** Sie anpassen und **wo** Sie das tun.

💡 Interne Manipulation

Das ist der elementare Level, auf dem Sie Eigenschaften (Attribute, Parameter etc.) des eigentlichen Objekts verändern können. Das passiert „innerhalb" des Objekts durch die Steuerungen, die durch die Eigenschaften verfügbar sind. Es wird keine Hilfe in Form von externen Filterobjekten (für diese Anpassungen „außen" am Objekt selber) benötigt.

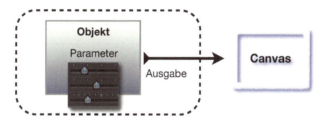

💡 Externe Manipulation

Ein Filter in Motion ist ein Set von zusätzlichen Effekt-Parametern in Form eines Plugins. Er verändert das Objekt von „außen". Das ist eine „externe" Veränderung im Vergleich zur „internen" Veränderung an den objekteigenen Parametern.

- Der Filter ist ein eigenständiges Objekt, das einem Bildobjekt und sogar einem Gruppenobjekt hinzugefügt werden kann.
- Der Filter funktioniert wie ein Plugin mit seinen eigenen Parametern, die in dessen Modul angepasst werden können.
- Denken Sie an ein Bild in Begriffen wie Signalfluss ähnlich wie im Audiobereich. Die Ausgabe des Bildobjekts „füttert" die Eingabe des Filterobjekts (das angewandte Filter-Plugin) und dessen Ausgabe ist dann sichtbar im Canvas (oder es speist das nächste Objekt in der Stapelreihenfolge des Projekts).
- Wenn Sie mehr als einen Filter auf ein Objekt anwenden, werden weitere Module zu dieser Kette im Signalfluss hinzugefügt. Die Reihenfolge dieser Sequenz kann, abhängig von den benutzen Filtern, wichtig sein.

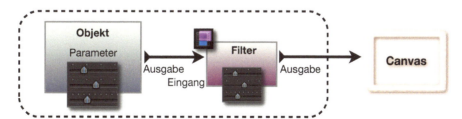

▶ Über Filter

- Wie ein Plugin kann auch ein Filter nicht eigenständig existieren. Er muss einem Bildobjekt zugewiesen werden.
- Filter können nur innerhalb von Motion, um genau zu sein aus der Motion-Bibliothek, hinzugefügt werden.
- Filter sind kleine Dateien, genannt „Motion Library Objects" (.molo), die in einem der beiden Ordner auf Ihrer Festplatte (vorgegebene oder benutzerdefinierte Orte) liegen, damit Motion sie anzeigen kann.
- Sie können selbsterstellte Filter, die Sie in Ihrem Motionprojekt verwenden, zurück in die Bibliothek speichern.
- Sie können die verfügbaren Filter aus dem Bibliotheksfenster oder mit der Filter-Taste in der Werkzeugleiste abrufen.

▶ Filter hinzufügen

Es gibt drei Wege, um einen Filter hinzuzufügen.

- 👆 Wählen Sie ein Bildobjekt und wenden Sie das Filterobjekt darauf an.
- 👆 Wählen Sie einen Filter aus dem Werkzeug-Tasten-Menü aus.
- 👆 Ziehen Sie den Filter direkt auf ein Bildobjekt in einem der Fenster (Projektfenster, Zeitverhalten-bereich oder Canvas).

▶ Filter umsortieren

Filterobjekte verhalten sich wie alle anderen Objekte, also sind alle Standardoperationen und Tastaturbefehle verfügbar.

- 👆 **Ziehen:** Sie können ein Filterobjekt an viele Stellen ziehen, um die Reihenfolge innerhalb einer Ebene zu verändern: Verschieben Sie die Module innerhalb des Filter-Tabs ❶ oder ziehen Sie das Filterobjekt in die Ebenenliste ❷ (Projekt oder Zeitverhalten-Fenster). In der Ebenenliste können Sie den Filter sogar auf eine andere Ebene ziehen. Durch Verschieben des Filters in die Timeline ❸ können Sie auch die Zeitposition festlegen.

- 👆 **Befehl**: Wählen Sie ein Filterobjekt aus und benutzen Sie einen Befehl aus dem Bearbeiten-Menü (Ausschneiden, Kopieren, Einsetzen, Duplizieren) oder die dazugehörigen Tastaturbefehle.

▶ Filter anpassen

Benutzen Sie die Deaktivieren-Taste ❹ im Modul im Informationenfenster oder die Checkbox ❺ in der Ebenenliste, um den Filter für einen schnellen Vergleich zu deaktivieren, während Sie ihn bearbeiten.

- 💡 **Informationenfenster** (Filter-Tab): Im Gegensatz zu Formen und Text haben Filter keine eigenen Objekte im Informationenfenster. Sie werden Teil der Bildebene, der sie zugewiesen wurden und sind im Informationenfenster im Filter-Tab dieses Objekts zu sehen ❶.

- 💡 **Schwebepalette:** Wenn ein Filter auf ein Objekt angewendet wurde, sind dessen Hauptparameter auch in der Schwebepalette verfügbar. Wählen Sie sie oben im Einblendmenü ❻ aus.

- 💡 **Canvas:** Manche Filterparameter haben Bildschirm-Steuerelemente ❼.

- 💡 **Keyframes/Verhalten:** Sie können Filterparameter mit Keyframes oder Verhalten über die Zeitachse verändern.

▶ Filter löschen

- 👆 Löschen Sie ausgewählte Objekte aus der Ebenenliste oder der Timeline.
- 👆 Löschen Sie ausgewählte Filtermodule aus dem Filter-Tab des Informationenfensters.

▶ Weiteres

- Die Filterclips in der Timeline sind violett ❸.
- Sie können Filter auf die gleiche Art und Weise wie auch andere Objekte in der Ebenenliste schützen ❷, um ungewollte Veränderungen zu vermeiden.
- Deaktivierte Filter sind grau ❷.
- Die Vorschau oben in der Bibliothek simuliert den Effekt (diese Simulation funktioniert nicht bei Bildeinheiten).
- Sie können alle Filter eines Objekts in der Ebenenliste durch Klicken auf das Filtersymbol neben dem Objekt ❷ deaktivieren:  aktiviert, deaktiviert.

Werkzeugleiste

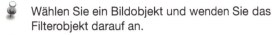

Bibliothek

Filter-Vorschau

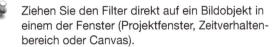

Ebenenliste

Timeline

Canvas

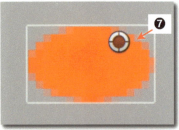

Informationen > Filter

Schwebepalette

Effekte

Verhalten

Verhalten sind eine andere Art von Effekt-Objekten. Sie unterscheiden sich von statischen Filterobjekten dadurch, dass sie Motion- (Bewegungs-)Effekte sind. Wie auch Filter funktionieren Sie wie Plugins, die einer Vielzahl von Objekte zugewiesen werden können.

Verhalten sind Bewegungseffekte.

Ich habe schon zuvor über Keyframes geschrieben, die ein anderes Werkzeug, mit dem man Bewegungseffekte erstellen kann (verändern oder animieren von Parametern über die Zeitachse), sind.

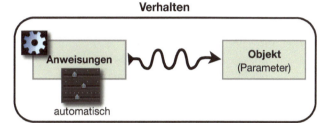

Jeder Parameter muss durch das Erstellen von Keyframes manuell programmiert werden, um die daraus resultierende Animationskurve für den Bewegungseffekt zu erhalten.

Verhalten sind eine Sammlung von Anweisungen, die Parameter eines Objekts automatisch steuern. Anstatt die Parameter einzeln zu bearbeiten, nehmen sie Änderungen an den Parametern des Verhaltens vor.

Mit Keyframes müssen Sie genau wissen, welche Parameter animiert werden müssen, um einen bestimmten Bewegungseffekt zu erzielen - bei Verhalten nicht. Sie können komplexe Bewegungseffekte erstellen, die sehr schwierig mit Keyframes zu bewerkstelligen sind, wie z.B. die Simulation von physikalischen Verhaltensweisen und Interaktionen mit anderen Objekten in Ihrer Komposition.

Arten von Verhalten

Motion beinhaltet in seiner Bibliothek eine gewaltige Sammlung von Verhalten. Obwohl Sie in Kategorien geordnet sind, ist es nicht klar ersichtlich, dass es zwei Hauptarten von Verhalten gibt. Ich habe das Diagramm, das ich im vorherigen Bereich „Filter" verwendet habe, erweitert, um Ihnen die beiden Hauptarten zu zeigen: **Objektverhalten** und **Parameterverhalten**. Das Symbol in der Ebenenliste unterscheidet sich leicht. Beachten Sie bitte, dass es ein sehr vereinfachtes Modell ist und einigen Verhalten sehr viel komplexer sind.

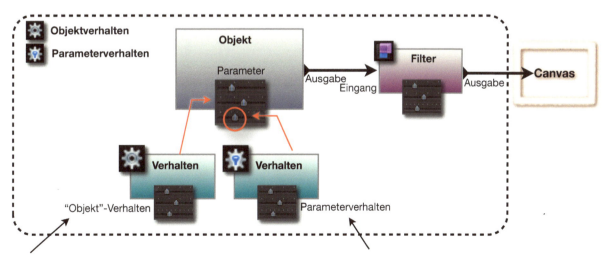

Objektverhalten sind für bestimmte Arten von Objekten (Form, Text, Audio etc.) vorgesehen. Sie liefern Bewegungseffekte, die sich auf die Parameter des Objekts beziehen. Sie müssen die Aufgaben der Parameter nicht kennen, da sich das Verhalten oft mit einfachen Bildschirmsteuerungen ändern lässt (z.B. schneller, langsamer, größer, kleiner etc.)

Parameterverhalten sind kleine Gruppen von Anweisungen, mit denen Sie Werte (z.B. basierend auf mathematischen Funktionen wie Oszillieren oder Zufall) generieren können. Diese Anweisungen werden dann dem Objekt über ein Einblendmenü als einzelner Parameter zugewiesen.

Wie auch bei Filterobjekte, können Sie auf die verfügbaren Verhalten im Bibliotheksfenster oder mit der Verhalten-Taste in der Werkzeugleiste zugreifen. Die unterschiedlichen Kategorien sind in Ordnern, die die verschiedenen Verhaltensarten repräsentieren, zusammengefasst. Die Namen der Ordner zeigen die Art der darin enthaltenen Verhalten (Audio, Kamera, Form, Text) an. Beachten Sie, dass Sie Verhaltensobjekte, die nicht für ein Objekt geeignet sind, dort auch nicht anwenden können (z.B. Formverhalten auf Text anwenden).

Die Ordnerliste in der Bibliothek hebt die zwei Verhaltensarten nicht hervor. Die Parameterverhalten sind in einem eigenen Ordner, dem „Parameter"-Ordner, neben allen anderen (Non-Parameter)-Ordnern abgelegt.

Im Allgemeinen ist das Verwalten von Verhaltensobjekten dem Verwalten von Filterobjekten sehr ähnlich.

▶ **Über Verhalten**

- Als Plugin kann das Verhalten nicht eigenständig existieren. Es muss einem anderen Objekt zugewiesen werden.

- Verhalten können Objekten nur innerhalb von Motion aus der Motion-Bibliothek zugewiesen werden.

- Verhalten sind kleine Objekte, "Motion Library Objects" (.molo), die in einem der zwei Ordner auf Ihrer Festplatte (vorgegebener oder benutzerdefinierter Ort) liegen, damit Motion sie anzeigen kann.

- Sie können eigene Verhalten, die Sie in Ihrem Motionprojekt verwenden, zurück in die Bibliothek speichern.

Jetzt sind die vier Tabs im Informationenfenster komplett:

☑ **Eigenschaften** Tab: Enthält alle Module, die das Objekt im Projekt definieren.

☑ **Verhalten** Tab: Enthält alle Verhalten-Plugins, die diesem Objekt zugewiesen wurden.

☑ **Filter** Tab: Enthält alle Filter-Plugins, die diesem Objekt zugewiesen wurden.

☑ **"Objekt"** Tab (Name entspricht der Objektart): Enthält alle Module, die die Basisattribute des Objekts definieren.

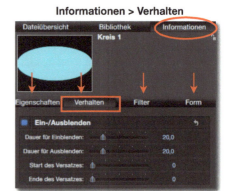

Informationen > Verhalten

▶ **Verhalten hinzufügen**

Es gibt zwei Wege, um ein Verhalten hinzuzufügen. Denken Sie daran, dass Verhaltensobjekte „objektbewusst" sind. Verhalten können nur geeigneten Objekten hinzugefügt werden.

- Wählen Sie erst ein Objekt aus und weisen Sie ihm ein Verhalten zu. Klicken Sie auf die Anwenden-Taste in der Bibliothek.

- Wählen Sie ein Verhalten aus dem Tastenmenü der Werkzeugleiste aus.

- Ziehen Sie das Verhaltensobjekt direkt in einem der Fenster (Projektbereich, Zeitverhalten-Bereich oder Canvas) auf das Objekt.

Der Parameter im Informationenfenster zeigt ein kleines Zahnrad-Symbol an der Stelle, wo normalerweise die rautenförmigen Keyframe-Symbole erscheinen, an. Das weist darauf hin, dass der Parameter durch ein Verhalten kontrolliert wird. Wenn er jedoch durch ein Verhalten und Keyframes gesteuert wird, haben die Keyframe-Symbole zusätzlich ein kleines Zahnrad darin.

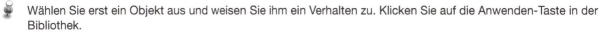

Verhalten umsortieren

Verhaltensobjekte verhalten sich wie andere Objekte, also können alle Standard-Operationen und Tastaturbefehle angewendet werden.

    Ziehen: Sie können Verhaltensobjekte an vielen Stellen verschieben, um die Reihenfolge in einer Ebene zu verändern. Verschieben Sie das Modul im Verhalten-Tab im Informationenfenster ❶ oder ziehen Sie es in die Ebenenliste ❷ (Projektbereich oder Zeitverhalten). In der Ebenenliste können Sie das Verhalten auf andere Ebenen verschieben. Beim Ziehen eines Verhaltens in die Timeline ❸ können Sie die Zeitposition festlegen.

    Befehl: Wählen Sie ein oder mehrere Verhalten aus und nutzen Sie Befehle aus dem Bearbeiten-Menü (Ausschneiden, Kopieren, Einfügen, Duplizieren) oder die entsprechenden Tastaturbefehle.

 Verhalten anpassen

Benutzen Sie die Deaktivieren-Taste ❹ im Modul im Informationenfenster oder die Checkbox ❺ in der Ebenenliste, um das Verhalten für einen schnellen Vergleich zu deaktivieren, während Sie es bearbeiten.

    Informationenfenster (Verhalten-Tab): Im Gegensatz zu Formen und Text haben Filter keine eigenen Objekte im Informationenfenster. Sie werden Teil der Bildebene, der sie zugewiesen wurden und sind im Informationenfenster im Verhalten-Tab dieses Objekts zu sehen ❶.

    Schwebepalette: Wenn ein Verhalten auf ein Objekt angewendet wurde, sind dessen Hauptparameter auch in der Schwebepalette verfügbar. Wählen Sie sie oben im Einblendmenü ❻ aus.

    Canvas: Manche Filterparameter haben Bildschirm-Steuerelemente ❼.

Verhalten löschen

    Löschen Sie ausgewählte Objekte aus der Ebenenliste oder der Timeline.

    Löschen Sie ausgewählte Verhalten-Module aus dem Verhalten-Tab des Informationenfensters.

Weiteres

- Die Filterclips in der Timeline sind, wie auch die Filter, violett ❸.

- Sie können Verhalten auf die gleiche Art und Weise wie auch andere Objekte in der Ebenenliste schützen ❷, um ungewollte Veränderungen zu vermeiden.

- Deaktivierte Verhalten sind grau ❷.

- Die Vorschau oben in der Bibliothek simuliert den Effekt.

- Sie können alle Verhalten eines Objekts in der Ebenenliste durch Klicken auf das Verhalten-Symbol neben dem Objekt ❷ deaktivieren: aktiviert, deaktiviert.

Ebenenliste

Timeline

Canvas

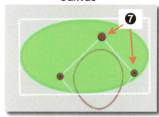

Informationen > Filter-Tab

Verhalten in Keyframes umwandeln

Die meisten Verhalten modifizieren vorhandene Parameter des Zielobjekts in der Zeit. Das ist das gleiche Prinzip wie eine Keyframe-Animation. Deswegen wird die Animationskurve eines Verhaltens ebenfalls in der Keyframe-Timeline angezeigt. Es ist eine durchgezogenen Linie (Kurve) ohne Keyframes.

Sie können Verhaltensanimationen in Keyframes umwandeln, wenn Sie diese einzeln anpassen wollen. Wählen Sie dafür aus dem Hauptmenü **Objekt > In Keyframes konvertieren ...** oder den Tastaturbefehl **cmd+K**. Ein Warnhinweis erscheint, der darauf hinweist, dass nur bestimmte Parameterwerte in Keyframes umgewandelt werden können, aber keine Interaktion mit anderen Objekten. Beachten Sie, dass das Verhaltensobjekt nach der Umwandlung gelöscht wird.

Keyframe-Timeline mit Verhalten-Kurve

Keyframe-Timeline mit Keyframe-Kurve

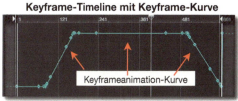

Partikelsystem

Das Partikelsystem in Motion ist ein Effekt zum Erstellen von dynamischen Simulationen. Es ist eine sehr anspruchsvolle Effektart, mit der Sie eine große Anzahl von über die Zeitachse animierten Objekten, sich von einem Punkt ausbreiten (emitting = aussenden) und nur für eine bestimmte Zeitspanne „leben" lassen können.

Hier ein Beispiel für ein Partikelsystem, das Partikel über die Dauer von drei Sekunden aussendet.

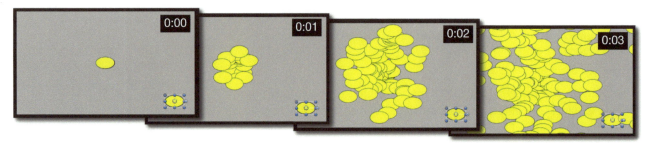

Ein Partikelsystem trägt die Bezeichnung System, da es nicht, wie Filter oder Verhalten, aus einer einzelnen Komponente, sondern aus etlichen Komponenten zum Erstellen solcher Effekte besteht.

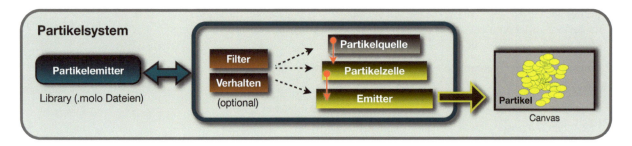

Partikelsystem

Der Name beschreibt das gesamte Konzept mit allen Komponenten, die für den Aufbau eines Partikelsystems benötigt werden.

Partikelquelle

Ganz am Anfang braucht ein Partikelsystem eine Bildebene in der Ebenenliste als Quelle. Es wird auch Quellobjekt genannt (das visuelle Material, worauf der Effekt basiert). Ohne dieses kann das Partikelsystem nichts Sichtbares ausgeben.

- Die Partikelquelle kann irgendwo in der Ebenenliste platziert werden. Der Ort dieses Objekts hat keinen Einfluss auf das Partikelsystem.
- Die Partikelquelle kann sogar deaktiviert sein (meist ist sie es sogar), da sie als Quelle und nicht als notwendiges visuelles Element als solches in Ihrer Komposition erscheint.
- Jede Veränderung an der Partikelquelle berührt auch das Partikelsystem, da dieses mit der Bildebene verbunden ist.

Partikelzelle

Die nächste Ebenen ist die Partikelzelle, bzw. einfach die Zelle. Sie bestimmt das Aussehen der einzelnen Partikel eines Partikelsystems. Einer Zelle muss eine Partikelquelle (Bildebene) zugewiesen werden. Diese Bildebene legt nun das Aussehen der Zelle fest. Dadurch wird eine aktive Verknüpfung zwischen Quellobjekt und Zelle etabliert. Veränderungen am Quellobjekt verändern die Zelle.

Die Parameter der Zelle lassen weitere Veränderungen der visuellen Darstellung des Quellobjekts zu. Beachten Sie, dass dabei nicht das Quellobjekt verändert wird, sondern es hier eher wie ein hinzugefügtes Filterobjekt funktioniert.

Emitter

Der Emitter bestimmt die Regeln, nach denen die Zelle in Partikel umgewandelt wird, die sich dann über den Canvas ausbreiten. In dessen Parametern können Sie die gesamte Bewegung (Animation) dieser entstehenden Partikel festlegen.

Partikel

Die Partikel sind die daraus entstehenden Objekte im Canvas, die durch den Emitter generiert worden sind.

Partikelemitter (Voreinstellungen)

Das sind Voreinstellungen in der Motion-Bibliothek, die alle Komponenten für bestimmte Partikelsystem-Effekte beinhalten.

Ein Partikelsystem basiert auf einem einzigen Emitter. Er kann jedoch viele Zellen beinhalten und diese Zellen können alle mit dem gleichen Quellobjekt (Bildebene) oder verschiedenen Quellobjekten versehen sein.

Hier ist ein Beispiel für drei verschiedene Einstellungen für Emitter:

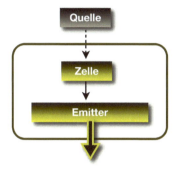 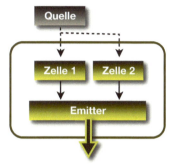 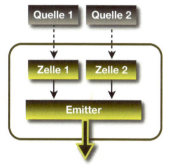

Der Emitter enthält nur eine Zelle, die als Quelle zugewiesen ist.	Der Emitter enthält zwei Zellen, denen die gleiche Quelle zugewiesen ist.	Der Emitter enthält zwei Zellen, wobei jede einer eigenen Quelle zugewiesen ist.

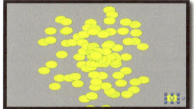 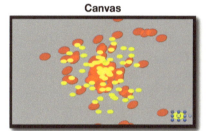 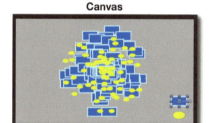

Der Emitter-Effekt basiert auf nur einer Bildebene. Das ausgewählte Bild in der unteren rechten Ecke ist das aktive (sichtbare) Quellobjekt.	Beide Zellen haben die gleiche Quelle (Kreis), aber die individuellen Zellen-Parameter sind unterschiedlich (Farbe, Größe etc.).	Beide Zellen haben verschiedene Bildebenen als deren Quelle (Kreis, Rechteck).

 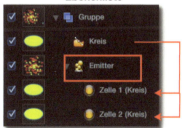 

Der Emitter ist die Haupt-Bildebene eines Partikelsystems. Dessen Zelle(n) sind als Sub-Ebenen unter dem Emitter enthalten. Sie können einzelne Zellen aktivieren/deaktivieren oder das gesamte Partikelsystem mit der Checkbox davor ausschalten.
In diesem Beispiel habe ich die Bildebene, die als Quellobjekt benutzt wird, aktiviert, damit Sie sie in der unteren rechten Ecke des Canvas-Screenshots sehen können. Normalerweise ist diese Bildebene inaktiv, da sie nur als Quelle und nicht als sichtbares Element als Teil Ihrer Komposition verwendet wird.

Dies sind die drei Beispiele einer Basis-Einstellung. Sie können die Elemente für komplexere Partikelsysteme weiter ausweiten. Zusätzlich kann jedes der drei Elemente **Masken** (Quelle), **Filter** (Quelle, Emitter) und **Verhalten** (Quelle, Zelle, Emitter) haben. Auf diesem Level sind die Möglichkeiten unendlich.

Partikelsysteme bearbeiten

Wählen Sie entweder den Emitter oder die Zelle aus, um auf deren Parameter im Informationenfenster zugreifen zu können.

▶ **Partikelzelle**

Das Objekt-Tab im Informationenfenster trägt die Bezeichnung "Partikelzelle" ❶. Es enthält nur ein Modul, und zwar die Zellsteuerung mit allen Parametern, die festlegen, wie die Partikel aussehen und wie sie sich verhalten. Unten ist die Zuweisung für die Partikelquelle ❷. In dieses Objektfeld können Sie eine Bildebene aus der Ebenenliste ziehen, um die Partikelquelle zuzuweisen.

Das Eigenschaften-Tab enthält nur das Zeitverhalten-Modul. Das Filter-Tab ist inaktiv(grau), jedoch ist das Verhalten-Tab aktiv ❸. Das bedeutet, dass Sie zusätzlich zu der Bewegung durch das Partikelsystem Verhaltensanimationen hinzufügen können.

▶ **Emitter**

Das Objekt-Tab im Informationenfenster trägt die Bezeichnung "Emitter" ❹. Dieses Tab ist etwas Besonderes. Es enthält die Module für die Emittersteuerung und die Zellsteuerung ❺, damit Sie nicht das Fenster wechseln müssen.

Wenn der Emitter jedoch mehr als eine Zelle hat, dann zeigt das Fenster statt der Zellsteuerung eine Hauptsteuerungsmodul an ❻, das sich auf alle Zellen (in Prozent) bezieht. Ein drittes Modul, *Zellen* ❼, listet alle Zellen für diesen Emitter auf. Hier können Sie die einzelnen Zellen aktivieren/deaktivieren und andere Partikelquellen durch hineinziehen von Bildquellen in das Feld festlegen.

Das Eigenschaften-Tab enthält die meisten Transformations-Module für eine Standardebene, um die Grundform und Position des Emitters als Ganzes festzulegen. Es können ihm außerdem Verhalten und Filter ❽ zugewiesen werden, um die Bearbeitungsmöglichkeiten zu erweitern.

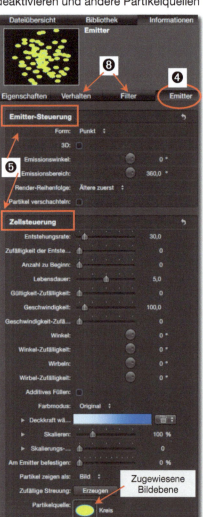

Keyframes

Die meisten Parameter können für mehr Flexibilität mit Keyframes animiert werden.

Schwebepalette

Partikelzellen und Emitter haben eine Untergruppe ihrer Parameter in der Schwebepalette. Der Emitter hat sogar, abhängig von den Einstellungen, visuelle Steuerungen für 2D und 3D ❾.

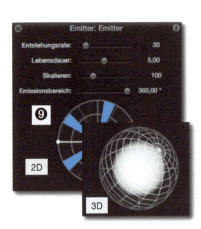

Partikelsysteme erstellen

Es gibt zwei Wege, um Partikelsysteme zu erstellen. Sie können ein Neues, basierend auf einer Bildebene, in Ihrem aktuellen Projekt (welche zur Partikelquelle wird) erstellen oder einen von über zweihundert vorgefertigten Partikelemitter aus der Bibliothek verwenden.

▶ Neues Partikelsystem erstellen

☑ Wählen Sie eine Bildebene in der Ebenenliste Ihres Projekts aus, die Sie als Partikelquelle in Ihrem Partikelsystem verwenden wollen. Die Position dieser Ebene im Canvas und in der Ebenenliste wird die anfängliche Position für das Emitterobjekt sein. Sie können sogar eine ganze Ebenengruppe als Quellobjekt verwenden. Je komplexer das Quellobjekt ist (Video mit hinzugefügten Filtern oder komplexe Gruppen), desto mehr verlangt der Emitter dem Prozessor des Rechners ab, um all die Bewegungseffekte in Echtzeit zu rendern.

☑ Nutzen Sie einen der drei Befehle zum Erstellen eines Partikelsystems:

Werkzeugleiste

   💡 Klicken Sie auf die Partikelsystem-Taste rechts in der Werkzeugleiste.

   💡 Wählen Sie aus dem Hauptmenü **Objekt > Partikel erstellen**

   💡 Nutzen Sie den Tastaturbefehl **E**

☑ Folgendes wird passieren:

- Die ausgewählte Bildebene (Partikelquelle) wird abgewählt.

- Eine neue Emitter-Ebene wird über dieser Bildebene erstellt.

- Eine Partikelzellen-Ebene wird als Unterebene unter dem Partikelemitter erstellt. Die Zelle erhält Ihren Namen von der Partikelquelle.

▶ Vorhandene Partikelsysteme verwenden

Die Bibliothek enthält über zweihundert Partikelsysteme. Sie sind als Objekte, genannt Partikelemitter, verfügbar. Diese in sich geschlossenen Voreinstellungen enthalten alle Elemente einschließlich der Partikelquelle. Viele dieser Voreinstellungen haben dem Emitter und/oder der Zelle zugewiesene Verhalten.

☑ Öffnen Sie die Bibliothek und wählen „Partikelemitter" aus der linken Spalte der Seitenleiste aus.

☑ Die rechte Spalte der Seitenleiste enthält die verschiedenen, in Themen-ordnern gruppierten Voreinstellungen. Wählen Sie einen Ordner aus, um sich dessen Inhalt im Stapel darunter anzeigen zu lassen (in der Symbolansicht, um ein Bild des Effekts zu sehen).

☑ Ein Klick auf eine Partikelemitter-Voreinstellung im Stapel zeigt eine Simulation des daraus resultierenden Effekts in der kleinen Vorschau oben im Bibliotheksfenster.

☑ Ziehen Sie die Voreinstellung aus dem Stapel auf eines Ihrer Projektfenster (Ebenenliste, Timeline, Canvas) oder klicken Sie auf die „Anwenden"-Taste im Vorschaubereich.

▶ Partikelemitter-Voreinstellungen sichern

Wie mit anderen Effekt-Objekten können Sie eigene Partikelsysteme aus Ihrem Projekt heraus zurück in die Bibliothek speichern, um sie in anderen Projekten nutzen zu können. Ziehen Sie einfach die Emitterebene auf Inhalt, Favoriten, Menü „Favoriten" oder den Partikelemitter-Ordner in der Bibliothek. Motion erstellt eine Partikelemitter-Voreinstellung in diesem Ordner. Dabei wird eine Datei (.molo) erstellt, die an dem entsprechenden Speicherort abgelegt wird (*"Benutzername"/Library/Application Support/Motion/Library/*.

Alle anderen Elemente des Partikelsystem (Zelle, Partikelquelle, Verhalten, Filter) sind in dieser Voreinstellung enthalten.

Replikator-Muster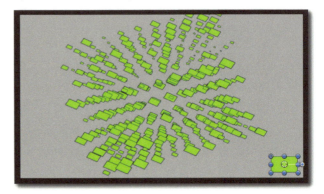

Der Replikator in Motion ist ein Effekt, mit dem Muster von sich wiederholenden Elementen basierend auf einer vorhandenen Bildebene (Video, Grafiken, Formen, Text) gebaut werden können. Anders als bei Partikelsystemen, die sich dynamisch über eine Zeitspanne ausbreiten und wieder verschwinden, generiert ein Replikator statische Objekte, um sein Muster zu erstellen. Diese Objekte können aber auch mit Verhalten und Keyframes animiert werden.

Hier ist ein einfaches Replikator-Muster, das aus einem einfachen grünen Rechteck erstellt wurde. Das Quellobjekt ist das ausgewählte grüne Rechteck in der unteren linken Ecke.

Ähnlich wie bei einem Partikelsystem basiert das Replikator-Muster auf verschiedenen Komponenten.

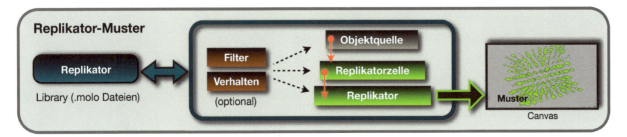

Replikator-Muster

Anstatt es einfach nur Replikator zu nennen, bevorzuge ich den Begriff Replikator-Muster für das ganze System mit all seinen Komponenten.

Objektquelle

Wie auch das Partikelsystem braucht ein Replikator-Muster eine Bildebene in der Ebenenliste als Quelle. Das ist die Objektquelle (das visuelle Material, auf dem der Effekt basiert). Ohne dieses ist das Replikator-Muster nicht sichtbar.

- Die Objektquelle kann irgendwo in der Ebenenliste platziert werden. Der Ort dieses Objekts hat keinen Einfluss auf das Replikator-Muster.
- Die Objektquelle kann sogar deaktiviert sein (meist ist sie es sogar), da sie als Quelle und nicht als notwendiges sichtbares Element in Ihrer Komposition erscheint.
- Jede Veränderung an der (deaktivierten) Bildebene, die als Objektquelle genutzt wird, berührt auch das Replikator-Muster, da dieses mit der Bildebene verbunden ist.

Replikatorzelle

Die nächste Ebenen ist die Replikatorzelle, bzw. einfach die Zelle. Sie bestimmt das Aussehen der einzelnen Elements des Musters. Einer Zelle muss eine Objektquelle (Bildebene) zugewiesen werden. Diese Bildebene legt nun das Aussehen der Zelle fest. Dadurch wird eine aktive Verknüpfung zwischen Quellobjekt und Zelle etabliert. Änderungen am Quellobjekt verändern die Zelle.

Die Parameter der Zelle lassen weitere Veränderungen der visuellen Erscheinung des Quellobjekts zu. Beachten Sie, dass dabei nicht das Quellobjekt verändert wird, sondern es hier eher wie ein hinzugefügtes Filterobjekt funktioniert.

Replikator

Der Replikator ist dafür zuständig, wie das Muster aussehen wird (die verschiedenen geometrischen Formen).

Muster (von Elementen)

Das aus einzelnen Elementen bestehende Muster, das auf der Zelle basiert, ist die letztendliche Generierung des Replikators, die im Canvas sichtbar wird.

Replikator (Voreinstellung)

Das sind die Vorlagen aus der Motion-Bibliothek, die alle Komponenten eines bestimmten Replikators enthalten.

Ein Replikator-Muster basiert auf einem einzigen Replikator. Er kann jedoch viele Zellen beinhalten und diese Zellen können alle mit dem gleichen Quellobjekt (Bildebene) oder verschiedenen Quellobjekten versehen sein.

Hier ist ein Beispiel für drei verschiedene Einstellungen für einen Replikator:

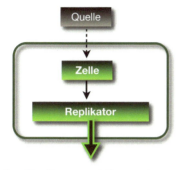

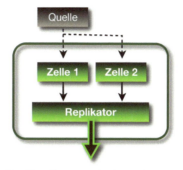

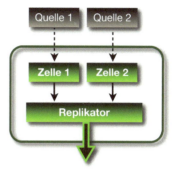

| Der Replikator enthält nur eine Zelle, die als Quelle zugewiesen ist. | Der Replikator enthält zwei Zellen, denen die gleiche Quelle zugewiesen ist. | Der Replikator enthält zwei Zellen, wobei jede einer eigenen Quelle zugewiesen ist. |

Canvas

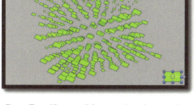

Canvas

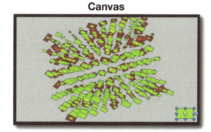

Canvas

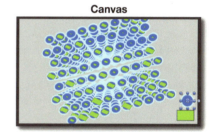

| Das Replikator-Muster basiert auf nur einer Bildebene. Das ausgewählte Bild in der unteren rechten Ecke ist das aktive (sichtbare) Quellobjekt. | Beide Zellen haben die gleiche Quelle, aber die individuellen Zellen-Parameter sind unterschiedlich (Farbe, Größe etc.). | Beide Zellen haben verschiedene Bildebenen als deren Quelle (Kreis, Rechteck). |

Ebenenliste

Ebenenliste

Ebenenliste

Der Replikator ist die Haupt-Bildebene eines Replikator-Musters. Dessen Zelle(n) sind als Sub-Ebenen unter dem Replikator enthalten. Sie können einzelne Zellen aktivieren bzw. deaktivieren oder das gesamte Replikator-Muster mit der Checkbox davor ausschalten.
In diesem Beispiel habe ich die Bildebene, die als Quellobjekt benutzt wird, aktiviert, damit Sie sie in der unteren rechten Ecke des Canvas-Screenshots sehen können. Normalerweise ist diese Bildebene inaktiv, da sie nur als Quelle und nicht als sichtbares Element als Teil Ihrer Komposition verwendet wird.

Wie bei der generellen Stapelfolge von Bildebenen in der Ebenenliste ist auch hier die Stapelfolge der unterschiedlichen Zellen innerhalb des Replikators für das Aussehen des Musters wichtig.

Dies sind die drei Beispiele einer Basis-Einstellung. Zusätzlich kann jedes der drei Elemente **Masken** (Quelle), **Filter** (Quelle, Replikator) und **Verhalten** (Quelle, Zelle, Replikator) haben. Auf diesem Level sind die Möglichkeiten unendlich.

Replikator-Muster bearbeiten

Wählen Sie entweder den Replikator oder die Zelle aus, um auf deren Parameter im Informationenfenster zugreifen zu können.

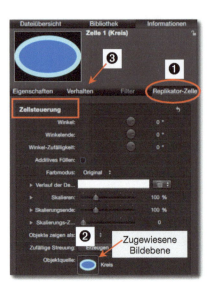

▶ **Replikatorzelle**

Das Objekt-Tab im Informationenfenster trägt die Bezeichnung "Replikator-Zelle" ❶. Es enthält nur ein Modul, die Zellsteuerung mit allen Parametern, die festlegt, wie die Partikel aussehen und wie sie sich verhalten. Unten ist die Zuweisung für die Objektquelle ❷. In dieses Objektfeld können Sie eine Bildebene aus der Ebenenliste ziehen, um die Objektquelle zuzuweisen.

Das Eigenschaften-Tab enthält nur das Zeitverhalten-Modul. Das Filter-Tab ist deaktiviert (grau), jedoch ist das Verhalten-Tab aktiv ❸. Das bedeutet, dass Sie dem sonst statischen Replikatormuster Verhaltensanimationen hinzufügen können.

▶ **Replikator**

Das Objekt-Tab im Informationenfenster trägt die Bezeichnung "Replikator" ❹. Dieses Tab ist etwas Besonderes. Es enthält die Module für die Replikatorsteuerung und die Zellsteuerung ❺, damit Sie nicht das Fenster wechseln müssen.

Wenn der Replikator jedoch mehr als eine Zelle hat, dann zeigt das Fenster statt der Zellsteuerung ein Hauptsteuerungs-Modul an ❻, das sich auf alle Zellen bezieht. Hier können Sie die einzelnen Zellen aktivieren bzw. deaktivieren und andere Objektquellen durch Hineinziehen von Bildquellen in das Feld festlegen.

Das Eigenschaften-Tab enthält die Module Transformieren, Deckkraft und Zeitverhalten. Es können außerdem Verhalten und Filter ❽ zugewiesen werden, um die Bearbeitungsmöglichkeiten zu erweitern.

Keyframes

Die meisten Parameter können, um das Muster dynamisch zu verändern, mit Keyframes animiert werden.

Schwebepalette

Replikatorzellen und Replikatoren enthalten auch eine Untergruppe ihrer Parameter in der Schwebepalette ❾.

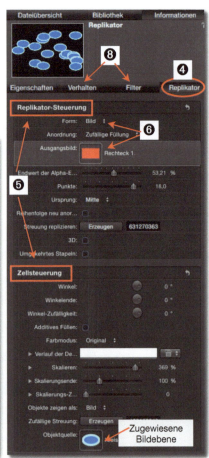

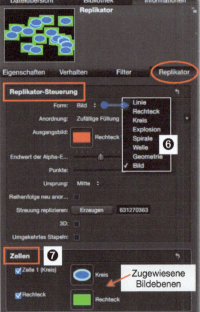

Replikator-Muster erstellen

Es gibt zwei Wege, um Replikator-Muster zu erstellen. Sie können ein neues basierend auf einer Bildebene in Ihrem aktuellen Projekt (welche zur Objektquelle wird) erstellen oder eines von über zweihundert vorgefertigten Replikator-Mustern aus der Bibliothek verwenden.

▶ **Neues Replikator-Muster erstellen**

☑ Wählen Sie eine Bildebene in der Ebenenliste Ihres Projekts aus, die Sie als Objektquelle in Ihrem Replikator-Muster verwenden wollen. Die Position dieser Ebene im Canvas und in der Ebenenliste wird die anfängliche Position für das Replikatorobjekt sein. Sie können sogar eine ganze Ebenengruppe als Objektquelle verwenden. Folgende Objekte können nicht als Objektquelle verwendet werden: Kamera, Licht, Rig, Emitter und Replikator. Je komplexer das Quellobjekt ist (Video mit hinzugefügten Filtern oder komplexe Gruppen), desto mehr verlangt der Replikator dem Prozessor des Rechners ab, um all die Bewegungseffekte in Echtzeit zu rendern.

Werkzeugleiste

☑ Nutzen Sie einen der drei Befehle zum Erstellen eines Replikator-Musters:

- 👆 Klicken Sie auf die Replikator-Taste rechts in der Werkzeugleiste.

- 👆 Wählen Sie aus dem Hauptmenü **Objekt > Replizieren**.

- 👆 Nutzen Sie den Tastaturbefehl **L**.

☑ Folgendes wird passieren:

- Die ausgewählte Bildebene (Objektquelle) wird abgewählt.

- Eine neue Replikator-Ebene wird über dieser Bildebene erstellt.

- Eine Replikatorzellen-Ebene wird als Unterebene unter der Replikatorebene erstellt. Die Zelle erhält Ihren Namen von der Objektquelle.

Bibliothek

▶ **Vorhandene Replikator-Muster verwenden**

Die Bibliothek enthält über zweihundert Replikator-Muster. Sie sind als Objekte, genannt Replikatoren, verfügbar. Diese in sich geschlossenen Voreinstellungen enthalten alle Elemente einschließlich der Objektquelle. Viele dieser Voreinstellungen haben dem Replikator und/oder der Zelle zugewiesene Verhalten.

☑ Öffnen Sie die Bibliothek und wählen „Replikator" aus der linken Spalte der Seitenleiste aus.

☑ Die rechte Spalte der Seitenleiste enthält die verschiedenen, in Themenordnern gruppierten Vorlagen. Wählen Sie einen Ordner aus, um sich dessen Inhalt im Stapel darunter anzeigen zu lassen (in der Symbolansicht, um ein Bild des Effekts zu sehen).

☑ Ein Klick auf eine Replikator-Vorlage im Stapel zeigt eine Simulation des daraus resultierenden Effekts in der kleinen Vorschau oben im Bibliotheksfenster.

☑ Ziehen Sie die Vorlage aus dem Stapel auf eines Ihrer Projektfenster (Ebenenliste, Timeline, Canvas) oder klicken Sie auf die „Anwenden"-Taste im Vorschaubereich.

▶ **Existierende Replikator-Muster-Vorlagen bearbeiten**

Sie können die Objektquelle einer Zelle durch Ziehen einer neuen Bildebene in die Ebenenliste über die Zelle einfach verändern.
Mit dem Anpassen-Werkzeug aus der Werkzeugleiste können Sie die Form des Musters im Canvas verändern.

▶ **Replikator-Muster-Voreinstellungen sichern**

Wie bei anderen Effekt-Objekten können Sie auch eigene Replikator-Muster aus Ihrem Projekt heraus zurück in die Bibliothek speichern, um sie in anderen Projekten nutzen zu können. Ziehen Sie einfach die Replikatorebene auf Inhalt, Favoriten, Menü „Favoriten" oder den Replikator-Ordner in der Bibliothek. Motion erstellt eine Replikator-Muster-Voreinstellung in diesem Ordner. Dabei wird eine Datei (.molo) erstellt, die an dem entsprechenden Speicherort abgelegt wird (*"Benutzername"/Library/Application Support/Motion/Library/*).

Alle anderen Elemente des Replikator-Musters (Zelle, Objektquelle, Verhalten, Filter) sind in dieser Voreinstellung enthalten.

Rig

Wie bei vielen anderen Komponenten können wir auch hier, wenn wir über Rigs sprechen, mit der Frage beginnen: Was ist das und was kann man damit machen?

Was ist ein Rig

Ein Rig ist wie ein Regal für Effekte. Und wie dieses Regal, das nur die eine Aufgabe hat (Unterbringen einer Vielzahl von Effekten), hat ein Rig ebenso eine Hauptfunktion: Unterbringen von Widgets, wie in einem Container.

In Ihrem Motion-Projekt ist ein Rig ein weiteres Objekt, ein Steuerungsobjekt, dass Sie in Ihrem Projekt erstellen können. Es wird als eigene Ebene in der Ebenenliste aufgeführt. Die Widgets in einem Rig müssen erstellt und konfiguriert werden. Sie liegen als Unterebenen unter dem Rig in der Ebenenliste.

Effekte-Regal

Widgets-Regal

Ebenenliste

➡ **Widgets**

Während ein Rig nur ein Container ist, der Widgets (kleine Kontrollmodule) beherbergt ist, sind diese der wichtigste Teil, da sie die eigentliche Kontrollfunktion ausführen.

Bevor ich in die Details gehe, wie Widgets eingestellt werden, lassen Sie uns erst versuchen, das Konzept zu verstehen.

Der normale Vorgang beim Bearbeiten von Parameterwerten von Objekten in Ihrem Projekt ist, das Objekt auszuwählen, welches Sie als Erstes bearbeiten möchten. Nun sind Informationenfenster und Schwebepalette automatisch mit diesem Objekt verknüpft und zeigen die Werte und Steuerungen für die verfügbaren Parameter an. Im Informationenfenster sind die Parameter in Tabs und Modulen zusammengefasst, während die Schwebepalette nur eine Auswahl aus allen Parametern zeigt. Anpassen der Steuerungen in einem der Fenster haben nun eine Auswirkung auf die Parameter des einzelnen Objekts, das gerade ausgewählt ist. Erinnern Sie sich daran, dass die Steuerungen im Informationenfenster und in der Schwebepalette zusammengehören, und Veränderungen in einem Fenster das andere aktualisiert.

Das Rig, welches hingegen Widgets enthält, ist ein Steuerungsobjekt und der Mechanismus funktioniert anders. Die Auswahl eines Rigs wird ebenfalls das Informationenfenster und die Schwebepalette damit verbinden, aber dieses Mal möchten Sie nicht das ausgewählte Rig (wenn es einmal konfiguriert ist), bearbeiten. Sie nutzen die selbst konfigurierten Steuerungen der Widgets, um Parameter von Objekten, die momentan NICHT ausgewählt sind, zu bearbeiten. Das ist eine Besonderheit : Ein Widget kann jeden Parameter eines beliebigen Objekts, ohne dass es dafür ausgewählt ist, steuern.

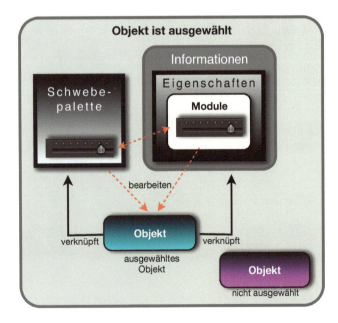

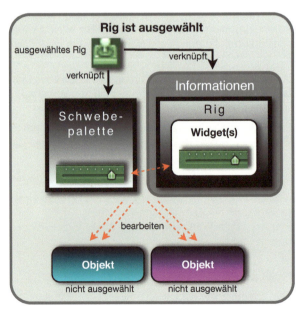

Natürlich werden Sie auch hier das Informationenfenster benutzen, um ein ausgewähltes Rig oder Widget zu konfigurieren, aber der entscheidende Unterschied ist, dass Sie die dort vorgenommenen Einstellungen verwenden, um andere, nicht ausgewählte Objekte mit den Widget-Steuerungen zu bearbeiten.

Apple´s Dokumentation beschreibt die Widgets als „Hauptsteuerungen". Ich denke jedoch, dass dieser Begriff irreführend sein könnte. Normalerweise ist eine Hauptsteuerung ein separater Parameter, eine eigene Einheit im Signalfluss (z.B. Kanalregler vs. Masterregler). Das ist aber nicht das Konzept von Widgets.

Schauen wir uns das einmal im Zusammenhang mit der grundlegenden Bearbeitung an:

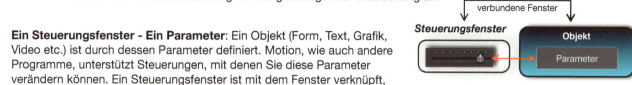

- **Ein Steuerungsfenster - Ein Parameter**: Ein Objekt (Form, Text, Grafik, Video etc.) ist durch dessen Parameter definiert. Motion, wie auch andere Programme, unterstützt Steuerungen, mit denen Sie diese Parameter verändern können. Ein Steuerungsfenster ist mit dem Fenster verknüpft, das das ausgewählte Objekt anzeigt. Beachten Sie, dass das eine Zwei-Wege-Verbindung ist. Die Steuerung liest den aktuellen Wert eines Parameters und wenn Sie ihn mit der Steuerung verändern, schreibt (verändert) sie den neuen Wert in diesen Parameter.

- **Viele Steuerungsfenster - Ein Parameter**: Das Steuerungsfenster, das in vielen Programmen verwendet wird, ist normalerweise das Informationenfenster. Motion hat jedoch mehrere Fenster. Sie haben, abhängig vom verwendeten Parameter, verschiedene Vorteile. Es gibt zwei Dingen, die Sie beachten sollten: All diese Steuerungen sind virtuell verbunden, da sie mit den gleichen Parametern verknüpf sind. Ändern (schreiben) eines Wertes in einem Steuerungs-fenster aktualisiert (liest) die Steuerung in den anderen Fenstern. Das Informationenfenster und seine kleine Schwester, die Schwebepalette, sind wiederum mit dem ausgewählten Objekt verbunden.

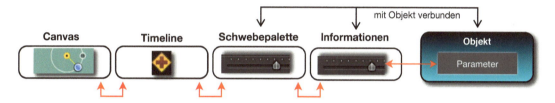

- **Viele Steuerungsfenster (incl. Widgets) - Ein Parameter**: Das Widget, in dem Sie eigene Steuerungen festlegen können, ist nicht nur ein weiteres Steuerungsfenster. Es benutzt das Informationenfenster und die Schwebepalette als Anzeige. Erinnern Sie sich, dass das Informationenfenster und die Schwebepalette immer die Parameter des ausgewählten Objekts anzeigen, in diesem Fall die des Rigs oder Widgets. Der Vorteil ist, dass das eigentliche Objekt, das gesteuert werden soll, nicht ausgewählt sein muss.

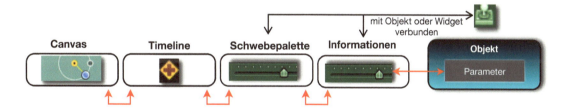

- **Viele Steuerungsfenster (incl. Widgets) - Ein Parameter (verschiedene Objekte)**: Hier können Sie einen Vorteil der Rigs sehen. Jedes Widget innerhalb eines Rigs kann als Steuerung für ein anderes Objekt (das nicht ausgewählt sein muss) konfiguriert werden. Das ist sehr hilfreich, wenn Sie zusammenhängende Anpassungen für verschiedene Objekte vornehmen wollen. Sie brauchen dann nicht zwischen den Objekten hin und her zu klicken, um die Darstellung im Informationenfenster zu ändern.

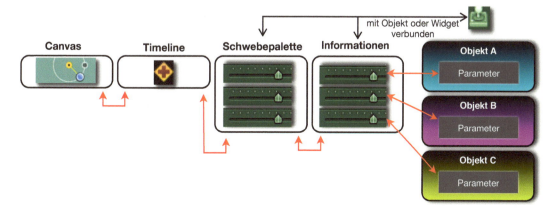

Das war nur ein Blick auf den Zusammenhang zwischen dem Steuerungsfenster und den dadurch kontrollierten Parametern. Es gibt einen zweiten Aspekt der Steuerungen, die im Zusammenhang mit Widgets verstanden werden müssen. Das ist die Hauptsteuerung oder „Makro"-Steuerung.

 Eine Steuerung - viele (zusammenhängende) Parameter: Die wirkliche Stärke von Widgets entfaltet sich, wenn mehrere Parameter mit einer einzigen Steuerung kontrolliert werden. Dieses Konzept wird schon bei manchen Parametern im Informationenfenster genutzt, wenn Sie ein ausgewähltes Objekt anpassen. Das sind die Steuerungen unter einem Öffnen-Dreieck. Sie werden *Zusammengesetzte Parameter* genannt, da sie nicht nur einen, sondern eine Gruppe von mehreren Sub-Parametern repräsentieren. Zum Beispiel steuert die Skalierung nicht nur diesen einzelnen Skalierungsparameter. Er steuert drei Parameter, die x, y, und z-Koordinaten. Der Skalierungsparameter funktioniert wie eine Makro-Steuerung, der nicht mit einem einzelnen Parameter verbunden ist, sondern die drei damit verbundenen Parameter (Skalierung x, Skalierung y, Skalierung z) steuert.

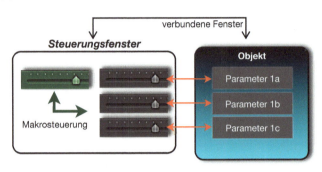

 Eine Steuerung - viele (nicht zusammenhängende) Parameter: Mit Widgets können Sie das gleiche Konzept des Erstellens eines Parameters, der als Makro-Steuerung funktioniert, um andere Steuerungen zu kontrollieren, verfolgen. Aber es ist mit Widgets nicht beschränkt auf die zusammengehörigen Parameter, wie wir es bei der Skalierungs-parametern gesehen haben. Sie können mit Widgets eine Makro-Steuerung erstellen, die eine Auswahl aus allen für das Objekt verfügbaren Parametern darstellt, sogar Parameter von verschiedenen Objekten sind möglich. Ein einzelner Schieberegler kann zum Beispiel die Größe, Drehung und die Scherung von Objekt A und die Deckkraft von Objekt B erhöhen/verringern, alles gleichzeitig im Verhältnis zueinander.

Jetzt haben Sie zwei mächtige Features verstanden, die nur mit Rigs und Widgets möglich sind, nicht aber mit den Standard-Bearbeitungswerkzeugen in Motion: Verschiedene <u>Objekte</u> aus einem Steuerungsfenster und verschiedene <u>Parameter</u> mit einer Steuerung. Diese erweiterten Funktionen sind der Hauptgrund, um Rigs und Widgets zu benutzen. Sie werden wichtiger, wenn Sie eigene Parameter-Steuerungen für FCPx-Vorlagen herstellen, um eine einfache Steuerungsoberfläche für den Effekt in FCPx zu haben.

Wofür wird ein Rig verwendet?

Bearbeiten mehrere Objekte aus einem Informationsfenster

Das Anpassen von Parametern in verschiedenen Objekten (z.B. die Deckkraft von Objekt A, B und C) verlangt, dass Sie eines nach dem anderen auswählen, um sie im Informationenfenster oder der Schwebepalette aufzurufen. Dadurch müssen Sie ständig zwischen den Objekten wechseln. Stattdessen erstellen Sie ein Rig mit drei Widgets, wobei eines die Deckkraft von Objekt A, eines die von Objekt B und eines die von Objekt C steuert. Nun wählen Sie das Rig aus, welches die drei Widgets und deren Steuerungen enthält, und Sie können die Deckkraft für alle drei Objekte in einem Fenster bearbeiten.

Mehrere Parameter gleichzeitig mit einer Steuerung anpassen

Oft ist es so, dass Sie, wenn Sie einen bestimmten Parameter verändern, andere dazugehörige auch anpassen müssen. Wenn Sie z.B. die Dicke einer Kontur eines Objekts auch verändern wollen, wenn das Objekt skaliert wird, können Sie beide Parameter in einem einzigen Widget-Steuerung zusammenfassen.

Widgets mit einfach anpassbaren Parametern als FCPx-Vorlage veröffentlichen

Immer, wenn Sie ein Motion-Projekt als FCPx-Vorlage speichern, können Sie bestimmte Parameter auswählen, auf die Sie zugreifen können, wenn Sie den Effekt in FCPx öffnen. Der Vorgang wird „Parameter veröffentlichen" genannt. Zusätzlich zum Veröffentlichen einzelner Parameter können Sie das auch mit Widgets tun. Wenn Sie das berücksichtigen, können Sie Widgets erstellen, die es einfach machen, einzelne Parameter oder komplexe Sets von Parametern mit einem einfachen Widget zu steuern.

Erstellen eines Rigs

Es gibt drei Grundschritte, um ein Rig zu erstellen

- ☑ Erstellen eines Rigs
- ☑ Erstellen von Widgets in diesem Rig
- ☑ Konfigurieren der Widgets

▶ **Rigs erstellen**

- Nutzen Sie den Menübefehl **Objekt > Neues Rig**
- Nutzen Sie den Tastaturbefehl **ctr+cmd+R**
- Nutzen Sie den Befehl **Zu Rig hinzufügen** im Animationen-Menü des Informationenfensters.

▶ **Regeln für Rigs**

Informationen: Leeres Rig

- Ein neues Rig, dargestellt als Ebene in der Ebenenliste, wird an der Spitze der Liste unter dem Projektobjekt erstellt ❶.

- Das Rig kann an eine beliebige Stelle in der Ebenenliste verschoben werden. Es ist ein Steuerungsobjekt, keine Bildebene, weshalb es keine Auswirkung auf die Stapelfolge hat.

- Ein Rig wird nicht im Canvas angezeigt und auch wenn es in der Timeline aufgeführt ist, hat es dort nur einen schwarzen Balken ohne Zeitverhalten-Funktion.

- Sie können beliebig viele Rigs erstellen.

- Sie können (und sollten) Rigs und Widgets in der Ebenenliste umbenennen.

▶ **Eigenschaften**

Informationen: Rig mit drei Widgets

Das Rig selber hat keine Eigenschaften. Nur das Objekt-Tab mit der Bezeichnung "Rig" ❷, ist im Informationenfenster aktiv: Es enthält zwei Elemente:

- 💡 Drei Tasten ❸ zum Erstellen der drei Arten von Widgets in diesem Rig.

- 💡 Es zeigt alle seine Widgets als einzelne Module ❹ an, damit Sie sie konfigurieren können.

▶ **Widgets hinzufügen**

Sie erstellen ein neues (leeres) Widget im Rig mit den Widget-Tasten oder aus einem bestimmten Parameter aus dem Animationenmenü des Informationen-fensters. Wenn Widgets einmal erstellt worden sind, können Sie sie frei zwischen verschiedenen Rigs verschieben, wenn Sie sie anders geordnet haben möchten.

Erstellen von Widgets

Ein Widget ist nichts anderes als eine einzelne im Informationenfenster oder in der Schwebepalette verfügbare Steuerung. Wenn Sie ein Widget erstellen, erstellen Sie diese einzelne Steuerung, die „Widget-Steuerung". Sie können zwischen drei unterschiedlichen Arten wählen. Klicken Sie dazu eine der drei Tasten im Rig-Tab des Informationenfensters: Checkbox, Einblendmenü oder Schieberegler.

Wenn Sie ein neues Widget erstellt haben, ist es leer, also ohne Funktion. Nun müssen Sie die Widgetsteuerung konfigurieren und entscheiden, was sie tun soll.

Jedes neue Widget wird in der Ebenenliste als Sub-Ebene unter dem Rig ❺ und als Modul ❹ im Rig-Tab des Informationenfensters angezeigt. Die erste Sache, die Sie machen könnten, wäre, das Widget in der Ebenenliste umzubenennen. Das wird der Name der Widget-Steuerung.

Ebenenliste

Rig: Tasten für Widgets

Sie können Widgets in deren eigener Darstellung im Canvas durch Auswahl aus der Ebenenliste anschauen. Das Verhalten-Tab ist für die Animation von Widgets aktiv.

Widgets konfigurieren

Konfigurieren eines Widgets bedeutet, die Funktionalität dieser einzelnen Widget-Steuerung (Checkbox, Einblendmenü oder Schieberegler) einzurichten.

Die Konfiguration einer Widget-Steuerung enthält zwei Komponenten:

💡 **Welche(n) Parameter soll es kontrollieren? - Parametergruppe**

Wie wir auf der vorherigen Seite gelesen haben, liegt die Stärke von Widgets in deren Flexibilität. Sie können einen oder mehrere von nahezu jedem Parameter der verfügbaren Objekte in Ihrem Projekt (sogar ein anderes Widget) auswählen und diese als Gruppe mit dieser einen Steuerung kontrollieren. Also ist der erste Schritt, einen oder mehrere Parameter von den verfügbaren Objekten auszuwählen. Diese werden zu den Ziel-Parametern für die Widget-Steuerung. Sie können der Gruppe jederzeit weitere Parameter hinzufügen (oder löschen).

Beachten Sie bitte, dass jeder Parameter in Ihrem Projekt nur einem Widget zugewiesen werden kann! Das ist der Grund, weshalb Sie Rigs und Widgets nicht duplizieren oder kopieren können.

💡 **Was ist der Wert eines jeden Parameters? - Schnappschuss**

Die andere Komponente Ihrer Widget-Konfiguration ist das Zuordnen einer bestimmten Einstellung (Status oder Wert) Ihrer Widget-Steuerung auf einen bestimmten Wert der Zielparameter in deren Gruppe. Erinnern Sie sich daran, dass die Widget-Steuerung keine Eins-zu-Eins-Steuerung wie der Deckkraft-Regler im Informationenfenster oder in der Schwebepalette ist, wo die Änderung an einem Schieberegler den anderen und umgekehrt bewegt. Bei Widgets müssen Sie festlegen, wie die Position der Widget-Steuerung in einen bestimmten Wert für jeden der Ziel-Parameter übersetzt wird.

Bei einer Einblendmenü-Widget-Steuerung mit z.B. drei Menüelementen repräsentiert jedes Element einen anderen Wert für den zugewiesenen Ziel-Parameter. Die Motion-Dokumentation nennt dies einen Schnappschuss, was ein netter einprägsamer Begriff ist, auch wenn er meiner Meinung nach ein wenig irreführend ist. Es ist eigentlich ein „Werte-Set", was bedeutet, dass es „eine Liste aller Ziel-Parameter mit ihren spezifischen Werten" ist. Der Begriff Schnappschuss deutet feste Werte, die zu einem bestimmten Zeitpunkt gesetzt worden sind, an. Diese Werte-Liste hier ist jedoch dynamisch, was bedeutet, dass Sie die Elemente in dieser Liste verändern (hinzufügen/löschen von Ziel-Parametern) und auch ihre Werte jederzeit verändern können.

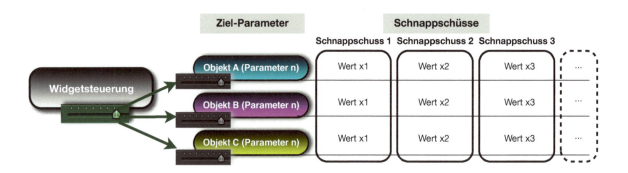

Wie funktioniert eine Widget-Steuerung?

Es ist wichtig, zu verstehen, dass ein Widget immer eigenständige Werte für die Ziel-Parameter speichert. Das ist sinnvoll für eine Steuerung, die eine Checkbox oder ein Einblendmenü hat, mit dem Sie zwischen zwei oder mehreren Zuständen wechseln können. Aber sogar ein Schieberegler basiert auf eigenständigen Werten. Sie definieren zwei oder mehr Werte auf dem Schieberegler (z.B. linke, mittlere, rechte Position) und das Widget verformt das Objekt anhand dieser Werte, wenn Sie den Schieberegler zwischen diesen Schnappschuss-Punkten verschieben. Wenn Sie darüber nachdenken, gibt es keine Einschränkungen, sondern ein mächtiges Feature. Sie können z.B. den Werte-Bereich zwischen einem Minimum und einem Maximum festlegen oder die Kurve durch die Art der eigenständigen Werte auf dem Schieberegler beeinflussen.

Wie ich zuvor schon erwähnt hatte, wird ein neu erstelltes Widget „leer" sein. Es enthält nur die Widget-Steuerung und noch keinen zugewiesenen Ziel-Parameter. Wenn Sie nun mit der Konfiguration des Widgets beginnen, behalten Sie zwei Dinge im Kopf:

💡 Hinzufügen eines Ziel-Parameters

💡 Setzen der Werte für den Ziel-Parameter

Parameter hinzufügen und Werte verändern

 Ziel-Parameter hinzufügen

Hier sind die drei Vorgehensweisen für das Hinzufügen von Zielparametern zu einem Widget:

 Bearbeitungsmodus. Das funktioniert so ähnlich wie das Aufnehmen von Makro-Steuerungen (z.B. QuiKeys). Klicken Sie die Start-Taste neben dem Ausgabemodus. Dadurch wird der *Schnappschuss-Aufnahme-Modus* aktiviert. Sie können nun zwischen den Objekten in Ihrem Projekt wechseln und wenn Sie eine Parameter verändern, wird dieser Parameter dieses bestimmten Objekts als Ziel-Parameter mit dem gesetzten Wert hinzugefügt. Sie können fortfahren, weitere Parameter hinzuzufügen bis Sie den Aufnahmemodus durch Klicken auf „Bearbeitungsmodus für Rig stoppen" in dem Überlagerungsfenster, das während der Aufnahme sichtbar ist, verlassen. (Klicken Sie die X-Taste in diesem Fenster, um den Aufnahmemodus ohne irgendwelche Parameterzuweisungen abzubrechen.) Sie können diese Methode jederzeit benutzen, um einem Widget weitere Ziel-Parameter zuzuweisen.

 Drag-and-Drop: Dieser Weg ist intuitiver. Sie ziehen einfach beliebige Parameter-Reihen aus dem Informationenfenster auf die Ebenenliste des Rigs oder des Widgets.

- Verschieben einer Parameter-Reihe auf ein Widget fügt ihm die Parameter des Objekts als einen Ziel-Parameter mit dem aktuellen Wert hinzu.

- Verschieben einer Parameter-Reihe auf ein Rig (oder einfach über das oberste Widget) weist diesen Parameter einem neuen Widget zu. Wenn Sie die Maus sofort loslassen, wird es ein Schieberegler-Widget. Wenn Sie einen Moment warten, erscheint ein Drop-Menü mit drei Optionen. Wählen Sie für den neu hinzugefügten Parameter zwischen Schieberegler, Einblendmenü und Checkbox.

 Kontextmenü: Auf jedem Parameter im Informationenfenster öffnet **ctr+Klick** das Kontextmenü mit dem Befehl **Zu Rig hinzufügen**. Das öffnet ein Untermenü, in dem Sie auswählen können, welchem Rig/Widget Sie den Parameter zuweisen möchten. Sie können ihn auch einem neuen Rig zuweisen.

Werte verändern

Hier ist ein Checkbox-Widget mit drei zugewiesenen Ziel-Parametern. Wie Sie sehen können, haben die drei Ziel-Parameter ihre Original-Steuerung im Widget. Das sind genau die gleichen Steuerungen wie im Informationenfenster und der Schwebepalette. So wird das Widget als Nebeneffekt zu seiner eigentlichen Funktion als Makro-Steuerung, zu einem weiteren Bearbeitungsfenster für ausgewählte Parameter.

Widget-Art
Widget-Steuerung
Parameter hinzufügen
Ziel-Parameter

Das führt uns zurück zum Schnappschuss-Konzept. Stellen Sie sicher, dass Sie den nun folgenden Vorgang vollständig verstehen. Ansonsten könnten Sie Ihr Projekt versehentlich durcheinander bringen.

Wenn einer Widget-Steuerung der erste Ziel-Parameter zugewiesen wurde, wird er die verfügbaren Schnappschüsse (Werte-Listen) mit den aktuellen Werten für diese Parameter füllen. Standardmäßig hat das Checkbox-Widget zwei Schnappschüsse (an-/abgehakt), das Einblendmenü drei und der Schieberegler einen. Sie können dem Einblendmenü und dem Schieberegler weitere Schnappschüsse hinzufügen.

Von nun an ist das Widget immer aktiv (die blaue Ausschalten-Taste im Informationenfenster und die Checkbox in der Ebenenliste haben keine Auswirkung!). Es ist wichtig, den aktuell ausgewählten Schnappschuss zu beachten (die letzte Menüelement-Auswahl im Einblendmenü oder den letzten Status der Checkbox), oder sich zu erinnern, was der letzte Schnappschuss war, bevor zur Informationenfenster-Ansicht gewechselt wurde. Das ist der „Aktive Schnappschuss". Denken Sie an das Widget (und seinen aktiven Schnappschuss) als ein weiteres Bearbeiten-Fenster zusätzlich zum Informationen-fenster oder der Schwebepalette.

Wenn Sie den Deckkraft-Wert für einen Parameter in der Schwebepalette auf 50% ändern, die Schwebepalette schließen, zum Informationenfenster gehen, dort den Wert auf 70% stellen, zurückgehen und die Schwebepalette öffnen, sehen Sie den aktualisierten Wert 70% und nicht die in der Schwebepalette gesetzten 50%. Die Schwebepalette ist nur eine von vielen Steuerungen für den eigentlichen Parameter, wie ich schon aufgezeigt hatte. Denken Sie an die Steuerungen für diese Ziel-Parameter im Widget als Teil eines anderen Bearbeitungsfensters, das die Werte wie im Informationenfenster, in der Schwebepalette und mit Bildschirmsteuerungen im Canvas verändert. Jetzt sehen Sie, warum ich ein Problem mit dem Begriff „Schnappschuss" habe. Er ist sinnvoll für das „Aufnehmen eines Schnappschusses" der anfänglichen Werte, aber diese Werte sind nur eine Liste, die durch Ziel-Parameter-Steuerungen oder jede andere Bearbeitungsfenster-Steuerung überschrieben werden können, wenn dieser Schnappschuss der momentan aktive Schnappschuss (der zuletzt im Widget ausgewählt war) ist. Also können die Werte des aktiven Schnappschusses jederzeit durch die Steuerungen in anderen Bearbeitungsfenstern verändert werden.

Es gibt eine Ausnahme: Wenn ein Parameter einem Schieberegler-Widget zugewiesen wurde, kann dieser Parameter nicht in anderen Bearbeitungsfenstern bearbeitet werden. Er ist durch das Widget „abgeriegelt".

▶ **Schnappschüsse hinzufügen**

Hier sind die drei Widget-Arten mit Ihren Bedienungselementen:

💡 **Checkbox**

Eine Checkbox hat zwei Schnappschüsse (Werte-Sets), einen für den
angehakten und einen für den abgehakten Zustand. Sie können mit dem Haken
dazwischen wechseln.

💡 **Einblendmenü**

Das Standard-Widget hat drei Menüelemente, aber Sie können Elemente mit der
Plus-oder Minustaste daneben hinzufügen bzw. löschen. Es wäre sinnvoll, sie
umzubenennen. Sie können zwischen den Werte-Sets durch deren Auswahl aus
dem Menü wechseln. Im Optionen-Bereich lässt sich das Verhalten des Menüs
konfigurieren.

💡 **Schieberegler**

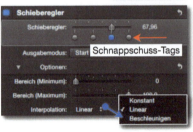

Der Schieberegler ist ein komplexeres Widget. Ich habe schon zuvor erklärt, dass
seine Funktion, obwohl er ein kontinuierlicher Regler ist, auf eigenständigen
Werten (Schnappschüssen) basiert. Das Widget interpoliert dann zwischen den
Werten, wenn Sie den Schieber bewegen. Diese unterschiedlichen
Schnappschüsse werden durch kleine Punkte, die *Tags*, unter dem Schieberegler
dargestellt.

Klicken Sie auf ein Tag, um dessen Schnappschuss-Wert auszuwählen (blau). Ein
Doppelklick unter dem Schieberegler erstellt einen neuen Schnappschuss.
Ziehen Sie ihn nach links oder rechts (Reihenfolge ändern) oder ganz nach links,
um ihn mit einem Rauchwölkchen verschwinden zu lassen. Der Optionen-Bereich
enthält weitere Steuerungen.

Steuerungen von Schieberegler-Widgets können mit Keyframes animiert werden.

Diese drei Screenshots des Widgets enthalten keine Ziel-Parameter. Aber erinnern Sie sich daran, dass, wenn Sie diesen
Widgets Ziel-Parameter zuweisen (egal, welchen Schnappschuss Sie als letztes ausgewählt hatten), dieser zum aktiven
Schnappschuss wird. Dessen Werte repräsentieren den aktuellen Status, der in jedem anderen Bearbeitungsfenster verändert
werden kann, wobei der Wert des Schnappschusses überschrieben wird (außer die Parameter in einem Schieberegler).

▶ **Rigs und Widgets verwalten**

💡 **Widgets von Rigs löschen**: Nutzen Sie den Löschen-Befehl
aus dem Bearbeiten-Menü oder die **Entfernen**-Taste.

💡 **Zeige Widget-Zuweisung**: Jeder Parameter, der einem
Widget zugewiesen ist, trägt ein kleines Rig-Symbol neben seinem Wert.

💡 **Widget anzeigen**: **Ctr+Klick** auf einen "rigged" Parameter und **Widget "*Widget-Name*" anzeigen** aus dem
Kontextmenü oder dem Animationen-Menü auswählen, um im Informationenfenster das Widget zu sehen.

💡 **Ziel-Parameter anzeigen**: **Ctr+Klick** auf den Ziel-Parameter und **Zielparameter anzeigen**
aus dem Kontextmenü (oder Animationen-Menü), um das Objekt auszuwählen, auf das
sich der Parameter bezieht. Dadurch wird das Informationenfenster umgeschaltet, um
diesen Parameter zu zeigen. Der Name des Parameters blitzt kurz gelb auf, damit Sie ihn
besser erkennen können.

Zielparameter anzeigen

💡 **Ziel-Parameter vom Widget löschen**: **Ctr+Klick** auf den Ziel-Parameter und **Von Widget entfernen ...** im Kontextmenü (oder im Animationen-Menü) auswählen. Dieser Befehl ist auch im Informationenfenster für jeden Parameter,
der einem Widget zugewiesen ist (die mit dem Rig-Symbol) verfügbar.

Informationen > Projekt

▶ **Widgets veröffentlichen**

„Parameter veröffentlichen" bedeutet, dass Sie einen Parameter für die
Bearbeitung in FCPx verfügbar machen, wenn Sie ein Motion-Projekt als FCPx-
Vorlage veröffentlichen. Sie können nahezu jeden einzelnen Parameter
bereitstellen, aber viel mächtiger ist es, Widgets zu veröffentlichen, da Sie
entweder verschiedene Parameter in einer Steuerung kombinieren oder die
verfügbaren Optionen für eine Steuerung begrenzen können. Das Projekt-
Informationenfenster zeigt alle veröffentlichten Steuerungen (Parameter- und
Widget-Steuerungen) an. Sie können das Fenster sogar als ein weiteres
praktisches Bearbeitungsfenster verwenden. Im Animationen-Menü können Sie die
„Veröffentlichung rückgängig machen" und sich auch deren Originalparameter anzeigen lassen.

Alle Motion-Werkzeuge, die wir bis jetzt behandelt haben, können erstaunliche Bewegungseffekte erstellen, die uns überraschen. Das ist jedoch nur ein Kratzen an der Oberfläche von Motions Potenzial. Lassen Sie uns jetzt eine neue Dimension betreten und die 3D-Welt mit weiteren Werkzeugen und Möglichkeiten entdecken, die Ihr Projekte auf wirklich neue Level bringen.

Wie sonst auch beginne ich ein neues Thema beginne, möchte ich die wichtigsten Fragen zuerst klarstellen und beantworten. In diesem Kapitel lautet sie: **Was bedeutet dieser ganze 3D- und Kamerakram?** Wieder müssen wir mit den Grundlagen beginnen, also die zugrunde liegenden Konzepte verstehen, bevor wir etwas im 3D-Raum herumbewegen.

Der erste Schritt, wenn wir über 2D und 3D (nicht nur in Motion) sprechen, ist, dass wir uns über zwei Elemente klar sein müssen:

➡ **Raum:**
Der Raum ist die Umgebung, in der Sie Objekte platzieren. Dieser Raum kann zweidimensional oder dreidimensional sein

Dreidimensionale Achse

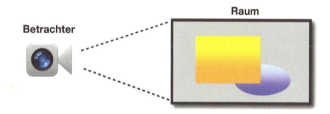

- **2D**: Ein Blatt Papier oder ein Computerbildschirm sind zweidimensionale Räume. Sie sind durch ein 2-Achsen-System, Breite (x) und Höhe (y), repräsentiert. Jeder Punkt in diesem System kann als x/y-Koordinate definiert werden.

- **3D**: Ein echtes dreidimensionales Modell hat eine zusätzliche Achse, die Tiefe (z). Nun können Sie mit den x/y/z-Koordinaten jeden Punkt in einem dreidimensionalen Raum definieren.

Aber auch in einem zweidimensionalen Raum ist es üblich, die dritte Dimension mit Zeichentechniken, die einen 3D-Raum mit einer optischen Illusion simulieren, vorzutäuschen. Das ist es, was wir in Motion tun, wenn wir 3D-Kompositionen erstellen. Das Motion-Projekt ist trotzdem in Wirklichkeit ein 2D-Raum (auf dem Computerbildschirm) in dem Sie einen „virtuellen" 3D-Raum kreieren.

➡ **Betrachter**:
Dieses Element wird häufig übersehen und als Selbstverständlichkeit im Zusammenhang mit 2D vs. 3D hingenommen. Um jedoch den Unterschied zwischen 2D und 3D und den dazugehörigen Werkzeugen in Motion vollständig zu verstehen, ist es sehr wichtig, den Betrachter im Kopf zu behalten. Der Betrachter ist der eigentliche Beobachter (das sind Sie), der in den Raum mit den darin enthaltenen Objekten schaut.

Betrachter   **Raum**

Bezüglich dieser beiden Elemente, dem Betrachter und dem Raum, denken Sie daran, was Sie eigentlich in Motion erstellen.

💡 **Der Betrachter ist unbeweglich und die Objekte im Raum bewegen sich**

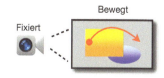

Wenn Sie (als Betrachter) still stehen und auf vorbeifahrende Autos (Objekte im Raum) schauen, kommen die Autos von Ihrem Betrachtungspunkt näher und entfernen sich wieder.

💡 **Die Objekte im Raum sind unbeweglich und der Betrachter bewegt sich**

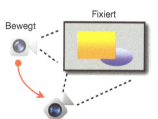

Parkende Autos in einer Straße (Objekte im Raum) bewegen sich nicht, aber Sie (als Betrachter) rennen an ihnen vorbei. Von Ihrem Betrachtungspunkt kommen die Autos näher und entfernen sich wieder.

💡 **Betrachter und Objekte bewegen sich**

Natürlich können sich auch beide Elemente gleichzeitig bewegen.

Das Wichtigste bei 3D-Kompositionen in Motion ist, zu verstehen, dass es nicht nur ein Umschalten ist, das Ihnen eine 3D-Komposition ermöglicht. Es gibt keine 2D- oder 3D-Projekte. Allerdings gibt es verschiedene „3D-Level" in Ihrem Projekt.

Denken Sie an drei Level, die auf den Elementen *Betrachter* und *Objekte* basieren.

☑ **Level 1 - Einfache 3D-Werkzeuge**: Arbeit an Objekten im Raum

Motion stellt einfache 3D-Werkzeuge, mit denen Sie mit Ihren Objekten im 3D-Raum arbeiten können, bereit.

☑ **Level 2 - Erweiterte 3D-Werkzeuge**: Arbeit an Objekten im Raum (erweiterte Werkzeuge)

Motion stellt erweiterte 3D-Werkzeuge, mit denen Sie mit zusätzlichen Möglichkeiten mit Ihren Objekten im 3D-Raum arbeiten können, bereit.

☑ **Level 3 - Kamera:** Arbeiten mit verschiedenen Betrachtern

Motion stellt Objekte, genannt Kameras, bereit, mit denen Sie im 3D-Raum den "Betrachter" verändern können.

Manche Objekte haben Parameter, die mit „3D" oder „Kamera" bezeichnet sind. Sie beeinflussen deren 3D-Verhalten (Text, Partikel, Replikatoren) und fügen zusätzliche Module oder Parameter hinzu, wenn Sie aktiviert und im 3D-Raum bearbeitet werden.

Einfache 3D-Werkzeuge

Dies ist der erste Level des Arbeitens mit 3D. Wir verändern nicht den Betrachter, er ist unbeweglich. Stattdessen verändern wir die Objekte in unserem 2D-Raum, um sie so aussehen zu lassen, als wären sie in einem 3D-Raum. Hier sind die verschiedenen Steuerungen.

▶ **Parameter-Werte (Informationenfenster, Schwebepalette)**

Denken sie daran, dass der 3D-Raum eine weitere Koordinate, die z-Achse in die Tiefe des Raums hat. Also kann jeder Parameter, der zusätzlich zu den x- und y-Werten einen z-Wert hat, im 3D-Raum angepasst werden. Viele zusammengesetzte Parameter (Steuerungen mit einem Öffnen-Dreieck), die x/y/z-Werte als Subparameter enthalten, gehören dazu.

Hier ist ein Beispiel für das Transformieren-Modul im Eigenschaften-Tab des Informationenfensters. Die Positions- und Rotationsparameter enthalten alle drei Achsen, wenn Sie sie mit dem Öffnen-Dreieck erweitern. Das ermöglicht Ihnen, das Objekt im 3D-Raum zu positionieren und/oder zu drehen.

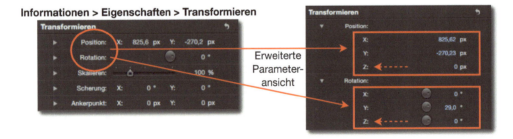

▶ **3D-Steuerungstasten (Schwebepalette)**

Wir haben das Transformieren- und das 3D-Transformieren-Werkzeug schon behandelt. Dies ist ein anderes Beispiel für einfache 3D-Werkzeuge.

Transformieren-Werkzeug (Schwebepalette) **3D-Transformieren-Werkzeug (Schwebepalette)**

Wenn Sie das 3D-Transformieren-Werkzeug auswählen, erweitert sich das Fester der Schwebepalette, um weitere 3D-Steuerungstasten freizugeben. Klicken Sie auf eine Taste und ziehen Sie die Maus, um das ausgewählte Objekt im 3D-Raum anzupassen.

💡 **Bewegen**: Mit diesen drei Tasten können Sie das ausgewählte Objekt an der z-Achse, der x- und y-Achse oder der x- und z-Achse verschieben.

💡 **Rotieren**: Mit dieser Taste können Sie das ausgewählte Objekt um die x-, y- und z-Achse drehen.

💡 **Skalieren**: Mit dieser Taste können Sie das Objekt skalieren. Sie dupliziert den Skalierungs-Schieberegler im Informationenfenster und ist nicht als 3D-Steuerung verfügbar, außer sie imitieren einen Abstand durch Größenänderung im Raum.

3D-Steuerungstasten

Bildschirm-Steuerelemente (Canvas)

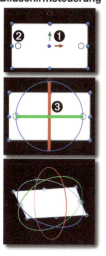

3D-Transformation Bildschirmsteuerung

Wenn das 3D-Transformieren-Werkzeug ausgewählt ist, verändern sich auch die Bildschirmsteuerelemente im Canvas.

- Die Pfeile ❶ bewegen das Objekt entlang der drei Achsen (x - rot, y - grün, z - blau). Denken Sie daran, dass der blaue Punkt ein Pfeil ist, der direkt auf Sie zeigt (Betrachtungswinkel des Betrachters.

- Ziehen an den kleinen Rotationskreisen ❷ dreht das Objekt um die drei Rotationsachsen ❸.

  Hier ein Beispiel mit zwei Objekten (Kreis und Text), die im ersten Bild flach aufgereiht sind ❹. Im zweiten Bild wurde der Text um die y-Achse gedreht, so dass es erscheint, als würde er auf Sie zukommen ❺.

Natürlich können all diese Parameter und Steuerungen mit Keyframes oder Verhalten animiert werden. Das liefert eine Vielzahl von Werkzeugen, um eine tolle 3D-Komposition zu erstellen, ohne einen speziellen 3D-Modus zu benutzen. Auch hier ist der Betrachter die ganze Zeit unbeweglich und schaut direkt in den 2D-Raum, der einen 3D-Raum simuliert. Die Objekte werden nur transformiert.

Erweiterte 3D-Werkzeuge

Auf diesem zweiten Level der 3D-Komposition gibt es weitere Werkzeuge und angepasste Verhalten mit einem speziellen 3D-Modus.

> **Gruppe - 3D-Modus**

Jetzt wechseln wir eigentlich vom 2D- in den 3D-Modus. Jedoch berührt der geänderte Modus nicht das gesamte Projekt. Hier das Konzept:

- Nur eine Ebenengruppe kann zwischen 2D und 3D umgeschaltet werden.
- Jede Ebenengruppe kann individuell umgeschaltet werden.
- Der 2D/3D-Modus berührt nur die Bildebenen innerhalb dieser Ebenengruppe.

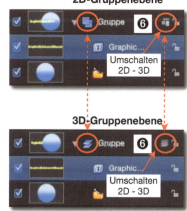

Der Modus kann mit einem der folgenden vier Befehle umgeschaltet werden:

- Klicken Sie das Gruppensymbol ❻ (schwarz-weiß) in der Ebenenliste.

- Wählen Sie die Gruppe(n) aus und gehen Sie im Informationenfenster auf **Gruppieren > Gruppensteuerung > Typ**. Das Einblendmenü enthält zwei Optionen: 2D/3D ❼.

- Wählen Sie die Gruppe(n) aus und gehen Sie im Hauptmenü auf **Objekt > 3D-Gruppe**.

- Wählen Sie die Gruppe(n) aus und nutzen Sie den Tastaturbefehl **ctr+D**.

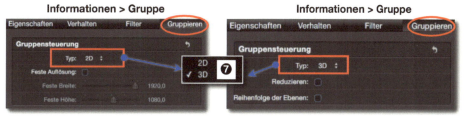

Das Gruppieren-Tab im Informationenfenster zeigt unterschiedliche Parameter, wenn es auf 2D oder 3D gesetzt wurde.

▶ **Wechseln im Informationenfenster**

Wenn Sie eine Ebenengruppe zwischen 2D und 3D umschalten, verändern sich auch die Module im Eigenschaften-Tab.

Für die Ebenengruppe verschwinden Schlagschatten, vier Ecken und Beschneiden. Zwei neue Module erscheinen: *Beleuchtung* und *Reflexion*.

Welche Module berührt werden, hängt von der Objektart ab. Hier ein Beispiel für ein Form-Objekt: Drei neue Module erscheinen im Eigenschaften-Tab: Beleuchtung, Schatten und Reflexion.

Informationen > Eigenschaften (2D) ⟷ Informationen > Eigenschaften (3D)

Informationen > Eigenschaften (2D) ⟷ Informationen > Eigenschaften (3D)

▶ **Ändern des Ebenenverhaltens**

Es gibt eine wichtige Veränderung im Verhalten, wenn Sie eine Ebenengruppe in 3D wandeln und das die Stapelreihenfolge der Objekte innerhalb dieser Gruppe verändert.

💡 **Ebenen-Reihenfolge**

Die Ebenenliste hat eine Stapel-Reihenfolge von oben nach unten, die darüber entscheidet, welches Objekt sichtbar ist. Die obere Ebene deckt die Ebene darunter ab, wenn sie an der gleichen Stelle liegt (wie bei einem Haufen Bilder, der auf einem Tisch übereinander liegt). Wenn Sie nun ein Objekt im 3D-Raum transformieren und Tiefe hinzufügen (z.B. der Text zeigt nach hinten in den virtuellen Raum), wird er vor dem nächsten Objekt darunter platziert ❶.

💡 **Tiefen-Reihenfolge**

Wenn Sie nun die Ebenengruppe in 3D umwandeln, verändert sich die Stapelreihenfolge der enthaltenen Objekte zu einem natürlichen Verhalten. Wenn Sie nun ein Objekt transformieren, das nach hinten zeigt, durchdringt es das darunter liegende Objekt (abhängig von dessen Position und Ausrichtung) und der Rest des Objekts (Text) wird verdeckt, selbst wenn er an der Spitze des Stapels in der Ebenenliste liegt ❷. Die Regel für die Sichtbarkeit folgt nun der „Tiefen-Reihenfolge" und nicht mehr der „Ebenen-Reihenfolge".

Informationen > Gruppe

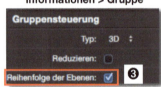

Sie können die Standard-Reihenfolge einer 3D-Gruppe im Gruppieren-Tab mit der Checkbox für die „Reihenfolge der Ebenen" ändern ❸.

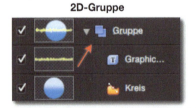

2D-Gruppe

3D-Gruppe

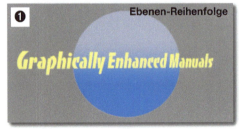

❶ Ebenen-Reihenfolge

2D-Gruppe: Objekte folgen der Ebenen-Reihenfolge und überschneiden sich, unabhängig von ihrer Tiefe, nicht.

❷ Tiefen-Reihenfolge

3D-Gruppe: Objekte ignorieren die Ebenen-Reihenfolge und durchkreuzen sich abhängig von ihrer Tiefe.

Kamera

Jetzt kommen auf den dritten Level des Arbeitens im 3D-Raum. Es ist sehr wichtig, sich der verschiedenen Elemente, die hier eingebunden sind, bewusst zu sein, und zu verstehen, was bei jedem Schritt passiert. Ansonsten können Sie sich im 3D-Raum leicht verlieren und, obwohl Ihre Komposition toll aussieht, könnten Sie nicht herausfinden, warum Sie sich auf diese Art und Weise verändert.

Auf den ersten beiden Leveln, die wir schon abgedeckt haben, steuerten wir das Objekt in Ihrer Komposition, während der Betrachter statisch blieb. Sie, als Betrachter, haben direkt auf das Objekt geschaut. Jetzt lassen wir das Objekt unbewegt und bewegen den Betrachter.

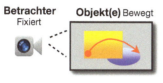
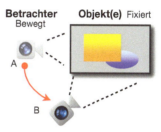

Sie haben zum Beispiel zwei feste Objekte und durch Verändern Ihrer Position, von der aus Sie die Objekte betrachten, sehen sie unterschiedlich im Raum aus.

- **Betrachter Position A**: Sieht von oben nah auf die Objekte, die jetzt groß erscheinen.
- **Betrachter Position B**: Sieht von fern auf die gleichen Objekte, die jetzt klein erscheinen.
- **Betrachter Position C**: Schaut aus einem bestimmten Winkel auf die Objekte, wobei ein Objekte das andere überdeckt und deshalb vielleicht nur ein Objekt sichtbar ist.

Das ist das Grundkonzept. Bedenken Sie, dass wir zu einem anderen (unbeweglichen) Blickwinkel wechseln, um zu sehen, wie unsere Komposition von dort aus aussieht (A, B oder C). Wir positionieren die Objekte im 3D-Raum nicht durch Ändern der Objekte sondern durch Verändern des Blickwinkels, von dem aus wir das Objekt betrachten. Die Position des Betrachters ist an den Orten A, B oder C zu einer bestimmten Zeit stationär. Im nächsten Schritt fügen wir Bewegung hinzu, um den Betrachter langsam von Position A zu Position B zu bewegen. Das spätere Hinzufügen von Bewegung zum Betrachter (durch Keyframes oder Verhalten) funktioniert genauso wie mit jedem anderen Objekt. Konzentrieren wir uns zuerst aber auf die Grundlagen des Betrachters und die dazugehörigen Werkzeuge.

Als Erstes ersetzen wir den Betrachter durch eine Kamera. Es ist eigentlich das Gleiche, nur schaut der Betrachter durch eine Kamera. Wie ich schon zuvor erwähnt hatte, ist die normale Einstellung in Motion (2D oder 3D) ohne ein Kameraobjekt außer dem Betrachter, bzw. wenn Sie wollen, eine „Kamera". Wenn Sie nun direkt auf den Canvas schauen, ist es das Gleiche, als würde eine Kamera darauf zeigen und Sie schauen hindurch. Erinnern Sie sich, warum der blaue Pfeil der Bildschirmsteuerung des 3D-Transformieren-Werkzeug nur ein Punkt ist? Weil wir direkt auf die z-Achse schauen.
Lassen Sie uns jetzt den nächsten Level nehmen und ein Kameraobjekt in Ihrem Projekt erstellen.

Nutzen Sie einen der folgenden drei Befehle, um eine neue Kamera zu erstellen:

Werkzeugleiste

 Klicken Sie auf das Kamera-Symbol in der Werkzeugleiste

 Nutzen Sie den Menübefehl **Objekt > Neue Kamera**

 Nutzen Sie den Tastaturbefehl **alt+cmd+C**

Beziehung zwischen Kameraobjekt und 3D-Modus

Wenn in Ihrem Projekt keine Gruppe ist, die auf 3D umgeschaltet wurde, wenn Sie eine neue Kamera erstellen, erscheint ein Warnhinweis mit der Option, Gruppen in den 3D-Modus umzuwandeln. Dabei werden alle Gruppen in den 3D-Modus umgewandelt.

Kamera-Regeln

- Ein Kameraobjekt wird der Ebenenliste als Kameraebene hinzugefügt.
- Sie können beliebig viele Kameraobjekte zuweisen.
- Sie können eine Kameraebene an jede Position in der Ebenenliste verschieben. Als ein Steuerungsobjekt hat es keinen Einfluss auf andere Bildebenen.
- Eine Kamera berührt nur Gruppen, die im 3D-Modus vorliegen (Sie können 2D- und 3D-Gruppen in Ihrem Projekt haben.
- 2D-Gruppen ignorieren jegliche Kamera-Parameter. Sie können von der Standardposition (direkte Aufsicht) betrachtet werden.

Steuerung der Kamera

Wenn Sie die erste Kamera in Ihrem Projekt erstellt haben, wird ein ganzes Set von neuen Steuerungselementen verfügbar.

▶ **Kameraebene**

Jede neue Kamera wird an der Spitze Ihrer Ebenenliste (unter der Projektebene) platziert. Wie jede andere Ebene auch, können Sie sie umbenennen, schützen und an jede beliebige Position in der Liste verschieben.

Die Checkbox deaktiviert die Kamera mit all ihren Funktionen. Wenn keine Kamera aktiv ist, dann erscheinen alle Gruppen in Ihrem Projekt in Ihrer normalen Betrachtungsposition (Blick von oben nach unten).

Kamera mit zugewiesenem Verhalten

Sie können den Kameras spezielle Verhalten (Kamera-Verhalten) zuweisen, um Kameratechniken (Dolly, Schwenks, Zoom etc.) zuzuweisen. Diese Verhalten werden als verschachteltes Verhaltensobjekt unter der Kameraebene aufgeführt.

Durch das Hinzufügen einer Kameraebene zu Ihrem Projekt ändert die ausgewählte Bildebene ihr Aussehen in der Ebenenliste. Jetzt wird ein zusätzliches Canvas-Symbol neben jeder ausgewählten Kamera oder Bildebene angezeigt. Sehen Sie sich dazu die *Isolieren*-Funktion später in diesem Kapitel an.

Ebenenliste

▶ **Informationenfenster „Kamera" / Schwebepalette**

Die Parameter für eine Kamera können genau wie jedes andere Objekt im Informationenfenster und in der Schwebepalette angezeigt werden.

Das Kamera-Tab im Informationenfenster enthält die Kamera-Steuerungsmodule und die Schärfentiefe-Module, um die Basisattribute für die Kamera zu setzen. Das Eigenschaften-Tab enthält das Transformieren-Modul, welches die Platzierung der Kamera im Raum kontrolliert (auch durch Bildschirm-Steuerungselemente im Canvas und in der Schwebepalette steuerbar), und das Zeitverhalten-Modul, das die Zeitposition definiert (korrespondiert mit Platzierung des Kameraclips in der Timeline).

Informationen > Eigenschaften	Informationen > Kamera	Schwebepalette

Die Schwebepalette zeigt die Haupt-Kameraparameter und fünf Steuerungstasten, um die Kamera im 3D-Raum zu bewegen. Das sind die Steuerungen, die normalerweise sichtbar sind, wenn das 3D-Transformieren-Werkzeug ausgewählt ist. Bei ausgewählter Kamera wechseln die Werkzeuge in der Werkzeugleiste automatisch zu den 3D-Transformieren-Werkzeugen. Alle anderen Werkzeuge sind inaktiv (grau). Wenn Sie jedoch zu einer Kamera wechseln, zeigt die Schwebepalette nur die Parameter und Sie müssen nochmals das 3D-Transformieren-Werkzeug klicken, um die erweiterte Ansicht der Schwebepalette zu zeigen, damit Sie an die Tasten herankommen.

► **Bildschirm-Steuerungen für die Kamera**

Wenn Sie eine neue Kamera hinzufügen, geschehen die meisten Veränderungen im Canvas. Zusätzliche Bildschirm-Menüs und Steuerungen erscheinen. Hier ein kleiner Überblick, bevor wir in die Details gehen:

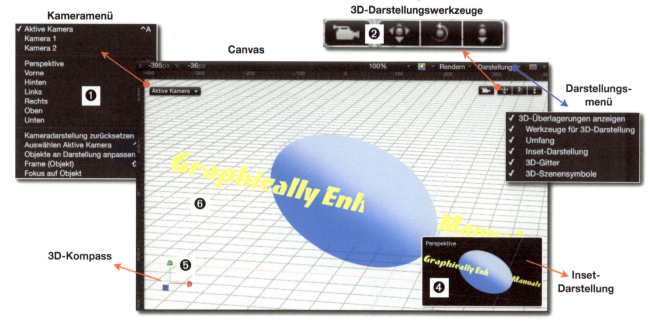

❶ **Kamera-Menü**: In diesem Menü können Sie die Kamera auswählen, die „auf den Canvas schaut" und ein paar oft genutzte Befehle. Sie müssen das Konzept der zwei verschiedenen Kameraarten in Motion verstehen. Andererseits kann es verwirrend sein, was da im Canvas geschieht.

💡 **Szenen-Kamera**:

Jede Kamera, die Sie in Ihrem Projekt erstellen, ist eine Szenen-Kamera. Die aktive Kamera ist die eine Szenen-Kamera, auf der der Playhead in der Timeline gerade liegt.

💡 **Referenz-Kamera**:

Eine Referenz-Kamera ist eine temporäre Kamera, die verwendet wird, um die Komposition aus einem bestimmten Winkel betrachten zu können. Diese Kamera wird von Motion bereitgestellt und ist kein Bestandteil Ihres Projekts.

❷ **3D-Anzeige-Werkzeuge**: Das erste Symbol, die Kamera, ist keine Taste sondern nur eine Anzeige. Sie ist sichtbar, wenn Sie durch eine Szenenkamera auf den Canvas schauen. Die anderen drei Symbole funktionieren als Tasten für die Bewegung der Kamera (oder des Objekts), die im Kamera-Menü angezeigt wird. Sie funktionieren ähnlich den 3D-Transformieren-Tasten in der Schwebepalette. **Doppelklick** auf eine Taste setzt Position und Rotation der Kamera zurück.

❸ **Darstellung-Menü**: Dieses Menü ist unabhängig vom Kameraobjekt sichtbar. Es enthält 3D-Anzeigeoptionen. Wenn Sie im 3D-Raum arbeiten, können Sie die 3D-Überlagerungen auswählen. Der *3D-Überlagerungen anzeigen*-Befehl schaltet diesen Bereich ein und aus. Die Optionen sind auch im Hauptmenü unter *Darstellung* auswählbar. Es gibt auch Tastaturbefehle.

❹ **Inset-Darstellung**: Dies ist eine Bild-in-Bild-Darstellung, die nur unter folgenden Umständen sichtbar wird: Normalerweise zeigt der Canvas den Blick der Kamera, die Sie gerade justieren. Was aber, wenn Sie eine ausgewählte Kamera positionieren möchten, aber der Canvas zeigt den Blick einer anderen Kamera, die im Kamera-Menü ausgewählt ist? In diesem Fall zeigt die Inset-Darstellung den Blick der Kamera, die Sie gerade einstellen. Beim Einstellen eines Objekts zeigt die Inset-Darstellung nur die Perspektive dieses Objekts.

❺ **3D-Kompass**: Dies ist ein Orientierungswerkzeug, das die drei Achsen anzeigt und Ihnen dabei hilft, zu sehen, welchen Blickwinkel Sie beim Drehen der Kamera haben. Das ist der passive Status. Wenn Sie die Maus über den Kompass bewegen, wird er aktiv und Sie können ihn nutzen, um zwischen den Referenzkameras zu wechseln, ohne in das Kamera-Menü gehen zu müssen.

❻ **3D-Gitter:** In einem 3D-Raum repräsentiert das Gitter im Canvas die x/y-Achsen. Im 3D-Modus werden die x/y/z-Achsen dargestellt. Wenn die Kamera also direkt in die z-Achse zeigt, sehen Sie kein Gitter.

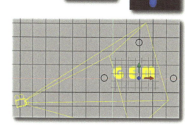

❼ **3D Szenensymbole** (nicht sichtbar im Screenshot oben): Diese Symbole (Kameras, Licht und Hilfslinien) sind unter bestimmten Umständen sichtbar und können als Bildschirmsteuerungen verwendet werden.

Szenenkamera - Referenzkamera

Schauen wir uns die beiden Kameraarten genauer an.

💡 Szenenkamera

Hier ist ein Beispiel eines Projekts mit drei Kameras, die oben in der Ebenenliste angezeigt werden. Die gleichen drei Kameras werden im (dynamischen) Kameramenü aufgeführt.

💡 Aktive Kamera (aktuelle Szenenkamera)

Technisch gesehen ist das ebenfalls eine Szenenkamera-Auswahl, abhängig von der Position des Playheads (dynamisch). Hier ist ein anderes Beispiel eines Projekts mit drei Kameras. Sie können in der Video-Timeline sehen, wie Sie zwischen den einzelnen Kameras wechseln können. Wenn Sie in FCPx wären, würden Sie drei Clips in der Timeline positionieren, die die drei Aufnahmen der drei Kameras repräsentieren. Denken Sie nun an drei Clips in der Motion-Timeline. Jeder stellt eine der drei Kameras dar (deren Blickwinkel), der die Bilder Ihres Objekts in Echtzeit erstellt. Wenn das Kamera-Menü auf *Aktive Kamera* gestellt ist, zeigt Motion im Canvas die Szenenkamera, die an der aktuellen Timelineposition ist. Sie können die Kameras überlappen lassen, sie haben jedoch ihre eigene Stapelreihenfolge. Die oben liegende Kamera hat immer die Priorität.

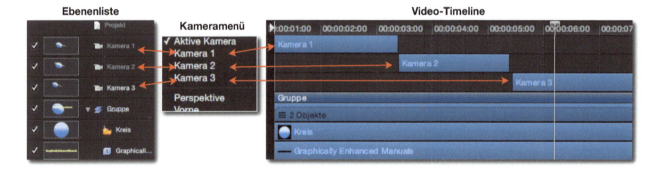

Wenn eine Szenenkamera ausgewählt ist, zeigt das 3D-Darstellungswerkzeug das Kamerasymbol an.

💡 Referenzkamera:

Eine Referenzkamera ist eine temporäre Kameraansicht, die durch Motion zum Betrachten Ihrer Komposition von einem bestimmten Blickwinkel aus, erstellt wird. Sie wollen zum Beispiel Objekte von vorne, hinten, links oder rechts etc. sehen. Hiermit können Sie Ihre Komposition schnell von verschiedenen Winkeln prüfen. Diese Referenz-Kameras heißen auch „orthografische Kameras", da Sie direkt an einer Achse hinunterblicken.

Stellen Sie sich vor, Sie haben Ihr Set mit drei Kameras bestückt, die die Szene aufnehmen (die Szenenkameras). Zusätzlich dazu haben Sie sechs Bildsucher, die das Set von verschiedenen Blickwinkeln (vorne, hinten, oben) betrachten. Während der Schauspieler seine Szene spielt, können Sie an einen der Sucher (Referenzkamera) gehen und nachschauen, wie die Szene aus diesem Blickwinkel wirkt. Beachten Sie, dass, obwohl sie in einem bestimmten Winkel positioniert sind, Sie die Referenzkameras im Canvas mit dem 3D-Darstellungswerkzeug bewegen können. Wenn eine Referenzkamera von ihrem ursprünglichen Ort wegbewegt wurde, hat sie ein kleines Sternchen hinter ihrem Namen. **Doppelklick** auf eine der drei 3D-Darstellungswerkzeuge-Tasten setzt die Referenzkamera auf ihre ursprüngliche Position zurück.

Originale Referenzkamera

Modifizierte Referenzkamera

Hier ein Beispiel, das dabei hilft, die drei Referenzkameras zu demonstrieren.

Ich habe ein Objekt mit sechs Textobjekten und drei Kreisobjekten erstellt. Die Textobjekte habe ich im 3D-Raum entlang der x, y und der z-Achse platziert, dass sie richtig lesbar sind, wenn man sie in einem geraden 90°-Winkel betrachtet. Ihre Farben entsprechen den Farbkodierungen der Achsen, auf die Sie schauen. Die drei Kreise liegen auf dem Kreuzungspunkt aller drei Achsen. Auch sie sind eingefärbt, damit Sie sehen können, auf welche Achse Sie gerade schauen.

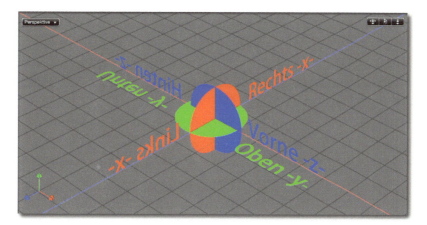

Vergleichen Sie bitte die Darstellungen mit der Orientierung des 3D-Kompasses. Der 3D-Kompass ist im 3D-Raum Ihr Freund. Es braucht anfangs vielleicht ein wenig Erfahrung und Vorstellungskraft, Nutzen aus diesem Werkzeug zu ziehen.

Direkt von vorne oder hinten auf die Komposition zu schauen, entspricht dem Blick auf die z-Achse (blau). Nur die blauen Objekte sind sichtbar. Die anderen Objekte sind ebenfalls vorhanden, werden aber direkt von der Seite gesehen und sind deshalb nur als Linien erkennbar.

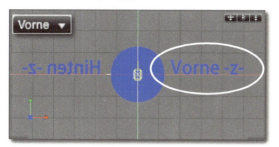 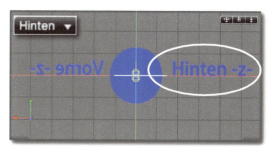

Direkt von links oder rechts auf die Komposition zu schauen, entspricht dem Blick auf die x-Achse (rot). Die anderen Objekte sind ebenfalls aus diesem Blickwinkel nur als Linien erkennbar. (Die Objekte sind zweidimensional, also ohne Tiefe).

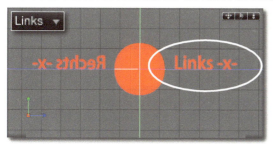 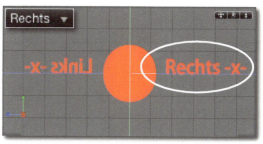

Direkt von oben oder unten auf die Komposition zu schauen, entspricht dem Blick auf die y-Achse (grün). Die anderen Objekte sind auch hier wieder aus diesem Blickwinkel nur als Linien erkennbar.

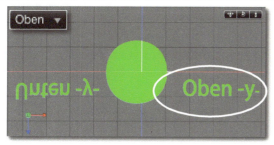 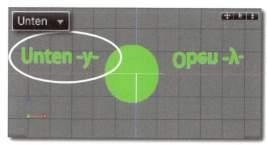

Darstellung, Aktiv und Ausgewählt

Machen wir einen kleinen Moment Pause.

Ich habe einen Überblick über die Kameraobjekte und die verfügbaren Steuerungen gegeben. Wir könnten also weiter in die Details gehen und sehen, was passiert, wenn wir diese Techniken auf unser Projekt anwenden. Es kann jedoch sehr komplex werden und möglicherweise mit den ganzen Parametern, Bedingungen und Canvas-Darstellungen verwirren. Und je weiter Sie in Ihr Projekt einsteigen, desto höher wird die Chance, dass Sie sich darin verlieren.

Lassen Sie mich versuchen, ein einfaches Werkzeug zu erklären, mit dem Sie immer den Überblick darüber behalten, was gerade beim Arbeiten mit Kameras im 3D-Raum passiert - unabhängig davon, wie komplex Ihr Projekt ist. Ich nenne es „Die Darstellung, die Aktive und die Ausgewählte".

Wann immer Sie in Ihrem Projekt arbeiten, Objekte aktiv anpassen oder nur den Canvas beobachten, stellt das mehrfache Überprüfen dieser drei Zustände sicher, dass Sie wissen, worauf Sie schauen und was Sie anpassen. Ihre Entscheidung basiert auf der Kombination dieser drei Zustände:

 Blick auf den **Canvas**

Die erste Frage ist:"Was sehe ich im Canvas?". Wenn ein Projekt keine Kameras hat, ist die Antwort sehr einfach. Der Canvas zeigt den Zustand Ihrer Komposition an der aktuellen Zeitposition (sichtbar in der Zeitanzeige), welche durch den Playhead in der Timeline repräsentiert wird. Wir sehen durch eine imaginäre Kamera, die direkt auf den Canvas zeigt (x,y).

Nach dem Hinzufügen der ersten Kamera zum Projekt sind eine Menge neuer Bildschirm-Steuerungselemente im Canvas vorhanden und die Antwort auf die Frage, worauf Sie sehen, wird in einem der neuen Menüs, dem Kamera-Menü in der oberen linken Ecke des Canvas, angezeigt. Dies sind die verfügbaren Optionen (aber nicht alle):

Canvas

- **Aktive Kamera**: Sie betrachten den Canvas, durch die Szenenkamera, basierend auf der Position des Playheads. Im vorherigen Beispiel mit den drei Kameras, kann der Canvas von Kamera eins zu Kamera 2 zu Kamera 3 wechseln, wenn Sie das gesamte Projekt abspielen.

- **Szenenkameras**: Dies sind die einzelnen Kameraobjekte in Ihrem Projekt. Sie sind im Kameramenü unter der aktiven Kamera aufgelistet. Wenn Sie eine Szenenkamera auswählen, wird nur dieser Kamera-Blickwinkel im Canvas angezeigt und es wird nicht zu anderen aktiven Kameras, basierend auf der Position des Playheads, umgeschaltet. Jedoch werden alle Verhalten, die dieser Szenenkamera zugewiesen wurden, an dieser Timeline-Position wiedergegeben.

- **Referenzkameras**: Hier greift das gleiche Prinzip. Ihre Komposition verhält sich beim Abspielen wie geplant, aber dieses Mal betrachten Sie sie durch eine dieser Referenzkameras. Der mittlere Bereich im Kameramenü zeigt alle verfügbaren Referenzkameras an. Denken Sie daran: Sie sind nicht Teil des Projekts.

➡ **Isolieren**

Dies ist eine Funktion in Motion, die sich auf die folgende Frage bezieht: „Was ist im Canvas sichtbar?"

Durch die Auswahl einer Szenenkamera oder einer Referenzkamera aus dem Kameramenü wird die normale „aktive Kamera" überschrieben. Wie wir jetzt gesehen haben, isolieren diese Optionen eine bestimmte Darstellung und zeigten diese statt der aktiven Kamera im Canvas an. Es gibt jedoch eine weitere Kamera-Darstellung, die isoliert im Canvas angezeigt werden kann.

Denken Sie an eine verfügbare Kamera, mit der Sie direkt auf jede einzelne Bildebene in Ihrer Ebenenliste (sogar Gruppen) zeigen können. Auf diese Weise können Sie diese Ebene „isoliert" vom Rest Ihrer Objekte, Kameras und der Position, die die Ebene im 3D-Raum hat, betrachten. Das ist es, was der Canvas während dieses Zustandes anzeigt. Das Kameramenü in der oberen linken Ecke zeigt den Namen der isolierten Ebene sogar, wenn dieses Element nicht Teil des Kameramenüs ist.

Also haben wir insgesamt drei Arten von Elementen, die isoliert im Canvas betrachtet werden können:

- **Szenenkamera**: Auswählbar aus dem Kameramenü oder mit dem Isolieren-Befehl.
- **Referenzkamera**: Auswählbar nur aus dem Kameramenü.
- **Bildebene**: Auswählbar nur mit dem Isolieren-Befehl.

Referenzkamera-Ansicht **Szenenkamera-Ansicht** **Bildebenen-Ansicht**

Kameramenü

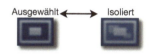

Isolieren-Taste

Dies sind die Isolieren-Befehle, die für Szenenkamera und Bildebene verwendet werden können:

- Auswahl des Objekts in der Ebenenliste und Wahl des Hauptmenü-Befehls: **Objekt > Isolieren**

- Auswahl des Objekts in der Ebenenliste und Wahl des Tastaturbefehls **ctr+I**

- Klicken auf das Canvas-Symbol neben dem Objekt in der Ebenenliste. Wenn Sie mindestens eine Kamera in Ihrem Projekt haben, zeigt jedes ausgewählte Objekt das kleine Canvas-Symbol in der Ebenenliste. Klicken Sie auf das Symbol, um zwischen ausgewählt und isoliert umzuschalten.

Ausgewählt ⟷ Isoliert

Und hier ist der Grund, warum es wichtig ist, zu wissen, was die aktuelle Darstellung im Canvas ist. Die Tasten der 3D-Darstellungswerkzeuge in der oberen rechten Ecke des Canvas kontrollieren das Objekt (bzw. die Objekte), das der Canvas zeigt. Die Tasten steuern nicht die aktive Kamera oder die ausgewählte Kamera, sondern die Kamera (oder Bildebene), auf der die aktuelle „Darstellung" liegt. Deshalb werden die Tasten auch „Werkzeuge für die 3D-Darstellung" genannt.

Canvas

Kameramenü   Steuerung   **3D-Darstellungswerkzeuge**

Achten Sie darauf: Justieren einer Szenenkamera ändert die Position dieser Kamera in Ihrer Komposition und damit auch das Aussehen der Komposition. Justieren einer Referenzkamera hat hingegen keinen Einfluss auf Ihre Komposition. Die Tasten kontrollieren nicht die aktive Kamera. Sie schauen nur aus einem anderen Winkel und verändern damit nur den Blickwinkel.

 Blick auf die **Timeline**

In diesem Status gibt es nur eine einfache Frage: An welcher Position liegt der Playhead momentan? Sie schauen auf den Timeline-Bereich und sehen, welchen Kameraclip der Playhead gerade kreuzt. Das ist die aktive Kamera. Im Beispiel rechts ist es Kamera 3.
Es gibt drei Grundszenarien:

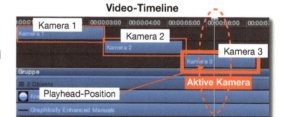

Video-Timeline

- **Projekt hat keine Kameras**: Die aktive Kamera ist immer die Standard-Darstellung, der Blick direkt auf den Canvas.

- **Projekt hat eine Kamera**: Die aktive Kamera ist immer diese eine Kamera. Der Kameraclip in der Timeline überspannt das Projekt von Anfang bis Ende.

- **Projekt hat mehrere Kameras**: Die aktive Kamera ändert sich abhängig von der Position des Playheads.

Es gibt in der Ebenenliste zwei weitere Indikatoren für die aktive Kamera. Das kleine Kamerasymbol hat ein kleines Record-LED, das anzeigt, wenn die Kamera zur aktiven Kamera wird. Die Namen aller inaktiven Kameras sind abgedunkelt. Beachten Sie, dass diese Indikatoren nicht dynamisch aktualisiert werden, wenn Sie das Projekt abspielen. Sie ändern sich nur, wenn Sie eine Pause machen oder zu einer anderen Zeitposition springen.

Ebenenliste

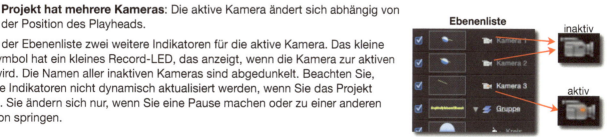

inaktiv

aktiv

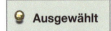 **Ausgewählt**

Blick auf die **Ebenenliste**

Dies ist die dritte Frage in unserer Aufgabenliste - eine ganz einfache: Was für ein Objekt (bzw. mehrere Objekte) ist gerade ausgewählt? Wir kennen bereits all die Techniken zum Auswählen von Objekten und wie man erkennen kann, welches Objekt gerade ausgewählt ist.

- **Auswählen eines Objekts**: Klicken Sie in der Ebenenliste, der Timeline oder im Canvas auf das Objekt.
- **Erkennen eines ausgewählten Objekts**:
  - Das Objekt in der Ebenenliste ist hervorgehoben und hat ein kleines Canvas-Symbol (wenn Sie mindestens ein Kameraobjekt in Ihrem Projekt haben).
  - Der Objektclip in der Timeline ist hervorgehoben
  - Die Bildschirmsteuerungen des Objekts, basierend auf dem aktuell ausgewählten Werkzeug, sind im Canvas sichtbar.

Und hier ist der einfache Grund, warum es wichtig ist, zu wissen, was für ein Objekt ausgewählt ist: Das Informationenfenster und die Schwebepalette kontrollieren ausgewählte Objekte.

Schauen wir uns alle drei Zustände gemeinsam an:

Natürlich ist die Situation in einem Projekt mit mehreren Kameras eher eine Kombination der drei Zustände. Eine Kamera könnte die aktuelle Darstellung anzeigen, ist aber nicht die aktive Kamera, und eine andere ist zur gleichen Zeit ausgewählt. Das ist die Komplexität, über die ich zuvor gesprochen habe. Hier ein paar Regeln, basierend auf zwei wichtigen Fragen:

Was kontrolliert was?

- Die Werkzeuge für die 3D-Darstellung kontrollieren immer die darstellende Kamera (oder das Objekt).
- Das informationenfenster und die Schwebepalette kontrollieren immer die ausgewählte Kamera.
- Bildschirm-Steuerungen sind sichtbar und kontrollieren die ausgewählte Kamera.

Was wird im Canvas angezeigt?

- Jede ausgewählte Kamera (oder Objekt), die nicht die darstellende Kamera ist, wird während der Bearbeitung in der Inset-Darstellung angezeigt.
- Jede ausgewählte Kamera, die nicht die darstellende Kamera ist, wird als weißes Kamerasymbol mit Hilfslinien angezeigt.
- Die aktive Kamera, die nicht die darstellende Kamera ist, wird als gelbes Kamerasymbol angezeigt.

3D

Um diese Regeln zu demonstrieren, habe ich ein Projekt mit drei Kameras erstellt, und dabei jede mögliche Kombination für Darstellung, aktiven und ausgewählten Status eingebunden. Das ist der Aufbau:

- Die **darstellende** Kamera (ausgewählt im Kameramenü) ist immer Kamera 1 (C1). Die Kameradarstellung liest „Kamera 1".

- Die **aktive** Kamera ist Kamera 1 in der ersten, Kamera 2 in der zweiten und Kamera 3 in der dritten Reihe. Ich habe den Playhead in der Timeline über C1 (1. Reihe), C2 (2. Reihe) und dann über C3 (3. Reihe) bewegt.

- Die **ausgewählte** Kamera in meinem Aufbau ist Kamera 1 in der ersten Spalte. In den drei Screenshots in der zweiten Spalte ist Kamera 2 und in der dritten Spalte Kamera drei ausgewählt.

Die Screenshots sind zwar klein, aber ich hoffe, sie beantworten die Fragen „Was kontrolliert was?" und „Was wird im Canvas angezeigt?".

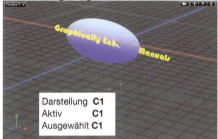

C1: Verwendet 3D-Betrachtungswerkzeuge.

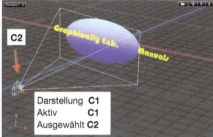

C1: Verwendet 3D-Betrachtungswerkzeuge.
C2: Weiße Steuerung (und Schwebepalette & Informationen) - Inset-Darstellung.

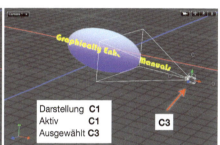

C1: Verwendet 3D-Betrachtungswerkzeuge.
C2: Weiße Steuerung (und Schwebepalette & Informationen) - Inset-Darstellung.

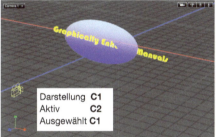

C1: Verwendet 3D-Betrachtungswerkzeuge.
C2: Kamera wird gelb angezeigt.

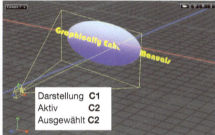

C1: Verwendet 3D-Betrachtungswerkzeuge.
C2: Gelbe Steuerung (und Schwebepalette & Informationen) - Inset-Darstellung

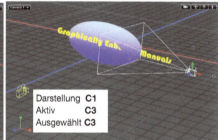

C1: Verwendet 3D-Betrachtungswerkzeuge.
C2: Kamera wird gelb angezeigt.
C3: Weiße Steuerung (und Schwebepalette & Informationen) - Inset-Darstellung.

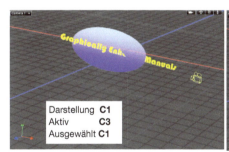

C1: Verwendet 3D-Betrachtungswerkzeuge.
C3: Kamera wird gelb angezeigt.

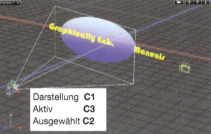

C1: Verwendet 3D-Betrachtungswerkzeuge.
C2: Weiße Steuerung (und Schwebepalette & Informationen) - Inset-Darstellung.
C3: Kamera wird gelb angezeigt.

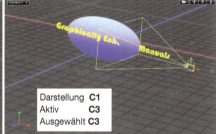

C1: Verwendet 3D-Betrachtungswerkzeuge.
C3: Gelbe Steuerung (und Schwebepalette & Informationen) - Inset-Darstellung.

Die darstellende Kamera (hier Kamera 1) ist niemals als Kamerasymbol im Canvas sichtbar, da Sie durch sie hindurchschauen. Was Sie im Canvas sehen, ist das Resultat aus der Position und den Parametern dieser darstellenden Kamera.

Immer, wenn Sie die Bildschirmsteuerungen des ausgewählten Objekts verwenden, wird die Inset-Darstellung in der unteren rechten Ecke angezeigt (abhängig von zusätzlichen Einstellungen im Einstellungen-Menü).

➡ Inset-Darstellung

Die Inset-Darstellung wird unter zwei Bedingungen automatisch aktiviert:

❶ Wenn Sie eine "nicht darstellende" Kamera bearbeiten:

Lassen Sie mich nochmals wiederholen: Eine darstellende Szenenkamera (z.B. C1), eine Kamera, die im Kameramenü ausgewählt ist, braucht keine Inset -Darstellung. Sie schauen durch diese Kamera (C1) auf den Canvas, die „Hauptdarstellung". Jeder Veränderung an dieser Kamera wird sofort im Canvas sichtbar. Wenn Sie jedoch Kamera 2 (C2) auswählen, die nicht die darstellende Kamera ist, und sie bearbeiten (die Position ändern), werden Sie keine Veränderung sehen, da der Canvas den Blickwinkel einer anderen Kamera (C1) anzeigt.

Dafür ist die Inset-Darstellung. Wenn Sie die ausgewählte Kamera (C2) anpassen, erscheint die Inset-Darstellung, die den Blickwinkel der ausgewählten Kamera (C2) in diesem Bild-in-Bild-Fenster anzeigt.

❷ Wenn Sie eine Bildebene bearbeiten

Die Inset-Darstellung ist nicht nur für verschiedene Kameras gedacht. Wenn Sie eine Bildebene in Ihrer Komposition bearbeiten, erscheint die Inset-Darstellung ebenfalls. Diesmal ist es der Blickwinkel der Referenzkamera für die Perspektive. Wenn Sie z.B. sehr dicht an das Objekt, welches Sie gerade bearbeiten, herangezoomt haben, benutzt die Referenzkamera für die Perspektive eine Vergrößerung, mit der alle Objekte angezeigt werden. Sie können die Veränderungen besser in ihrem Zusammenhang sehen.

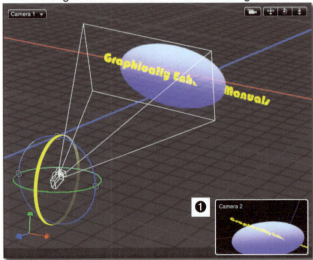 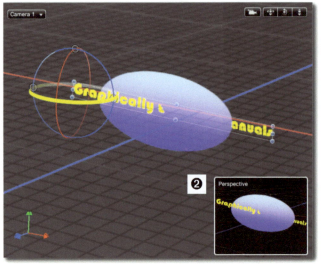

😊 Die Inset-Darstellung wird sichtbar, während Sie Veränderungen mit gedrückter Maustaste vornehmen.

😊 Die Inset-Darstellung erscheint nicht nur beim Benutzen von Bildschirmsteuerungen, sondern auch, wenn Sie das Informationenfenster oder die Schwebepalette nutzen.

😊 Die Inset-Darstellung zeigt den Namen der Kamera, deren Blickwinkel angezeigt wird, an.

😊 Sie können die Größe und das Verhalten der Inset-Darstellung in den Einstellungen verändern. Lassen Sie z.B. das Fenster immer sichtbar (manuell) oder nur erscheinen, wenn Sie Veränderungen vornehmen bzw. transformieren.

➡ Tipp

Wenn Sie zwischen den Kamera-Darstellungen wechseln und Veränderungen an Kameras oder anderen Objekten vornehmen, werden Sie ständig vergrößern, verkleinern und den sichtbaren Frame verschieben. Es gibt zwei Steuerungen, die dieses Manöver viel einfacher und schneller machen.

🔧 **Verschieben des Frames**

Leertaste+Ziehen: Wenn Sie die Leertaste auf Ihrer Tastatur beim Verschieben des Canvas gedrückt halten, bewegen Sie eigentlich den Frame im Canvas. Abhängig vom verfügbaren Bildschirm können Sie die Position des Frames schnell positionieren, um das Objekt besser anpassen zu können.

🔧 **Vergrößern / Verkleinern**

Zwei Finger spreizen: Wenn Sie ein Trackpad besitzen, können Sie mit dieser simplen Geste über dem Canvas den Projektframe vergrößern und verkleinern.

Denken Sie daran, dass beide Befehle nicht das Projekt verändern, sondern nur die Darstellung des Canvas.

➡ Steuerungen

Motion beinhaltet eine große Vielfalt von Steuerungen in verschiedenen Fenstern. Obwohl viele dieser Steuerungen, die die Position eines Objekts im Raum (Transformation) verändern, die gleichen Parameter berühren, haben Sie unterschiedliche Bezeichnungen. Hier ist ein Überblick über all diese Steuerungen und wie sie zusammenhängen.

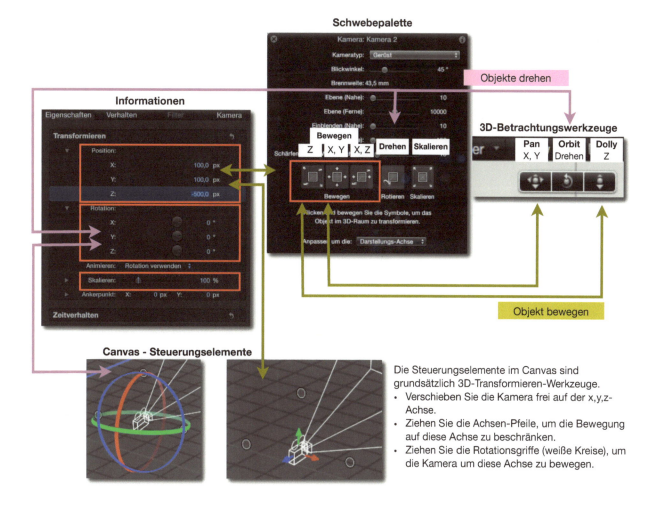

Die Steuerungselemente im Canvas sind grundsätzlich 3D-Transformieren-Werkzeuge.

- Verschieben Sie die Kamera frei auf der x,y,z-Achse.
- Ziehen Sie die Achsen-Pfeile, um die Bewegung auf diese Achse zu beschränken.
- Ziehen Sie die Rotationsgriffe (weiße Kreise), um die Kamera um diese Achse zu bewegen.

Erinnern Sie sich an die Tastaturbefehle für die 3D-Transformationswerkzeuge:

Bewegen der Maus über einen Rotationsgriff macht die Rotationsachse sichtbar. Die Drehung ist auf diese Achse beschränkt.

Mit gedrückter Befehlstaste: Bewegen Sie die Maus innerhalb des inneren Kreises und ziehen Sie dann, um frei um alle Achsen drehen zu können. Jede Rotationsachse wird gelb wenn die Maus darüber fährt. Das zeigt an, dass die Drehung jetzt auf diese Achse beschränkt ist während Sie die Befehlstaste gedrückt halten.

▶ Anpassen um die Achse

An der Unterkante der Schwebepalette liegt ein Einblendmenü mit der Bezeichnung „Anpassen um die:". Das legt die Achse fest, um die Sie das Objekt bewegen.

- **Globale Achse**: Das ist das Haupt-3D-Gitter im Canvas, das sich auf den 3D-Kompass bezieht.
- **Lokale Achse**: Diese bezieht sich auf die Achse des ausgewählten Objekts.
- **Darstellungs-Achse**: Dabei orientiert sich das ausgewählte Objekt im Raum der aktuellen Darstellung.

▶ **Kameratyp**

Ich möchte nicht in die Details aller Kamerasteuerungen gehen. Lassen Sie mich jedoch die Wichtigkeit des ersten Parameters, den Kameratyp, aufzeigen.

Auf den vorherigen Seiten habe ich erklärt, wie die Kamera mit der Bildschirmsteuerung bewegt werden kann. Vielleicht haben Sie bemerkt, dass eine ausgewählte Kamera im Canvas nicht nur als Kamera, sondern auch mit der Projektion des Frames, der „abgefilmt" wird, angezeigt wird. Der Kameratyp-Parameter hat zwei Optionen für die Kamerabewegung:

- **Standort**: Die Steuerung für die Transformierung gehören zur Kamera, die als Ankerpunkt verwendet wird.

- **Gerüst**: Die Steuerung für die Transformierung gehören zum Frame, der als Ankerpunkt verwendet wird.

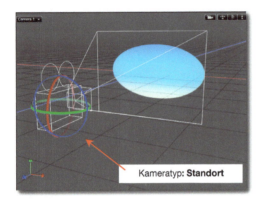

Kameratyp: **Standort**

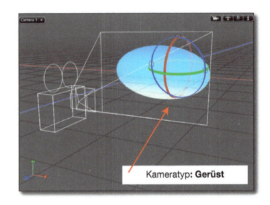

Kameratyp: **Gerüst**

Ansichtsfenster

Das Menü in der oberen rechten Ecke des Canvas ist das Layout-Menü. Ich habe es kurz im Kapitel über den Canvas behandelt. In diesem Menü können Sie aus sieben verschiedenen Fensterlayouts wählen, die verschiedene Anordnung mit bis zu vier Ansichtsfenster haben. Jedes Ansichtsfenster kann auf eine andere darstellende Kamera gesetzt werden. Sie zeigen alle Ihre Komposition an der aktuellen Position des Playheads und ermöglichen es Ihnen, diese Position von verschiedenen Blickwinkeln aus zu betrachten.

▶ **Ausgewähltes Ansichtsfenster**

Alle Aspekte Ihrer Kameras (das, was wir sehen und steuern), wird jedem Ansichtsfenster zugewiesen. Klicken Sie einfach auf den Frame (Ansichtsfenster) und er bekommt einen gelben Rahmen. Wenn Sie nun Ihre Komposition abspielen, wird nur das ausgewählte Ansichtsfenster live von dessen Kameraansicht (Szenenkamera oder Referenzkamera) gespeist. Es kann auch nur das aktive Ansichtsfenster bearbeitet werden.

Beachten Sie bitte, dass der Rest der Darstellungsmenüs im Canvas (Zoom, Farbe, Rendern, Darstellung) jedes Ansichtsfenster getrennt berührt. Das bedeutet, dass Sie all diese Optionen für jedes (ausgewählte) Ansichtsfenster unterschiedlich festlegen können.

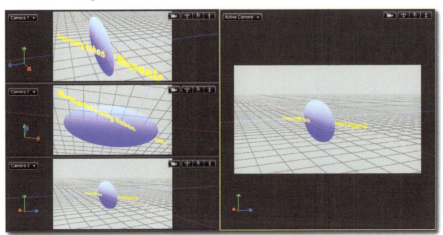

3D

Licht

Bisher haben wir die 3D-Themen in den drei Leveln Basis 3D, erweitertes 3D und Kameras abgedeckt. Hier sind ein paar weitere Elemente, die zusätzliche Funktionen und Werkzeuge bereitstellen, um die 3D-Komposition realistischer aussehen zu lassen. Beginnen wir mit der dazugehörigen Beleuchtung.

Ein Licht ist nur ein weiteres Steuerungsobjekt, dass Sie Ihrem Projekt hinzufügen können.

Um ein neues Licht zu erstellen, verwenden Sie einen dieser drei Befehle:

- Klicken Sie auf das Licht-Symbol in der Werkzeugleiste.
- Nutzen Sie den Hauptmenü-Befehl **Objekt > Neues Licht**.
- Nutzen Sie den Tastaturbefehl **sh+cmd+L**.

Beziehung zwischen einem Lichtobjekt und dem 3D-Modus

Wenn Ihr Projekt keine Gruppe hat, die auf 3D eingestellt wurde, und Sie wollen ein neues Licht erstellen, erscheint ein Warnhinweis mit der Option, die Gruppen in den 3D-Modus umzustellen. Dadurch werden alle vorhandenen Gruppen in den 3D-Modus umgewandelt.

Beachten Sie bitte, dass Sie vielleicht nur ein Lichtobjekt, aber kein Kameraobjekt in Ihrem Projekt nutzen wollen und trotzdem alle 3D-Kameramenüs und Steuerungen im Canvas haben. Diese werden nur von der (unsichtbaren) Standardkamera genutzt, die direkt auf Ihr Projekt zeigt.

▶ Regeln für Licht

- Ein Lichtobjekt wird der Ebenenliste als Lichtebene hinzugefügt.
- Sie können beliebig viele Lichtobjekte hinzufügen.
- Sie können die Lichtebene an eine beliebige Position in der Ebenenliste verschieben. Als Steuerungsobjekt hat es keinen Einfluss auf andere Bildebenen.
- Ein Licht wirkt sich nur auf Gruppen aus, die im 3D-Modus vorliegen. Sie können 2D- und 3D-Gruppen in Ihrem Projekt haben.
- 2D-Gruppen ignorieren jegliche Lichtparameter. Das Standardlicht ist ein unsichtbares Raumlicht.
- Licht hat ein Farb-Attribut.

▶ Inset-Darstellung

Beim Einstellen von Lichtobjekten erscheint ebenfalls eine Inset-Darstellung im Canvas, die die Ansicht der Perspektive der Referenzkamera anzeigt.

▶ Reaktion auf Licht

Licht hinzufügen ist nur die eine Hälfte. Die Frage ist, welche Auswirkung es auf vorhandene Objekte hat. Es kommt ganz darauf an. Das Umschalten einer Gruppe in den 3D-Modus fügt ein zusätzliches Beleuchtungs-Modul im Informationenfenster und allen darin enthaltenen Objekten hinzu. Die Beleuchtungsparameter in diesem Modul legen fest, wie das Objekt auf Licht reagiert.

Informationen > Eigenschaften

- Schattierung **Ein**: Das Objekt reagiert auf Licht.
- Schattierung **Aus**: Das Objekt reagiert nicht auf Licht.
- Schattierung **Geerbt**: Die Beleuchtungsparameter werden von der übergeordneten Gruppe geerbt.

Der Hervorhebung-Parameter mit seinem Glanz-Schieberegler steuert, ob das Objekt Glanzlichter auf seiner Oberfläche zeigt und wie stark diese sind.

▶ Beleuchtung rendern

Beleuchtungseffekte können eine Menge Prozessorleistung benötigen. Wenn Sie feststellen, dass das Abspielverhalten negativ beeinflusst wird, deaktivieren Sie die Beleuchtung im Rendern-Menü oben rechts im Canvas.

Lichtsteuerung

Wenn sie das erste Licht in Ihrem Projekt erstellt haben, kommen neue Steuerungselemente hinzu.

▶ **Lichtebene**

Jedes neue Licht wird an der Spitze Ihrer Ebenenliste unter den Kameraebenen platziert. Wie jede andere Ebene auch, können Sie sie umbenennen, schützen und an jede beliebige Position in der Liste verschieben.

Die Checkbox deaktiviert das Licht mit all seinen Funktionen. Sie können „das Licht ausschalten". Ihr Motion-Projekt kehrt zur normalen Umgebungsbeleuchtung zurück, wenn alle Lichtobjekte ausgeschaltet sind.

Ebenenliste

Licht mit zugewiesenem Verhalten

Sie können den Lichtern spezielle Verhalten zuweisen, um Beleuchtungstechniken zuzuweisen. Diese Verhalten werden als verschachteltes Verhaltensobjekt unter der Lichtebene aufgeführt.

Erinnern Sie sich daran, dass, wenn Sie eine Bildebene in der Ebenenliste auswählen, das Canvas-Symbol neben dem Namen des Objekts anzeigt, dass es ausgewählt und als Bildschirmsteuerung im Canvas verfügbar ist. Das Lichtobjekt zeigt dieses Symbol jedoch nicht, obwohl es Bildschirmsteuerungen im Canvas hat, wenn es ausgewählt ist.

Ebenenliste

▶ **Informationenfenster „Licht" / Schwebepalette**

Die Parameter für ein Licht können genau wie jedes andere Objekt im Informationenfenster und in der Schwebepalette angezeigt werden.

Das Licht-Tab im Informationenfenster enthält die Licht-Steuerungsmodule und die Schatten-Module, um die Basisattribute für das Licht zu setzen. Das Eigenschaften-Tab enthält das Transformieren-Modul, welches die Platzierung des Lichts im Raum kontrolliert (das ist auch durch Bildschirm-Steuerungselemente im Canvas und in der Schwebepalette steuerbar), und das Zeitverhalten-Modul, das die Zeitposition definiert (das korrespondiert mit Platzierung des Lichtclips in der Timeline).

Informationen > Eigenschaften

Informationen > Licht

Schwebepalette

Die Schwebepalette zeigt die Haupt-Lichtparameter und fünf Steuerungstasten, um das Licht im 3D-Raum zu bewegen. Das sind die Steuerungen, die normalerweise sichtbar sind, wenn das 3D-Transformieren-Werkzeug ausgewählt ist. Bei ausgewähltem Licht wechseln die Werkzeuge in der Werkzeugleiste automatisch zu den 3D-Transformieren-Werkzeugen. Alle anderen Werkzeuge sind inaktiv (grau). Wenn Sie jedoch zu einem Lichtobjekt wechseln, zeigt die Schwebepalette nur die Parameter und Sie müssen nochmals das 3D-Transformieren-Werkzeug klicken, um die erweiterte Ansicht der Schwebepalette zu zeigen.

Licht-Typ

Der erste Parameter im Lichtsteuerungsmodul ist der Licht-Typ

▶ **Umgebung**

Das ist das Standard-Licht wenn kein Licht ausgewählt ist. Wenn Sie dieses jedoch als zugewiesenes Lichtobjekt verwenden, können Sie die Farbe und Intensität steuern. Umgebungslicht hat kein Bildschirm-steuerungselement im Canvas.

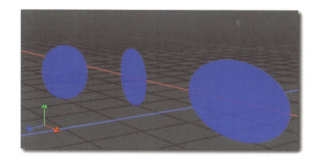

▶ **Gerichtet**

Dieser Licht-Typ verteilt Licht von seiner Position in eine Richtung. Denken Sie dabei an eine endlose Mauer, die Licht ausstrahlt.

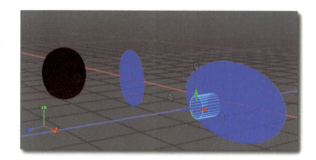

▶ **Punkt**

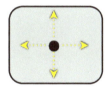

Dieser Licht-Typ verteilt Licht von einem Punkt aus in alle Richtungen im 3D-Raum.

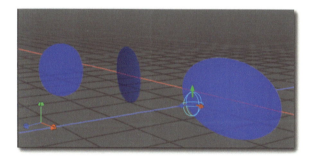

▶ **Scheinwerfer**

Dieser Licht-Typ verteilt Licht von einem Punkt aus kegelförmig in eine bestimmte Richtung im 3D-Raum.

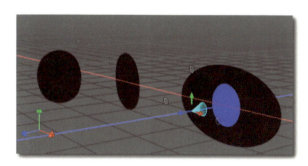

Natürlich können Sie mehrere Lichter in Ihrer Komposition verwenden, sie im 3D-Raum positionieren und ausrichten, genau so, wie Sie es an einem echten Set machen würden.

Schatten - Reflexion

Wie das Licht-Modul sind auch die Module Schatten und Reflexion (falsch benannt mit Reflektion) zusätzliche Module im Informationenfenster > Eigenschaften-Tab, die nur verfügbar sind, wenn das Objekt Teil einer 3D-Gruppe ist.

Schatten

Der Schatteneffekt ist ein „Schlagschatten", der ein Lichtobjekt als Lichtquelle im 3D-Raum benötigt. Der normale Schattenwurf-Effekt benötigt hingegen keinen 3D-Modus. Er funktioniert auch im 2D-Raum und simuliert einen Schlagschatten ohne dass er eine Lichtquelle hat.

Sie brauchen drei Elemente für einen einfachen Schlagschatten-Effekt.

    1. Eine Lichtquelle - 2. Ein Objekt, das den Schatten wirft - 3. Ein Objekt, auf das der Schatten geworfen wird.

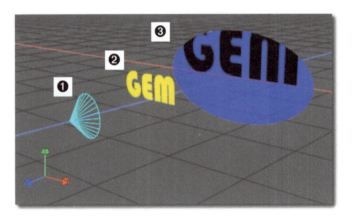

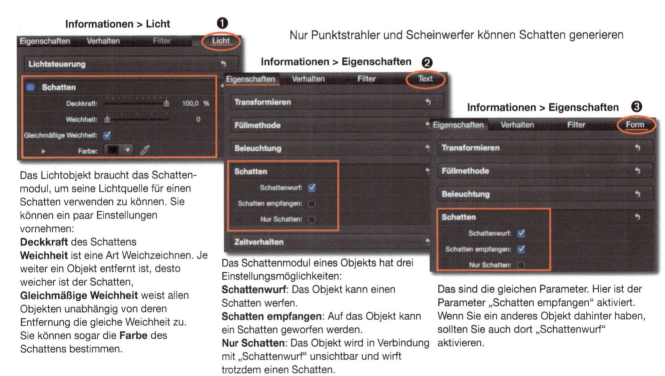

Nur Punktstrahler und Scheinwerfer können Schatten generieren

Das Lichtobjekt braucht das Schattenmodul, um seine Lichtquelle für einen Schatten verwenden zu können. Sie können ein paar Einstellungen vornehmen:
Deckkraft des Schattens
Weichheit ist eine Art Weichzeichnen. Je weiter ein Objekt entfernt ist, desto weicher ist der Schatten,
Gleichmäßige Weichheit weist allen Objekten unabhängig von deren Entfernung die gleiche Weichheit zu. Sie können sogar die **Farbe** des Schattens bestimmen.

Das Schattenmodul eines Objekts hat drei Einstellungsmöglichkeiten:
Schattenwurf: Das Objekt kann einen Schatten werfen.
Schatten empfangen: Auf das Objekt kann ein Schatten geworfen werden.
Nur Schatten: Das Objekt wird in Verbindung mit „Schattenwurf" unsichtbar und wirft trotzdem einen Schatten.

Das sind die gleichen Parameter. Hier ist der Parameter „Schatten empfangen" aktiviert. Wenn Sie ein anderes Objekt dahinter haben, sollten Sie auch dort „Schattenwurf" aktivieren.

Natürlich können Sie Ihre Komposition mit mehreren Lichtern und Schattenwürfen kombinieren, um komplexe und realistische 3D-Umgebungen zu erschaffen.

Reflexion

Wenn im echten Leben ein Objekt A dicht bei einem Objekt B liegt, das eine sehr glänzende und reflektierende Oberfläche hat, wird Objekt A in Objekt B sichtbar. Motion kann diesen Effekt, der Reflexion genannt wird, simulieren.

Für einen einfachen Schatteneffekt brauchen Sie drei Elemente (Licht - 1. Objekt - 2. Objekt). Die Reflexion braucht nur zwei Elemente: Objekt A, das in in Objekt B reflektiert wird. Um den Effekt zu sehen, ist Licht ist natürlich auch notwendig, aber es kein Teil des Effekts.

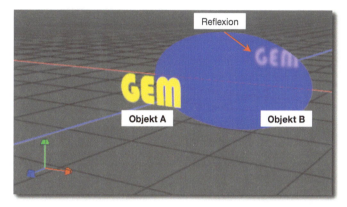

▸ Objekt A

Diesem Objekt muss es ermöglicht werden, Reflexionen darzustellen. Das wird im Füllmethode-Modul im Eigenschaften-Tab im Informationenfenster gemacht.

▸ Objekt B

Die blaue Einschalten-Taste aktiviert das Reflektion-Modul dieses Objekts und Sie können die Parameter einstellen.

- **Reflexionsvermögen**: Einstellbar von 0%, keine Reflexion - bis zu 100%, Spiegeleffekt.
- **Menge für Weichzeichnen**: Stellt den Fokus ein, um die Qualität der Objektoberfläche zu simulieren.
- **Nachlassen - Anfangsdistanz**: Setzt den Abstand, an welcher Stelle sich die Reflexion einblendet.
- **Nachlassen - Enddistanz:** Setzt den Abstand, an welcher Stelle die Reflexion endet
- **Exponent**: Stellt ein, wie schnell die Einblendung erscheint.
- **Füllmethode**: Wählt die Füllmethode, die für den Reflexionseffekt verwendet wird.

Wie auch beim Licht kann das Rendern von Schatten und Reflexionen im Rendern-Menü im Canvas einzeln deaktiviert werden.

Rastern

```
10000111100000
01110000001111
10111011101010
00001010000000
```

Am Anfang dieses Manuals habe ich die Begriffe Bitmap-Grafiken und vektorbasierende Grafiken erklärt.

Motion kann beide Arten in einem Projekt verwenden. Bitmap-Grafiken sind aber etwas eingeschränkt in dem, was Sie damit tun können. Vektorbasierende Grafiken sind flexibler, da sie nur auf Computercode basierende Instruktionen sind, die in Echtzeit in ein Bild umgerechnet werden. Alle Veränderungen, die Sie in Motion daran vornehmen, sind nur Änderungen an den Instruktionen, die dann umgehend gerendert werden. Solange Sie bei vektorbasierenden Grafiken bleiben, haben Sie alle Möglichkeiten.

Wenn Sie die Grafik „reduzieren", legen Sie sich auf das Ergebnis fest und die Grafikanweisungen werden in Pixel/Bits umgewandelt, die über die Form des Bildes ausgebreitet werden, das zu einer Bitmap-Grafik wird und somit die meisten der Möglichkeiten verliert.

Also lautet die Lösung, niemals eine Grafikdatei zu reduzieren und immer in Echtzeit zu rendern. Das funktioniert immer, außer es gibt Einschränkungen bezüglich der notwendigen Prozessorleistung Ihres Computers, alle diese Renderprozesse in Echtzeit zu schaffen.

Rendern-Menü

▸ Rendern

Motion unterstützt die Option, bestimmte Aspekte des Renderprozesses anzupassen, um die Prozessorleistung vernünftig einzusetzen. Im Rendern-Menü oben im Canvas können Sie diese Optionen festlegen. Sie können bestimmte CPU-intensiven Aufgaben wie Licht, Schatten, Bewegungsunschärfe etc. deaktivieren.

▸ Reduzieren

Eine andere Option ist das manuelle Reduzieren einer 3D-Gruppe mit der Reduzieren-Checkbox im Gruppensteuerung-Modul im Informationenfenster.

Informationen > Gruppieren

▸ Rastern

Die Rastern-Funktion in Motion ist ebenfalls ein Vorgang, der eine Gruppe auf eine Bitmap-Grafik reduziert. Dieser Vorgang wird unter bestimmten Umständen automatisch ausgeführt.

💡 Eine 2D-Gruppe wird gerastert, wenn Sie die folgenden Funktionen im Gruppieren-Modul nutzen oder bearbeiten:

Benutzen von Schattenwurf, Vier Ecken, Beschneiden, Anwenden von Filtern, Masken, Ändern von Füllmethoden und Hinzufügen von Licht (wenn die 2D-Gruppe in einer 3D-Gruppe verschachtelt ist).

💡 Eine 3D-Gruppe wird gerastert, wenn Sie die folgenden Funktionen bearbeiten oder anwenden:

Anwenden von Füllmethoden (außer im Durchreichen-Modus), Anwenden bestimmter Filter, Hinzufügen von Licht (wenn die Gruppe reduziert ist).

Eine gerasterte Gruppe hat zwei Indikatoren, die anzeigen, dass sie gerastert worden ist:

💡 **Rasterungsrahmen**: Das ist ein Rahmen, der das Gruppen-Symbol in der Ebenenliste umrahmt.

💡 **Rasterungsanzeiger**: Das kleine "R"-Symbol neben dem Parameter oder dem Modul bewirkt die Rasterung.

Ebenenliste

Informationen > Eigenschaften (Gruppe)

Wenn eine Gruppe einmal gerastert ist, können deren Objekte nicht mehr einzeln, sondern nur noch als Gruppe mit anderen Objekten außerhalb der Gruppe interagieren. 3D-Emitter, 3D-Replikatoren und Textobjekte werden für Rasterungen als 3D-Gruppen betrachtet.

Bereitstellen

Die meisten der Bereitstellen-Aspekte habe ich schon im Kapitel über Datenmanagement und Rigs erklärt. Lassen Sie es mich zusammenfassen:

Das Konzept des Bereitstellen von Projekten enthält zwei Komponenten:

- **Bereitstellen eines Motion-Projekts als FCPx-Vorlage**

  Ein Motion-Projekt kann als FCPx-Motion-Vorlage gespeichert werden, auf das in FCPx zugegriffen werden kann. Es wird als eine von vier Arten von Effektclips gespeichert: Filter, Übergänge, Text, Generatoren.

- **Veröffentlichen von Parametern zusammen mit der Vorlage**

  Fast jeder Parameter, der im Motion-Projekt vorhanden ist, kann als Teil der Motion-Vorlage „veröffentlicht" werden. Diese veröffentlichten Parameter sind im Informationenfenster in FCPx sichtbar und Sie können den Effekt mit diesem beschränkten Set von „autorisierten" Parametern in FCPx bearbeiten.

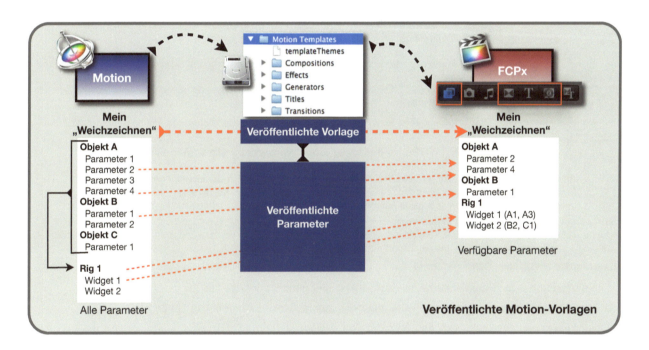

Auf ein paar Dinge sollten Sie achten, wenn Sie Parameter veröffentlichen:

- Es ist der gleiche Vorgang, einzelne Parameter oder Widgets zu veröffentlichen. Wählen Sie den Veröffentlichen-Befehl aus deren Animationen-Menü. Das Element wird dann im Projekt-Tab des Informationenfensters angezeigt. Sie können die Steuerungen in diesem Fenster umbenennen und ihnen eindeutige Namen zuweisen, aus denen hervorgeht, wofür sie genutzt werden (z.B. für zwei Schieberegler für die Deckkraft, wenn Sie diesen Parameter für zwei verschiedene Objekte verwenden und unterscheiden wollen).

- Bei manchen Objekten können auch die Bildschirmsteuerungen mit der Checkbox OSC veröffentlichen (OSC = On Screen Control). Dieser Parameter wird nicht im Projekt-Tab aufgeführt.

- Bei Textobjekten haben Sie die Möglichkeit, den eigentlichen Text (und ein paar Attribute) in FCPx zu bearbeiten. Die Checkbox „In FCP bearbeitbar" liegt im Tab Text > Format > Erweiterte Formatierung.

- Das Drop Zone-Feld einer Drop Zone-Ebene wird automatisch als veröffentlichter Parameter zu Ihrem Projekt hinzugefügt, wenn Sie das Objekt erstellen.

- Es gibt kein „Hin und zurück" zwischen Motion und FCPx. Wenn Sie einen Motion-Effekt in der FCPx-Timeline verwenden, wird dieser nicht aktualisiert, wenn Sie den Effekt nochmals in Motion bearbeiten und speichern. Sie können nur den Effekt in FCPx gegen den neuen veränderten Effekt aus Motion austauschen.

Export

Alle Export-Befehle liegen im gängigen Bereitstellen-Menü. Mit ihnen können Sie Ihre Komposition in einem Dateiformat sichern, das durch bestimmte Programme für verschieden Zwecke abgespielt werden kann.

Das Menü und die Funktion der verschiedenen Befehle ist fast identisch mit denen in FCPx und Compressor, außer:

- Das Menü beinhaltet den Punkt „Auswahl als Film exportieren", wodurch Sie entscheiden können, ob das gesamte Projekt oder nur der Bereich zwischen In- und Outpunkt exportiert werden soll.
- Das Einstellungen-Fenster hat zusätzlich das Render-Tab, um festzulegen, unter Berücksichtigung welcher Aspekte der Rendervorgang ablaufen soll.

 **Apple-Geräte:** Diese Dateien werden für iTunes verfügbar sein, um mit Apple-Geräten (iPhone, iPad) synchronisiert zu werden.

 DVD / Blu-ray: Hiermit können Sie DVDs, Blu-ray-Disks oder Image-Dateien auf Ihrem Rechner erstellen.

E-Mail: Hier wird eine neue E-Mail mit dem eingebetteten exportierten Film erstellt, fertig zum Versenden.

Social Networks: Hier wird die Datei direkt auf Ihren Social Network-Account hochgeladen. Der Login-Vorgang wird im Setup-Fenster in Motion vorgenommen.

Bereitstellen-Menü

Apple-Geräte ...
DVD ...
Blu-ray ...

Podcast-Produzent ...
E-Mail ...

YouTube ...
Facebook ...
Vimeo ...
CNN iReport ...

Film exportieren ...   ⌘E
Auswahl als Film exportieren ... ⌥⌘E
Audio exportieren ...
Aktuelles Bild sichern ...
Bildsequenz exportieren ...
Für HTTP-Live-Streaming exportieren ...

An Compressor senden ...
Mithilfe Compressor-Einstellungen exportieren ...

Share Monitor einblenden

Film exportieren (cmd+E): Das ist der Hauptbefehl für den Export.

Auswahl als Film exportieren (alt+cmd+E): Exportiert nur die in der Ebenenliste ausgewählten Objekte.

Audio exportieren: Es werden nur die Tonspuren Ihres Projekts exportiert.

Aktuelles Bild sichern: Hiermit wird ein Standbild von der aktuellen Position des Playheads aufgenommen.

Bildsequenz exportieren: Eine Sequenz von Einzelbildern wird aus dem Projekt exportiert.

Für HTTP-Live-Streaming exportieren: Wird benutzt für Web-Streaming.

 An Compressor senden: Hier wird eine Referenz-Datei des Projekts an den Compressor gesendet, öffnet das Programm und erstellt einen neuen Auftrag für dieses Projekt. Jetzt können Sie diverse Einstellungen verwenden und den Compressor seine Aufgabe erledigen lassen, während Sie Ihre Arbeit in Motion fortsetzen.

Mithilfe Compressor-Einstellungen exportieren: Es wird ein Fenster geöffnet, in dem Sie Zugriff auf alle im Compressor verfügbaren Einstellungen haben. Achten Sie darauf, dass der Export von Motion im Vordergrund ausgeführt wird, was bedeutet, dass Sie nicht weiterarbeiten können, bis der Export fertiggestellt ist.

Share Monitor einblenden: Öffnet den Share Monitor, der die Exportaufgaben von FCPx, Motion und Compressor abwickelt.

Ich möchte nicht durch jeden Parameter im Einstellungen-Fenster gehen, aber ein paar Dinge sind zu beachten:

- Jeder Exportbefehl öffnet ein ähnliches Einstellungen-Fenster (außer „An Compressor senden").
- Die Einstellungen enthalten eine Vorschau Ihres Projekts, in dem Sie das Video überfliegen können.
- Jedes Fenster hat vier Tabs: Optionen - Rendern - Erweitert - Übersicht.
  Apple Geräte hat diese Tabs hinter „Details einblenden" versteckt.
- Das **Optionen**-Tab enthält die spezifischen Export-Einstellungen.
- Im **Rendern**-Tab können Sie die verschiedenen Aspekte, wie der Rendervorgang vorgenommen wird, konfigurieren.
- Das **Erweitert**-Tab enthält die Optionen für das Rendern im Hintergrund.
  - Keine: Bearbeitung wird im Vordergrund vorgenommen.
  - Dieser Computer: Die Bearbeitung findet im Hintergrund auf dem lokalen Computer statt.
  - Dieser Computer Plus: Die Bearbeitung findet im Hintergrund in einem verteilten Cluster statt. (Weitere Details im Compressor-Manual)
  - An Compressor senden: Die Bearbeitung wird ausgelagert als Job für das Compressor-Programm, das eine Referenzdatei des Projekts nutzt
- Das **Übersicht**-Tab fasst die Einstellungen der Exportdatei zusammen.

Export-Einstellungen

Das Fenster für die Tastaturbelegung und dessen Funktion entspricht dem in FCPx:

🔅 **Befehl:** Dies sind alle Befehle, die Motion im *Befehl*-Bereich aufführt ❶.

🔅 **Beschreibung:** Dies ist eine kurze Beschreibung für die Aufgabe des Befehls. Wählen Sie irgendeinen Befehl in der Befehl-Liste und das Kästchen daneben zeigt die Details dieses Befehls ❷.

🔅 **Tastenentsprechung:** Dies ist die Tastenkombination für den Befehl. Die Befehl-Liste hat zwei weitere Spalten, in der Sie sehen können, ob Tastenkombinationen zugeordnet sind ❸.

▸ **Befehlsgruppen:** Der Befehl-Editor ist ein sich anpassendes Fenster, in dem Sie die Befehle in *Befehlsgruppen* organisieren können. Öffnen Sie das Fenster aus dem Hauptmenü über **Motion > Befehle > Anpassen ...** Dadurch wird eine virtuelle Tastatur angezeigt, die der angeschlossenen Tastatur (Desktop oder Laptop) entspricht und deren spezifischen Tasten zeigt. Im Befehle-Menü werden "*Befehlsgruppen*" für das Standard-Set und "*Eigene Befehlsgruppen*" für alle selbst erstellten Gruppen angelegt. Natürlich können Sie jederzeit zu einer anderen Einstellung wechseln. Auch können Sie Sets importieren oder exportieren, um sie auf anderen Computern zu nutzen.

Befehle-Menü

Anpassen ...
Importieren ...
Exportieren ...

Befehlkonfigurationen
Final Cut Pro Set
Standard Set

Eigene Befehlkonfigurationen
Gabrieles Set
✓ GEM Testset

▸ **Befehle filtern**: Sie können die Befehlsliste eingrenzen (filtern), um sich nur bestimmte Befehlsgruppen anzeigen zu lassen ❹ und/oder eine Suche eingeben ❺. Das Lupensymbol öffnet ein Einblendmenü, in dem Sie auswählen können, in welchem Feld der Datenbank Sie suchen wollen ❻. Klicken Sie die Tastatur-Taste ❼ um Tasten hervorzuheben, die den Suchkriterien entsprechen.

▸ **Tastengruppen:** Das ist eine großartige Funktion: Wählen Sie eine Taste auf der virtuellen Tastatur und die Tasteninfo-Liste ❽ zeigt alle möglichen Sondertasten und den dazugehörigen Befehl. Sie können jedes Kürzel (es repräsentiert den aktuellen Befehl) von der Tasten-Detail-Liste oder der virtuellen Taste wegziehen ❾ um die Zuordnung (mit einem kleinen Rauchwölkchen) zu löschen.

▸ **Tastenzuweisung:** Wählen Sie einfach einen Befehl aus der Befehle-Liste und drücken Sie die Tastenkombination auf der echten Tastatur. Sie bekommen einen Warnhinweis, wenn die Tastenzuweisung schon belegt ist. Um die Zuweisung zu ändern, können Sie auch eine Taste, die schon mit einem Befehl belegt ist, auf eine andere Taste ziehen.

▸ **Virtuelle Tastatur**: Durch den Punkt auf der Taste können Sie sehen, dass die Taste schon belegt ist. Die Farbe zeigt die Befehlsgruppe an (Effekte, Bearbeiten, etc.). Eine schraffierte Taste gehört zu den Systembefehlen und ist nicht nutzbar. Die Sondertasten sind etwas dunkler wenn sie ausgewählt sind. Sie korrespondieren mit den Sondertasten an der oberen Kante.

nicht ausgewählt   zugewiesen

ausgewählt   nicht verfügbar

Befehl-Editor

Sichern von Tastatur-Sets

Einstellungen

Ich habe bereits einige der Voreinstellungen in den verschiedenen Kapiteln behandelt, aber hier ist ein Überblick über die neuen Tabs.

▶ **Allgemein**

Beim Starten: Wählen Sie, was passieren soll, wenn Sie Motion starten. Soll ein neues Projekt erstellt oder das vorherige geöffnet werden?

Schnittstelle: Setzen Sie den Zeitabstand, den es dauern soll, bis eine Drop-Palette angezeigt wird. Drop-Paletten sind spezielle überlagernde Menüs, die bei Drag-and-drop-Operationen erscheinen können. Normalerweise gibt es ein Standardverhalten (z.B. Kopieren, Einsetzen oder Überschreiben), wenn Sie die Maustaste loslassen, bevor die Drop-Palette mit weiteren Optionen erscheint.

Die Tipps-Fenster können mit der Checkbox deaktiviert werden.

Dateiübersicht und Bibliothek: Legt das Verhalten in Dateiübersicht und Bibliothek fest. Die Sortierung, die Option, Vorschausymbole einzublenden und die Wiedergabe von Objekten mit einem Mausklick darauf im Vorschaubereich werden hier eingestellt.

Medien: Wenn das angehakt ist, entfernt Motion automatisch die Mediendateien aus dem Projekt, wenn Sie diese aus der Ebenenliste löschen. Wenn diese Option nicht angehakt ist, behält Motion die Mediendateien (Video, Audio, Grafiken) in Ihrem Projekt in der Medienliste, falls Sie sie später noch in Ihrer Komposition verwenden wollen.

▶ **Erscheinungsbild**

Timeline: Wählen Sie aus dem Menü aus, welche Art der Darstellung ein Clip in der Zeitleiste haben soll.

Canvas: Legt die Deckkraft für den Teil von Objekten fest, die über die Kanten des Canvas hinausragen (nur bei Volldarstellung wichtig).

Piktogramm-Vorschau: Legt die Art des Hintergrunds und dessen Farbe für die kleine Vorschau in der Ebenenliste fest.

Statusleiste: Wählen Sie hier, welche Informationen in der Statusleiste oben links im Canvas angezeigt werden sollen. Die Statusleiste zeigt die ausgewählten Informationen des Punktes oder Objekts an, auf das Sie mit Ihrer Maus zeigen. Das dynamische Werkzeug zeigt Informationen an, während Sie ein Objekt transformieren. Das Einblendmenü für Farben bietet drei Anzeigeoptionen für Farben, wenn es angehakt ist.

▶ **Projekt**

Diese Einstellungen treten erst bei einem Neustart von Motion ein.

Standard Projekteinstellungen: Legen Sie die Standarddauer für neue Projekte in Bildern oder Sekunden fest.

Die Hintergrund-Einstellungen in den Projekteinstellungen müssen auf „Durchgehend" gestellt sein, um die Hintergrundfarbe aus dem Farbfeld anzuzeigen.

Wählen Sie aus, ob beim Erstellen eines neuen Projekts die Vorlagen aus der Projektübersicht eingeblendet werden sollen.

Einzelbilder und Ebenen: Legen Sie die Standarddauer für Objekte, die keine eigene Dauer haben (Grafiken, Generatoren, Formen) fest. Setzen Sie eine eigene Dauer oder die des Projekts fest.

Nur durch Ziehen eines Objekts in die Timeline können Sie den Startpunkt des Objekts festlegen. Jede andere Methode braucht eine Startinformation (Position des Playheads oder Anfang des Projekts)

Für große Einzelbilder können Sie festlegen, ob diese auf die Canvas-Größe skaliert werden oder die ursprüngliche Größe behalten.

► **Dauer**

Zeitdarstellung: Lassen Sie sich die Zeit als Bilder oder Sekunden anzeigen und bei 0 oder 1 beginnen.

Wiedergabe-Steuerung: Im Timeline aktualisieren-Menü können Sie das Verhalten der Timeline festlegen. Wenn der Playhead den rechten Rand des Zeitverhalten-Fensters erreicht, läuft er weiter und Sie können ihn nicht mehr sehen (Nicht aktualisieren) oder der Bereich wird eine Seite weiter geschoben (Seitenweise blättern). Bei der dritten Option (Kontinuierlich blättern) wird, wenn der Playhead die Mitte erreicht hat, die Timeline unter dem nun statischen Playhead verschoben.

In den anderen drei Einstellungen können Sie festlegen, was passiert, wenn die Audio-Synchronisierung verloren gegangen ist, die Wiedergabegeschwindigkeit auf die Projekt-Bildrate beschränken und den Audio-Loop beim Scrubben ausschalten (alt+drag beim Ziehen des Playheads).

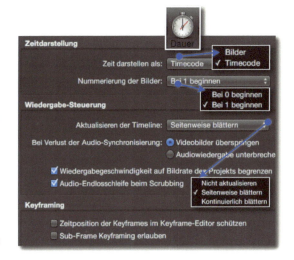

Keyframing: Mit der ersten Checkbox können Sie Keyframes auf der Zeitachse (vertikal) schützen, um nur Änderungen der Werte (vertikal) zuzulassen.
Mit der zweiten Checkbox können Sie eine feinere Einteilung der Zeit in Sub-Frames ermöglichen.

► **Cache**

Speicher & Cache: Legen Sie den maximalen Anteil für den Systemspeicher fest, den Motion verwenden darf. Höhere Werte erlauben schnelleres Rendern des Projekts, aber es ist ein Kompromiss, wenn Sie das System zwingen, Dateien auszulagern, wenn der Speicher überläuft.

Automatisch sichern: Motion nutzt nicht die systemgesteuerte automatische Sicherung, die es seit OSX 10.7 gibt. Mit dieser Einstellungen konfigurieren Sie die normale automatische Sicherung.

Retiming des optischen Flusses: Motion speichert die Retiming-Dateien auf Ihrem Computer, wenn Sie die Geschwindigkeit von Clips verändern. In diesem Bereich können Sie den Speicherort festlegen, sich diese im Finder anzeigen lassen und sie sogar löschen.

► **Canvas**

Der Canvas hat die folgenden zwei Tabs: Ausrichtung und Zonen.

Ausrichtung: In diesem Bereich können Sie den Gitterabstand, die Gitterfarbe und die Farben der zwei Arten von Hilfslinien festlegen. Dynamische Hilfslinien werden für vorhandene Objekte oder Elemente verwendet und die einfachen Hilfslinien können Sie manuell im Canvas platzieren. Im Einblendmenü können Sie das Einrasten-Verhalten und die Position der Lineale festlegen. Denken Sie daran, dass der Einrasten-Modus im Canvas ein anderer als der in der Timeline ist.

Zonen: Die beiden Schieberegler legen den Titelbereichsrahmen und dessen Farbe fest. Das Einblendmenü für den Filmbereich enthält eine Auswahl von gängigen Formaten und ein weiteres Farbfeld die Farbe für den Filmbereich.

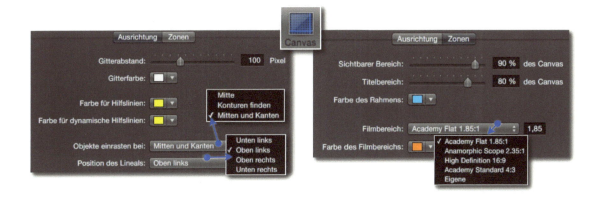

▶ 3D

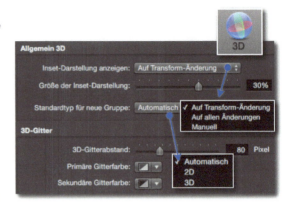

Allgemein 3D: Im ersten Einblendmenü können Sie das Verhalten für die Inset-Darstellung, die im Darstellungsmenü des Canvas aktiviert wird, festlegen. Sie können wählen, ob Sie immer, wenn Sie Veränderungen an beliebigen Parametern vornehmen (Auf allen Änderungen), nur bei Transformationen (Auf Transform-Änderungen) oder immer sichtbar (Manuell) sein soll. Mit dem Schieberegler können Sie die Größe der Inset-Darstellung in Prozent angeben.

Der Standardtyp für neue Gruppen lässt Sie zwischen 2D oder 3D wählen. Wenn Sie automatisch auswählen, entscheidet Motion den Typ basierend auf dem Projekt, abhängig davon, ob es in erster Linie 2D oder 3D ist.

3D-Gitter: Stellen Sie den 3D-Gitterabstand mit dem Schieberegler und die primäre und sekundäre Gitterfarbe mit den Farbfeldern ein.

▶ Voreinstellungen

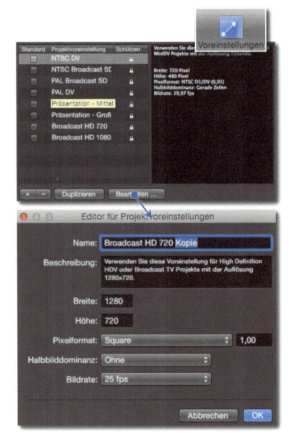

Die Liste zeigt Voreinstellungen für diverse Projekteinstellungen an. Diese Voreinstellungen werden Teil eines Einblendmenüs in der oberen rechten Ecke des Projektbrowsers sein, in dem Sie eine bestimmte Einstellung auswählen, wenn Sie ein neues Projekt erstellen. Die Checkbox für den Standard entscheidet darüber, welche Voreinstellung in diesem Einblendmenü anfangs ausgewählt ist. Diese Voreinstellungen können später in den Projekteinstellungen geändert werden (**cmd+J**).

Das Voreinstellungen-Fenster rechts zeigt die Projekteigenschaften für die ausgewählte Voreinstellung.

Die von Motion vorgegebenen Voreinstellungen sind geschützt, können aber, nachdem Sie sie dupliziert haben, für eigene Voreinstellungen bearbeitet werden. Mit der Plus- oder Minus-Taste können Sie Voreinstellungen hinzufügen oder löschen. Die Bearbeiten...-Taste öffnet die ausgewählte Voreinstellung im Editor für Projektvoreinstellungen, wo Sie sie bearbeiten können.

▶ Gesten

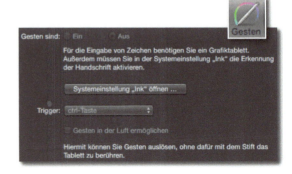

In diesem Fenster können Sie ein Wacom Intuos Grafiktablett konfigurieren, um es mit Motion zu verwenden. Die Steuerungen sind inaktiv, wenn das Gerät nicht mit Ihrem Rechner verbunden ist.

Fazit

Dies schließt mein "Motion 5 - So funktioniert´s"-Manual.

Weitere "Graphically Enhanced Manuals" finden Sie auf meiner Website: www.DingDingMusic.com/Manuals

Alle Titel sind als PDF-Downloads auf meiner Website und als Bücher bei Amazon.com erhältlich.

Manche Titel sind ebenso als Multi-Touch-eBooks in Apple's iBookstore erhältlich.

(Sprachen: Deutsch und Englisch).

Falls Sie meine visuelle Art des Erklärens von Konzepten hilfreich finden, können Sie gerne meine Bücher weiterempfehlen oder eine kurze Kritik bei Amazon auf meiner Buchseite hinterlassen. Dies hilft mir, diese Serie in Zukunft fortzusetzen.

Einen ganz besonderen Dank an meine wundervolle Frau Li für ihre Liebe und ihr Verständnis während der vielen Stunden, die ich an diesem Buch gearbeitet habe. Und nicht zu vergessen an mein Sohn Winston - als ich auf ihn während seines Fussball-Trainings wartete, konnte ich noch an ein paar Kapiteln arbeiten.

Informationen über meine Arbeit als Komponist und Links zu meinen Social Network Sites finden Sie unter:
www.DingDingMusic.com

Hören Sie sich meine Musik auch hier an: www.soundcloud.com/edgar_rothermich

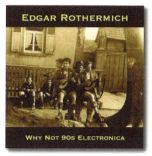

Wenn Sie mich direkt kontaktieren wollen, schicken Sie mir eine E-Mail an: GEM@DingDingMusic.com

Danke für Ihr Interesse und Ihre Unterstützung,

Edgar Rothermich